数字化转型、会计信息可比性与企业高质量发展

王晓栋 著

中国财经出版传媒集团
中国财政经济出版社
·北京·

图书在版编目（CIP）数据

数字化转型、会计信息可比性与企业高质量发展 / 王晓栋著. -- 北京 : 中国财政经济出版社, 2025. 3.

ISBN 978 – 7 – 5223 – 3822 – 4

Ⅰ. F279. 2

中国国家版本馆 CIP 数据核字第 2025430V1D 号

责任编辑：彭　波　　责任校对：胡永立

封面设计：孙俪铭　　责任印制：史大鹏

数字化转型、会计信息可比性与企业高质量发展

SHUZIHUA ZHUANXING、KUAIJI XINXI KEBIXING YU QIYE GAOZHILIANG FAZHAN

中国财政经济出版社 出版

URL：http：//www. cfeph. cn

E – mail：cfeph@ cfeph. cn

社址：北京市海淀区阜成路甲 28 号　邮政编码：100142

营销中心电话：010 – 88191522

天猫网店：中国财政经济出版社旗舰店

网址：https：//zgczjjcbs. tmall. com

涿州汇美亿浓印刷有限公司印刷　各地新华书店经销

成品尺寸：170mm × 240mm　16 开　20. 25 印张　296 000 字

2025 年 3 月第 1 版　2025 年 3 月河北第 1 次印刷

定价：78. 00 元

ISBN 978 – 7 – 5223 – 3822 – 4

（图书出现印装问题，本社负责调换，电话：010 – 88190548）

本社图书质量投诉电话：010 – 88190744

打击盗版举报热线：010 – 88191661　QQ：2242791300

前　言

随着大数据、云计算、人工智能等数字技术的快速发展，数字化已成为企业创新变革的关键突破点，从“可选项”变为“必选项”，是企业未来生存发展的核心。在此发展趋势下，我国企业能否充分发挥数字技术优势，打造符合自身禀赋特征的数字化战略，已成为当前我国数字经济发展战略下的重要课题。与此同时，会计信息可比性是重要的会计信息质量特征，可比性可以使信息使用者了解、掌握各类项目的情况，进而对各类项目做出判断和估值，同时有利于资源得到优化配置，因而可比性被列为提高会计信息决策有用性的首要质量特征。在此背景下我们不禁思考，数字化转型能否促进会计信息可比性？在二者中的作用路径是什么？会计信息可比性的提升有什么经济后果？本研究对上述问题的回答有助于从微观层面对数字化转型的实施效果加以准确评估，深刻理解数字化转型对企业高质量发展的驱动作用，为相关政策制定提供经验证据。

本研究基于2015～2021年中国A股上市公司的数据，沿着“理论基础回顾和作用机理分析→数字化转型的测算→数字化转型对企业高质量发展影响路径分析→数字化转型对企业高质量发展的作用效应”这一逻辑主线展开。具体来说：首先，本研究在回顾动态能力理论等理论的基础上。其次，对数字化转型企业高质量发展的作用机理进行理论分析。再次，在此基础之上实证检验数字化转型、会计信息可比性对企业高质量发展的影响效应，并分别验证研发投入和高管财务背景在二者之间的调节效应。最后，利用稳健性检验，进一步验证数字化转型、会计信息可比性与企业高质量发展之间的作用效应。

通过一系列实证研究发现：首先，数字化转型将有助于企业高质量发展的实现。调节效应检验表明，研发投入和高管财务背景对数字化转型的企业高质量发展提升效应具有显著的调节作用，其中高管财务背景的调节效应更为明显。异质性检验结果表明，相对国有企业来说，数字化转型对企业高质量发展的提升效应在非国企效果更为显著；相对数字化程度低的省份来说，数字化转型对企业高质量发展的提升效应在数字化程度高的省份效果更为显著。进一步地，考虑到基准回归模型中可能存在的互为因果、遗漏变量、样本选择偏差等内生性问题，以及可能存在影响的“时滞性”、指标选择偏差等因素的对基准回归模型的干扰，本研究采用倾向得分匹配法（PSM）、Heckman MLE 检验、多时点 DID 进行内生性检验，并采用滞后被解释变量法（企业高质量发展滞后一期）、替换计量方法（使用面板固定效应）、重构解释变量法（以无形资产占比代表数字化转型）等方法进行稳健性检验，均得到与基准检验较为一致的结果，上述一系列检验表明基准回归结果依然成立，说明数字化转型确实可以促进企业高质量发展。

其次，数字化转型将有利于会计信息可比性的提升。调节效应检验表明，内部控制和信息不对称对数字化转型的会计信息可比性提升效应具有显著的调节作用，其中信息不对称的调节效应更为明显。异质性检验结果表明，相对非高科技企业来说，数字化转型对会计信息可比性的提升效应在高科技企业更为显著；相对高行业竞争的企业来说，数字化转型对会计信息可比性的提升效应在低行业竞争的企业的效果更为显著。进一步地，考虑到基准回归模型中可能存在内生性问题，本研究采用倾向得分匹配法（PSM）、多时点 DID、Heckman MLE 检验内生性检验，并采用替换计量方法（使用面板固定效应）、滞后被解释变量法（会计信息可比性滞后一期）、重构被解释变量法（改变会计信息可比性的度量方法）、替换解释变量法（以无形资产占比代表数字化转型）等方法进行稳健性检验，均得到与基准检验较为一致的结果，上述一系列检验表明基准回归结果依然成立，说明数字化转型确实可以提升会计信息可比性。

再次，会计信息可比性改善有利于企业高质量发展的实现。企业创新、投资效率、融资约束与企业避税在会计信息可比性对企业高质量发展提升效应中承担中介效应的作用。

有调节的中介效应检验表明，会计信息可比性通过、投资效率、融资约束与企业避税对企业高质量发展产生影响的中介模型中，研发投入和高管财务背景可以分别对其直接效应和中介效应产生调节作用。异质性检验结果表明，相对国有企业来说，会计信息可比性对企业高质量发展提升作用在非国企效果更为显著；相对数字化程度低的省份来说，会计信息可比性对企业高质量发展的提升效应在数字化程度高的省份效果更为显著。为了进一步验证数字化转型、会计信息可比性都会对企业高质量发展的影响考虑，本研究采用滞后解释变量法（数字化转型滞后一期）、重构解释变量法（以无形资产占比代表数字化转型）等方法进行稳健性检验，均得到与初步检验较为一致的结果，说明会计信息可比性有利于企业高质量发展的提升。

最后，数字化转型有利于企业高质量发展的提升，会计信息可比性在数字化转型对企业高质量发展提升效应中承担中介效应的作用。有调节的中介效应检验表明，数字化转型通过会计信息可比性对企业高质量发展产生影响的中介模型中，研发投入和高管财务背景可以分别对其直接效应和中介效应产生调节作用。异质性检验结果表明，相对国有企业来说，数字化转型、会计信息可比性对企业高质量发展提升作用在非国企效果更为显著；相对数字化程度低的省份来说，数字化转型、会计信息可比性对企业高质量发展的提升效应在数字化程度高的省份效果更为显著。为了进一步验证数字化转型、会计信息可比性都会对企业高质量发展的影响考虑，本研究采用滞后解释变量法（数字化转型滞后一期）、重构解释变量法（以无形资产占比代表数字化转型）等方法进行稳健性检验，均得到与初步检验较为一致的结果，说明数字化转型有利于企业高质量发展的提升，会计信息可比性在数字化转型对企业高质量发展提升效应中承担中介效应的作用。

根据研究结论，本研究提出如下建议：第一，从政府视角看，要加大对企业数字化转型的支持力度。第二，从企业视角看，要重视数字化转型对企业的影响。第三，从市场环境看，要充分发挥市场环境在会计信息披露方面的治理作用。另外，对于监管机构而言，数字化转型的稳定与安全需要同步推进数字化技术的发展速度和市场的监管水平。

目　录

第1章 绪 论

1.1 研究背景

1.1.1 现实背景

随着大数据、云计算、人工智能等数字技术的快速发展，数字化已成为企业创新变革的关键突破点，从“可选项”变为“必选项”，是企业未来生存发展的核心。在此发展趋势下，我国企业能否充分发挥数字技术优势，打造符合自身禀赋特征的数字化战略，已成为当前我国数字经济发展战略下的重要课题。党的十九届四中全会上，正式将数据确认为劳动、资本、土地、知识、技术和管理之后的第7种生产要素，表明数据已逐渐成为支撑当前经济发展的核心要素。2022年《政府工作报告》中同样指出，要加快数字化发展，打造数字经济新优势，协同推进数字产业化和产业数字化，为我国经济转型、全面推进高质量发展指明了道路。党的二十大报告指出，加快发展数字经济，促进数字经济和实体经济深度融合。此外，受新冠疫情影响，2021年全球经济社会均遭受严重冲击，但《2022中国数字经济发展白皮书》显示，2021年中国数字经济规模为39.53万亿元，占GDP比重达38.87%，数字经济实现了逆势中的加速腾飞，有效支撑了疫情防控和经济社会发展。可见无论是实践导向层面还是政策驱动层面，数字化均已成为企业实现高质量发展的必由之路。企业数字化的本质是通过对前沿数字技术的应用，提高数据处理能力，强化企业创新动能，并对企业的组织结构、商业模式等进行升级优化，以提升资源配置效率，从而帮助企业提升核心竞争力、创造和获取更多价值的系统性过程。由此来看，企业数字化必然会给企业带来积极影响。但同时，企业数字化往往是一项长期进程，需要依靠相关数字技术应用、组织流程变革才能够更好地进行，仅依靠原有的管理制度与系统，无法满足流程复杂的数字化要求，在此基础上进行改进则往往存在无法兼容的问题，而推倒重建又容易给企业造成重大损失，因此企业数字化同样存在着一定风险。由于企业数字化的机遇与风险并存，企业在数字化后需要向利益相关者传递自身高质量发展的信号，来获取其认可与信赖，以避免陷入"IT 悖论"。此外，在我国的经济社会环境中，会计信息可比性及年报信息披露始终是企业及其利益相关者高度关注的话题，若企业的会计信息披露存在问题，例如会计信息可比性较低，将可能向利益相关者传递误导性信息，无法帮助利益相关者准确对比企业财务状况、经营成果和现金流量，难以作出可靠决策，使得市场资源配置效率下降，相关经济发展战略受阻。

与此同时，会计信息可比性是重要的会计信息质量特征，可比性可以使信息使用者了解、掌握各类项目的情况，进而对各类项目做出判断和估值，同时有利于资源得到优化配置，因而可比性被列为提高会计信息决策有用性的首要质量特征（Barth，M. E et al.，2012）。会计信息可比性不仅是资本市场监管和会计准则制定的关键对象，还是财务会计领域的重要研究对象，对于改善资本市场的运作效率、优化社会资源配置、改善企业管理的经营决策、提升投资者的投资效率等意义重大。会计政策与会计方法的选择能够对会计信息可比性产生直接影响。当前的会计准则给予了企业一定的自主权，管理层作为直接负责人对企业的会计选择、确认、计量等方面有着直接的影响，这种影响可以贯穿会计政策与会计方法的选择与实施，从而影响企业和其他企业会计信息的可比性。当管理层存在机会主义行为时，会使用被赋予的这种权利和空间选择最有利于其完成交易的会计处理政策与方法，并操控会计信息的报告过程，降低会计信息的可比性。那么管理层是否有动机以及是否有机会相机选择会计政策与会计方法就成为影响会计信息可比性最直接的因素。而关于数字化转型经济后果方面的研究表明，一方面数字化转型能够缓解管理层与股东之间的代理冲突，进而降低管理层基于自利动机选择会计政策和会计方法的可能性，即减少管理层相机选择会计政策与会计方法的动机。另一方面数字化转型能够有效降低企业信息不对称程度，提高投资者及信息使用者对管理层行为的监督能力，即减少管理层相机选择会计政策与会计方法的机会。从以上两方面来看，数字化转型能够促使管理层遵循会计准则的规定选择会计政策与会计方法，使企业与行业内其他企业的会计信息更加趋同、可比。数字化转型影响着会计信息的生成、处理和加工的全过程，会对会计信息可比性产生影响，但现有研究尚忽略了两者之间的关系。一方面，数字化转型可以将大量分子公司低附加值的会计作业集中到共享中心进行规模处理，有助于大幅度降低财务运作成本，提升业务处理效率，降低财务出错率。另一方面，数字化转型作为企业集团管控的战略性平台和工具，不仅能够使集团母公司跨地区实时地获取各分子公司的经营信息，并能够对所有子公司进行全过程的实时监管，有助于提升集团母公司对子公司的管控水平，缓解管理层和股东、母公司与子公司之间的信息不对称，降低管理层盈余操纵动机。此外，还能基于数字化财务系统，对企业的成本分析、经营预测、投资与预算决策等提供综合服务，这将有助于企业实现财务与业务、战略的一体化，能够提供更及时、更相关的信息来满足经营需要的要求。因此，有必要考虑数字化转型对会计信息可比性的影响，这也可能是数字化转型新的研究主题。

1.1.2　理论背景

信息对个体决策会产生显著影响（Scott，2012）。财务报告反映出的信息，为信息使用者的决策可提供支持。刘玉廷（2010）研究结果表明，财务报告质量是评价财务报告时最关键的指标。财务报告具有决策有用、受托责任双重目标和公共产品的特征，和企业的社会责任密切相关。Barth（2013）认为，财务报告主要是提供了企业的财务和运营情况相关信息，为投资者做出正确决策提供支持。

结合当前的制度背景，学者们将研究的目光投向会计信息可比性，就此展开深入分析与探究。通过查阅文献资料了解到，学者们一致认为会计信息可比性不仅能促进信息披露水平与经营效率的提升，也能让信息使用环境得以优化，使会计信息使用者以更低的成本获得全面、高质量的信息。

第一，会计信息可比性能促进企业经营效率的提升。江轩宇等（2017）指出，如果企业能保证会计信息可比性不仅能为管理者免除职业忧虑，激励其将更多精力用于工作中，也能缓解融资约束，增强管理者的投资能力，显著增强企业的创新能力，也能解决代理冲突、信息不对称等问题。万鹏等（2015）指出，会计信息可比性有利于企业制订完善而合理的营收计划。Chen 等（2018）着重分析会计信息可比性与并购之间的联系，发现如果目标企业会计信息可比性比较高，合并方能通过并购获得更高的收益。刘睿智等（2015）指出，主并企业如果能保证会计信息可比性，不仅能促进并购效率的提升，也能让股东的长期财富效应发生积极改变。

第二，会计信息可比性能让企业的信息使用环境发生积极改变（Neel，2017）。DeFranco 等（2011，即 DKV）指出，可比性与预测精确度、分析师数量保持正向关系，但与预测分歧度之间存在明显的负向关系。这一观点得到 Bradshow 等（2009）的支持。通过深入分析了解到，如果不同国家之间的会计信息有较高的可比性，海外分析师能得出较为准确的预测结论（Fang et al.，2015）。

第三，会计信息可比性能帮助投资者用更低的成本获取需要的信息，信息质量与数量都将有显著提升（Kim et al.，2013）。Young 等（2015）指出，可比性能帮助信息使用者对企业发展情况做出合理判断，增强其挑选企业的能力。会计信息可比性能让信息使用者对多家企业的经济情况进行对比，准确地把握住彼此之间的异同，加深对经济事项的理解，深入分析如何将其转化为更高的业绩。同时，可比企业之间具备较好的对比基础，在信息转换方面难度比较低，信息使用者在对财务报告进行分析时不需要投入过多的时间与精力。

第四，会计信息可比性能让上市企业披露的信息质量有显著提升。可比性能解决信息不对称的问题，增强投资者的约束与监督能力，管理层的舞弊行为被识别的概率较高（Kim et al.，2016）。一旦管理层隐藏的坏消息被公之于众，无法获得理想收益，却能造成严重损失（Kothari et al.，2009），因此管理层不会轻易隐瞒坏信息。陈翔宇等（2015）指出，会计信息可比性能让管理者更为精准地预测业绩，如果在这方面难度系数较高，可比性能发挥出更重要的作用。有学者指出，会计信息可比性能让管理者更为慎重地预测业绩，有效减少偏差（万鹏等，2017）。

此外，高质量的财务报告的相关性、可靠性、可比性也更高，这样在同样条件下可获得更多准确的信息，从而更好地满足决策分析相关要求。投资者的决策结果和财务报告的相关性以及可比性都密切相关。如企业选择公允价值计量方法，这种条件下估计出的资产和负债的价值的准确性更高，可更好地反映出公司未来的价值。此时可认为企业的财务报告的相关性强，不过此时需要主观估计的程度也更高，管理当局的偏见影响更明显。因而这种条件下该公司的财务报告的可靠性可能会显著下降；另一家公司在计量时如选择历史成本计量，这种计量模式下其财务报告的可靠性高而相关性低。总体上看，各种计量方法下的相关性和可靠性都无法准确的进行对比，这也导致投资者难以根据这些报告进行准确的投资决策。如果在计量时两个企业选择相同的计量方法，则二者的财务报告的相关性和可靠性满足可比性要求，因而投资者可准确地判断出高质量的财务报告，对其后的决策起到促进和支持作用。

在此背景下我们不禁思考，数字化转型能否促进企业高质量发展？会计信息可比性在二者中的作用是什么？本研究对上述问题的回答有助于从微观层面对数字化转型的实施效果加以准确评估，深刻理解数字化转型对企业高质量发展的驱动作用，为相关政策制定提供经验证据。

1.2 研究目的

近年来，人们越来越关注会计信息目标的决策有用性，这对于保护投资者利益具有积极意义。众所周知，企业在运营过程中需要充分披露其财务报告。但是，由于上市公司规模的逐步扩大，以及公司数量不断增多，直接导致财务信息相应增加。这种情况下，投资者、券商等年报使用者往往需要耗费大量的时间和精力来收集信息。而事实上，由于受到诸多因素的限制，大部分年报使用者难以高效搜集和利用信息。从现有的情况看，很多企业的财务报告存在各种问题和弊端，如信息不准确或不完整、信息不及时、缺乏客观性等，导致投资者遭受惨痛损失。因此，如何提高财务报告质量，保护投资者权益成为学术界重点探讨的课题，也是监管部门亟须解决的问题。迄今为止，很多研究人员已充分意识到会计信息在委托代理关系中所扮演的角色，并进行了相关研究，进而构建出相应的理论体系。但是，从总体来看人们对于会计信息质量的研究主要是围绕会计信息相关性、可靠性的评估等方面来展开，如对应计质量（Dechow et al.，1995）、可靠性等的评估。相对来说在经济学领域，不同企业财务报表的可比性评估未能受到充分重视，相关的研究也较为缺乏，这在很大程度上限制了会计信息可比性的定价功能，不利于经济的发展。具体地，可比性指标分为两类。一类是基于相关会计准则对不同公司的可比性予以衡量，且这种方法在以往的学术研究中应用非常广泛。不少学者尝试去解决可比性的测度问题，在此过程中，人们主要是从会计准则协调度、公司间会计政策差异等维度来分析和探讨可比性（Van et al.，1988）。其中比较具有代表性的研究是 Bradshaw 等（2009）在参考前人研究结论的基础上，以会计选择的一致性来衡量可比性，结果显示，若分析师采用与同行业公司差异较大的会计政策，则预测的准确度明显降低。但是，现有的一系列方法均是从会计准则协调度角度来分析和讨论会计政策之间的可比性，未能充分考虑财务报表这一因素，导致预测误差较大，无法为投资者制定决策提供有力支持。另外，FASB（1980，112 段）认为，增强财务报告的可比性是发展会计准则的根本驱动力。但需要指出的是，会计准则并非财务报告可比性的决定性因素；换言之，这种可比性是由多种因素共同决定的，比如社会需求与动机，诉讼压力等。故而，需要从不同的视角来分析财务报告可比性，进而更好地揭示其在资源配置中的调配作用。近年来，与此相关的研究逐渐增多，比如 DeFranco 等（2011）总结出了能够反映企业会计信息可比性的相关指标。此后，更多国内外学者围绕会计信息可比性的质量特征展开探讨，并形成了相应的理论体系。然而，总体来看，由于可比性方面的研究起步晚，且受到其他因素的制约，导致会计信息可比性的定价/治理功能方面的研究缺乏。因此未来还需要作深入的探讨，以明确其在资本市场中的地位和作用，从而为投资者制定决策提供可靠的依据。

毋庸置疑，阐明可比性在资本市场中的经济后果是非常重要的，此方面的研究不仅有助于充分发挥会计信息的中介作用，还能使投资者更好地了解企业和市场，从而降低交易费用和不确定性风险。正如前文所述，明确财务报告可比性的影响因素非常必要，可为当前的资本市场信息管制提供依据。鉴于此，本研究中基于会计信息质量的可比性特征，在参考前人研究经验的基础上，对会计信息可比性的定价和治理功能展开一系列讨论，在这个过程中，从公司避税、信息传递等维度来阐述这种可比性的经济后果。本研究之所以选择上述维度进行分析，是因为：第一，在以往的研究中，通常是将股票市场交易者、公司股东等群体视为“投资者”，未能将政府部门充分考虑进去，显然是不科学的。政府为上市公司提供公共服务，公司则将部分收益以税收的形式缴纳给政府；从这一角度来看，政府是公司的特殊“投资者”。根据以往的实践经验来看，很多企业的经营信息并不能被政府很好地获取，进而导致一系列问题发生。比如，由于政府和企业之间存在信息不对称，导致企业偷税漏税，进而影响政府收益。从政府的角度展开分析，揭示可比性与公司避税的关系对于保护投资者具有积极意义。第二，企业在运营过程中充分披露信息，有助于市场合理定价。对已收集到的文献资料进行分析，得出以往的研究多针对投资者对特定信息的直接市场反应，然而在大多数情况下，人们除了对外显信息作出反应外，还会对隐藏的信息进行反应。相关研究结果表明，企业充分披露信息，可使同行业会计信息可比性较高的公司获得更多有用的增量信息，这对于企业的发展往往具有促进作用（De Franco et al. , 2011）。可以肯定的是，明确会计信息可比性在信息传递中的作用，可以更好地了解企业间接信息来源的市场反应。更为重要的是，此方面的研究有助于完善会计信息披露相关制度，从而更好地保护投资者的权益。从现有的情况看，由于监管成本较大以及监管过度，导致很多企业的发展受到限制；可以看到目前的信息披露制度可能存在选择性，比如只有符合相关条件的企业才被强制进行业绩预告，其他的企业则不作强制性要求。而较高可比性能够促进披露信息的共享，这种情况下，投资者可以通过获取的信息更好地了解企业和市场情况，从而降低其面临的信息不确定。具体地，投资者对这些信息进行分析，有助于其实现最优投资策略，从而获得稳定、高额收益。有学者从其他视角展开了研究，指出股票增发折价会侵害公司股东的利益，而我国很多企业存在“一股独大”的情况，这往往会导致大股东侵害小股东的利益以实现自身利益最大化（朱红军等，2008）。故而，从股票增发折价角度展开分析，对于保护投资者利益具有积极意义。总的来说，从不同的视角进行研究，有助于人们更深入地认识会计信息可比性在市场上的功能，同时也弥补了该领域的研究空白，有着深刻的理论意义和现实意义。

1.3 研究意义

第一，理论层面。本研究在数字经济发展背景下，进一步探讨将数字化转型与企业高质量发展之间的因果关系，为企业高质量发展研究提供了新的研究视角。本研究从全球及中国数字经济发展、数据作为新的关键生产要素、供给侧结构性改革要求高质量发展提升的现实背景出发，在理论层面构建数字经济背景下数字化转型与企业高质量发展变动的理论分析框架。依次对数字化转型与高质量发展关系的概念模型、理论假设、假设检验进行研究，并进一步分析会计信息可比性是否会在数字化转型与高质量发展之间的关系起到中介效应，以及人力资源、成本费用与融资约束在二者之间的调节效应等。研究结论有助于理解数字化转型如何影响企业高质量发展变动。

第二，现实层面。本研究结论能够为企业的数字化转型决策及管理策略制定提供一定参考。目前，努力加强企业能力建设，全力提高企业高质量发展已成为中国供给侧结构性改革及经济转型的重要抓手，而当前关于如何提高企业能力及高质量发展的研究仍需进一步拓展。2020 年，国家发改委、中央网信办启动“上云用数赋智”行动，中共中央、国务院发布《关于构建更加完善的要素市场化配置体制机制的意见》，由此显示出国家致力于“数字中国”建设的决心。在此背景下，很多企业都在谋求数字化转型，但数字化转型能否提高高质量发展仍需要基于企业数据的实证检验。因此，本研究不仅可以为数字化转型决策提供一定指导，而且还能就如何基于数字化转型提升高质量发展提供一些管理建议。

1.4 研究思路与研究内容

1.4.1 研究思路

本研究以动态能力理论、交易成本理论、信息不对称理论和委托代理理论为理论基础，按照“研究背景与问题提出→文献回顾→理论基础与机理分析→数据收集与实证检验→研究总结与对策建议”，并遵照“理论研究→实证研究→对策研究”的研究框架，具体为：①本研究从中国政府对经济高质量发展要求以及数字化发展机遇的“双重”背景出发，探讨数字化转型对企业高质量发展的支撑作用以及会计信息可比性对其可能的促进作用，提出本研究问题。②针对研究问题，对现有研究中，关于数字化转型的前因变量与结果变量、会计信息可比性的度量和影响因素以及高质量发展的相关文献进行梳理，并进行相应的评述。③基于文献回顾，厘清数字化转型、会计信息可比性、企业高质量发展的内在联系，构建本研究的理论分析框架，并提出待检验的研究假设。④通过使用2015～2021年中国A股上市公司的数据，对本研究涉及的变量数据进行收集，对研究假设进行实证检验，以探究数字化转型、会计信息可比性与企业高质量发展之间的关系和异质性，并验证了研发投入和高管财务背景在数字化转型、会计信息可比性与企业高质量发展关系中发挥的调节作用。⑤总结实证研究结果，并结合现有研究经验与本研究结果，分别从政府与企业层面提出推动企业数字化转型的对策建议。技术路线图（见图1-1）。

1.4.2 研究内容

各章内容安排如下：

第1章为绪论。该部分从研究背景出发，着重提出本研究将要聚焦的核心问题，进一步对文章的研究思路、研究内容、研究方法予以介绍和说明，最后，总结概括出研究可能的创新之处。

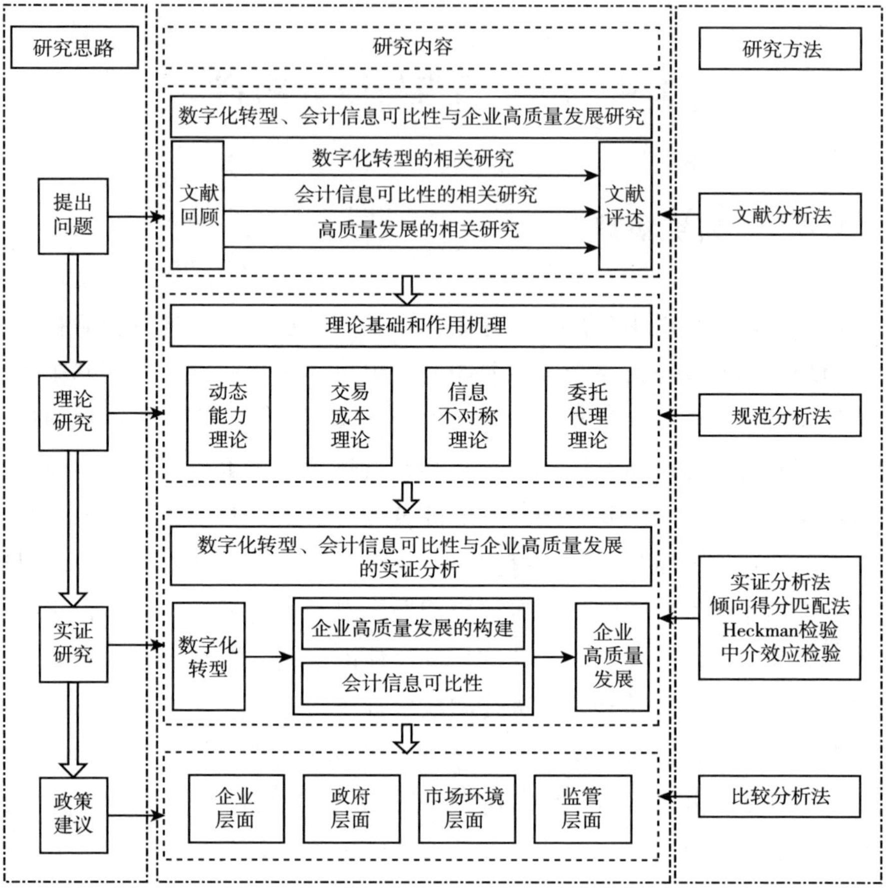

图 1-1　技术路线图

第 2 章为概念界定、理论基础与文献综述。在界定企业数字化转型、会计信息可比性和高质量发展，并回顾动态能力理论、交易成本理论、信息不对称理论和委托代理理论等理论之上，对数字化转型的前因变量与结果变量、会计信息可比性的度量和影响因素以及高质量发展的相关文献进行梳理，并进行相应的评述。最后，对相关研究观点进行批判式述评、指出其中不足，并在此基础上明确本研究重点和边际贡献。

第 3 章为我国会计信息化制度背景回顾与会计可比性的测算方法介绍。首先，介绍在我国会计信息化制度背景的前提下，中国会计信息化与会计信息可比性相关政策。其次，从会计系统、盈余质量、信息传递、价值相关性、评级机构调整、会计准则选择和会计政策披露七个视角，分别介绍了会计可比性的测算方法。

第4章对我国企业数字化转型测度的现状分析和中国企业高质量发展的指标构建及实证分析。首先，从基于文本分析法的我国企业数字化转型测算、我国企业数字化转型的特征分析、不同所有制我国企业数字化转型的特征分析三个方面对我国企业数字化转型进行测度与分析。其次，在分析企业高质量发展理论基础的背景下，从高质量发展的内涵、测度及影响因素三方面对高质量发展的文献进行梳理。最后，构建中国企业高质量发展的指标，并实证估计中国企业高质量发展的数据。

第5章对数字化转型对企业高质量发展的提升效应进行实证分析。首先，通过OLS基准检验数字化转型对企业高质量发展的影响效应，并验证了研发投入和高管财务背景比例在数字化转型与企业高质量发展关系中发挥的调节作用。其次，在分别检验了不同企业产权性质和不同省份数字化程度异质性影响的基础上，进行一系列内生性和稳健性检验，进一步验证数字化转型对企业高质量发展的提升效应成立的可能性。

第6章为数字化转型对会计信息可比性提升效应的实证分析。首先，通过OLS实证检验数字化转型对会计信息可比性的影响效应，并验证了内部控制和信息不对称在数字化转型与会计信息可比性关系中发挥的调节作用。其次，在分别检验了不同数字化转型偏好的程度和不同行业竞争程度异质性影响的基础上，进行一系列内生性和稳健性检验，进一步验证数字化转型对会计信息可比性提升效应成立的可能性。

第7章为会计信息可比性与企业高质量发展的实证分析。首先，通过中介检验（企业创新、投资效率、融资约束与企业避税）初步检验会计信息可比性对企业高质量发展的影响效应，并验证了研发投入和高管财务背景在会计信息可比性与企业高质量发展关系中发挥的调节作用。其次，在分别检验了不同企业产权性质和不同省份数字化程度异质性影响的基础上，进行一系列稳健性检验，进一步验证会计信息可比性有利于企业高质量发展的提升，企业创新、投资效率、融资约束与企业避税在会计信息可比性对企业高质量发展提升效应中承担中介效应作用假设成立的可能性。

第8章为数字化转型、会计信息可比性与企业高质量发展的实证分析。首先，通过中介检验初步检验数字化转型、会计信息可比性对企业高质量发展的影响效应，并验证了研发投入和高管财务背景在数字化转型、会计信息可比性与企业高质量发展关系中发挥的调节作用。其次，在分别检验了不同企业产权性质和不同省份数字化程度异质性影响的基础上，进行一系列稳健性检验，进一步验证数字化转型有利于企业高质量发展的提升，会计信息可比性在数字化转型对企业高质量发展提升效应中承担中介效应作用假设成立的可能性。

第 9 章为研究结论、政策启示与研究展望。首先，总结数字化转型、会计信息可比性与企业高质量发展的理论分析和实证分析得到主要结论，其次，提出结论中蕴含的政策启示，为数字化转型、会计信息可比性与企业高质量发展提供可行的产业政策建议，最后，展望本研究可进一步研究的方向。

1.5 研究方法

本研究涉及管理学、经济学、统计学及计量经济学等多学科知识，主要采用定性分析与定量检验相结合的方法，具体如下：

1. 文献分析法

通过学校图书馆的电子资料、数据库、期刊、谷歌学术等途径，最大可能搜集、整理国内外有关数字经济、企业数字化转型和企业能力、企业全要素生产率及其影响因素等方面的研究文献。对这些文献进行梳理，涉及核心变量的概念、理论和研究结果等，了解各变量以及变量之间的研究成果，并最终形成文献综述，以把握各个领域的研究前沿动态，进而突出本研究内容边际贡献。

2. 理论分析法

分析已有的关于企业数字化转型的研究结论，从理论上认识数字化转型、会计信息可比性与企业高质量发展的可能作用，把握数字化转型在不同子维度（人工智能技术、区块链技术、云技术、大数据技术和商业模式）、不同省份、不同行业、不同类别技术、不同所有制等之间的异质性。深入理解会计信息可比性在数字化转型与企业高质量发展之间的关系中的作用，进而构建数字化转型与企业高质量发展之间的概念模型并提出理论假设；同时分析企业高质量发展影响因素的现有结论，识别出企业高质量发展的关键影响因素，为本书实证研究的模型构建和估计奠定理论基础。

3. 实证分析法

本研究中的定量研究主要采用实证分析方法，具体主要包括统计学和计量经济学方法。在充分的理论讨论和研究假设基础上，基于中国上市公司公布的年报等信息，利用网络爬虫技术得到企业是否进行了数字化转型的数据，同时结合企业的投入产出等财务数据，进行描述性统计分析、回归分析、中介效应检验、稳健性检验等。

具体而言：第一，通过 OLS 基准检验数字化转型对企业高质量发展的影响效应，并验证了研发投入和高管财务背景比例在数字化转型与企业高质量发展关系中发挥的调节作用。然后在分别检验了不同企业产权性质和不同省份数字化程度异质性影响的基础上，进行一系列内生性和稳健性检验，进一步验证数字化转型对企业高质量发展的提升效应成立的可能性。

第二，通过 OLS 实证检验数字化转型对会计信息可比性的影响效应，并验证了内部控制和信息不对称在数字化转型与会计信息可比性关系中发挥的调节作用。然后在分别检验了不同数字化转型偏好的程度和不同行业竞争程度异质性影响的基础上，进行一系列内生性和稳健性检验，进一步验证数字化转型对会计信息可比性提升效应成立的可能性。

第三，通过中介检验初步检验数字化转型、会计信息可比性对企业高质量发展的影响效应，并验证了研发投入和高管财务背景在数字化转型、会计信息可比性与企业高质量发展关系中发挥的调节作用。随后在分别检验了不同企业产权性质和不同省份数字化程度异质性影响的基础上，进行一系列稳健性检验，进一步验证数字化转型有利于企业高质量发展的提升，会计信息可比性在数字化转型对企业高质量发展提升效应中承担中介效应作用假设成立的可能性。

1.6 创新点

第一，本研究将数字化转型、会计信息可比性与企业高质量发展相结合，为企业高质量发展研究提供了新的研究视角。根据目前所掌握的资料，基于数字化转型视角讨论企业高质量发展增长来源问题，在国内外学术期刊、会议论文集、学位论文中都尚未检索到与此密切相关的研究成果。已有少数文献主要是研究“互联网+”、人工智能、信息化对企业高质量发展的影响。本研究从中国数字经济发展、数据作为新的关键生产要素、供给侧结构性改革要求企业高质量发展提升的现实背景出发，依次对数字化转型、会计信息可比性对企业高质量发展的概念模型、理论假设、假设检验（中介机制、调节效应）等进行研究，在研究问题的切入视角上具有一定新意。

第二，本研究在理论层面突破传统的企业高质量发展来源研究文献中的单维、静态研究范式，注重从多维、动态视角研究数字化转型、会计信息可比性对企业高质量发展变动的理论机制和经验问题，构建了数字化转型、会计信息可比性对企业高质量发展的理论分析框架，并构建新的企业高质量发展模型：企业数字化转型既可以直接对企业高质量发展产生影响，也可以通过会计信息可比性这一更具动态性的中介变量产生影响；同时，数字化转型通过会计信息可比性对企业高质量发展产生影响的中介模型中，研发投入和高管财务背景可以分别对其直接效应和中介效应产生调节作用。

第三，本研究在实证研究设计上对已有研究进行了拓展。目前关于数字化转型的相关研究以理论分析为主，且在为数不多的实证研究中，其数据主要来源于问卷调查或者访谈。这两种方式针对性较强，但样本来源受限，容易受到时空的限制及主观性影响。而本研究采用上市公司年报和财务报告中的非平衡面板数据，扩大了研究对象的范围和样本量，同时囊括了不同区域、不同行业、不同规模及不同性质的企业，有助于得到更为丰富的研究结论。另外，上市公司有更加严格的信息发布制度和披露要求，相关数据相对更全面、更具体、更准确，增强了研究结论的客观性和准确性。

第四，本研究对关键变量的衡量方式进行了改进。首先，在企业数字化转型衡量方面，不再基于技术这个单一视角，而是从技术和管理的双重视角，将数字化转型划分为数字化基础设施投入、数字化技术应用、数字化业务模式和数字化程度四个方面，丰富了企业数字化转型这一核心解释变量的衡量方式。其次，现有研究中关于企业高质量发展的衡量方式并不清晰，本研究以产品卓越、企业动态能力、社会责任和公司治理为基础，通过构建模型以此作为企业高质量发展的代理变量具有新颖性。

第2章 概念界定、理论基础与文献综述

2.1 概念界定

2.1.1 企业数字化转型

现有研究主要从技术支持和组织变革两个方面对企业数字化转型进行定义。从技术支持角度来看，企业数字化转型帮助企业在研发、组织、生产、销售以及服务等方面引入先进的数字化技术，打破企业业务与数字技术之间的沟通壁垒，整合业务流程中的资源，优化业务流程，促进业务数据化，能更好地服务顾客和市场，提高企业的生产与营销效率，从而创造新的价值（陈煜波，2019）。这种观点更强调数字技术在企业业务中发挥的作用，而更多的学者将企业数字化转型视为企业的一种战略行为，通过各种信息科技重新打造企业的业务流程、组织结构和商业模式，使企业的经营方式实现根本性转变。从组织变革角度看，数据处理和分析是基础，业务平台、数据平台、技术平台是核心，最终目的是实现数字技术和生产发展的深度融合，改造企业的传统生产系统，将其转化为数字化系统（谭志东等，2022；张永珅等，2021）。从以上研究过程可以发现，企业数字化转型是一个从0到1的跨越，初期数据驱动业务实现业务流程转变，后期数字技术驱动管理实现管理创新，这个过程是企业与数字技术融合的过程，也在一定程度上反映了企业的数字化转型程度。

基于上述研究，本研究对企业数字化转型进行界定：企业数字化转型是指企业凭借人工智能、大数据、区块链、云计算等相关数字技术，以数字化方式变革经营战略、业务流程、组织结构以及商业模式，实现创新发展和价值创造。

2.1.2　会计信息可比性

会计信息可比性在企业的日常经营运作和相关信息的披露方面发挥着重要作用，不仅有助于约束管理层的行为，而且还能向利益相关者提供有效的信息。美国财务会计准则委员会认为会计信息可比性能帮助管理层获取自身企业与其他企业的比较信息，从而对不同企业的相同经济业务的异同进行比较，以协助管理层做出决策。国际会计准则在财务报告框架中指出，会计信息可比性能够反映出不同企业之间的差别，这种差别体现在企业在同一时期使用的会计政策与方法上，还体现在不同时期的经营成果、财务状况和会计信息上，从而使利益相关者了解企业的经营现状。

Simmons（1967）最早提出会计信息可比性的概念，在某个标准会计体系下，对同类业务的经济状况进行同等会计核算和披露，生成的一种比较模式结果称为会计信息可比性。我国财政部在《企业会计准则》中较为具体地定义了会计信息可比性，企业提供的会计信息的纵向可比性表现为，同一企业在不同时期采取一致的会计政策处理同类经济业务；企业提供的会计信息的横向可比性表现为，不同企业采取一致的会计政策处理同类经济业务。本研究参照 Franco（2011）构建的盈余收益模型给出定义：会计信息可比性是指企业对类似经济业务产生的不同财务数据之间的差异程度，用股票收益率和会计盈余来分别表示经济业务和经济后果。

2.1.3　高质量发展

上市公司高质量发展评价体系包括：产品卓越、企业动态能力、社会责任和公司治理，具体来说：

第一，在对上市企业的产品卓越维度做出评价时，要把公司新业务变动情况当成重点评价内容，wind 数据库存储了大量与上市企业营收有关的数据，从中能看出哪些类型的业务能创造更高的营收。本研究对上市企业连续两年的营收数据进行对比，重点关注调整了业务结构的企业。如果上一个年度的某项业务并没有延续到下一个年度，意味着企业的产品领域实现了拓展，在产品运营维度企业的优劣情况，则可以用前一年营收中新业务收入的占比做出评价，即 NP，这是这一维度之中的重要评价指标。

第二，动态能力理论指出，知识是企业所有资源中价值最高的一种，如果企业具备较强的知识控制能力，能帮助企业准确地对下一阶段的发展情况进行预测。参考郑素丽等（2010）的研究成果，在对企业动态能力做出评价时，把“研发支出总量”当成重要指标，这项指标能体现出企业在掌控知识资源方面具备怎样的能力。这是一项完全不同于创新效率的指标，能体现出企业已经拥有与动员的创新资源数量。

第三，如果第二到第十大股东的控股比例是合理的，就能通过三种方式帮助企业达成治理目标（白重恩等，2005）。一是避免大股东侵占小股东利益；二是企业在经营不善时能及时对控制权进行调整；三是能通过多种方式对企业经营进行监督。因此，在对企业治理水平做出评价时，这九位股东的控股比例是一项有效指标。

第四，企业社会责任，是指企业在为自身创造财富的过程中也要对客户、员工、社会、生态环境等利益相关者负责（Crane and Ruebottom，2011）。国泰安数据库中介绍了九个维度的评价指标，例如是否对环境与可持续发展数据进行披露，披露与不披露分别确定为 1 和 0，把九个维度的分值累计，即可了解企业的社会责任承担情况。

2.2 理论基础

2.2.1 动态能力理论

企业动态能力在数字化转型中可能会发挥重要的作用（Matarazzo et al.，2021）。数字经济背景下，动荡的环境为企业带了带来了一系列的不确定性，企业数字化转型表明企业在不确定性中寻求长期生存和发展而进行的变革。数字化转型作为一种变革，需要企业在转型的过程中利用已有能力的同时探索新的能力（Vial，2019；Svahn，2016），对数字化转型企业而言，数字化代表着未知的、需要探索的新领域，但在探索新领域的过程中不得不依赖原有的业务获取静态能力，因此数字化转型需要在利用现有静态能力的同时，构建新的动态能力（Svahn，2017）。

动态能力是比静态能力更高层次的能力，反映企业整合、构建和重新配置内部和外部资源与能力的能力（Teece，2012），经常被用来解释企业如何对快速的技术变化做出反应（Eisenhardt and Martin，2000）。动态能力理论源于企业战略管理理论对企业竞争优势来源的讨论。企业如何获取并长期保持竞争优势是非常重要的问题，也是企业战略管理的核心问题。关于企业竞争优势的来源，存在两个不同的观点：一是以 Porter（1985）的产业分析理论为代表的竞争优势外生论；二是以企业能力理论为代表的竞争优势内生论。他提出扎根于产业组织中的结构—行为—绩效（structure - conduct - performance）的竞争力观点，强调企业在产业中的定位以规避竞争，他将竞争战略形成的实质看成企业和所处环境的联系，即产业结构。一个公司的竞争优势取决于其是否具备比竞争对手创造更多价值的能力。Porter 的五力竞争模型（进入壁垒、替代威胁、客户议价能力、供应商议价能力以及企业间的竞争）可以帮助企业在产业中进行定位以提升竞争力。基于此，学者们将注意力从企业外部转移到企业内部，由此产生了以企业能力理论为代表的企业竞争优势内生论。企业能力理论认为企业内部条件，比如企业内部资源、能力的积累等是企业获得竞争优势的关键所在。

一些学者认为企业竞争优势来源于企业内部的能力理论旨在探寻企业成长的内在动力。随着企业能力理论的发展，学术界出现了各种不同的能力理论分支（谷奇峰和丁慧平，2009），但这些分支并没有形成一套完备的能力理论体系。总的来看，企业能力理论的发展经历了两种相对独立又互为补充的流派：资源基础观和能力基础观，其中能力基础观又分为核心能力和动态能力两个分支（刘晔，2012）。资源基础理论观中，企业能力被认为是产生和发展可持续竞争优势的一个主要来源（Barney，1991；Wernerfelt，1984）。资源基础观认为企业拥有具有异质的、有形的和无形的资源，比如有形的资产和设备等、无形的管理者能力和员工素质等，这些资源如果符合 VRIN（Valuable 有价值的、Rare 稀缺的、Imperfectly Imitable 无法仿制的）的特点时就能够转变成独特的能力，成为企业竞争优势的基础，是企业保持持久竞争优势的源泉。

能力基础观是资源基础观的继承和发展，它突破了资源基础观的静态视角，认为企业本质上就是能力的集合体，企业成长取决于企业能力集合与动态环境相适应的过程。核心能力理论和动态能力理论是能力理论的两个主要分支。随着企业能力理论的发展，20 世纪 90 年代，研究战略管理的学者们和企业家们认为以上理论都存在缺陷，无法解释现实中的问题，即在快速变化且不可预测的外部环境中，为什么有的企业可以继续保持竞争优势，而有些企业却不再拥有竞争优势从而衰落？企业怎样才能获得持续的竞争优势？Teece 等（1997）认为，资源基础观并没有解释清楚企业实现竞争优势的机制，虽然资源基础观也提到了要对企业的资源进行动态管理，但并没有深入探析应该如何管理或者培育资源的价值性和企业能力的来源问题，于是学者们对传统的企业能力理论进行反思并完善，随之发展出新的企业能力理论分支——动态能力理论，旨在找到能够解释企业竞争优势以及企业的能力与资源的组合是如何发展、运用和保持的具体能力维度，以强调企业在快速变迁环境中对现有的内外部特定能力的运用（Teece et al.，1997）。传统的企业能力理论旨在关注如何更好地利用企业的给定能力，研究的是战略的“横向问题（cross - sectional)”，即是什么导致企业的竞争优势；而动态能力理论则主要关注战略的“纵向问题（longitudinal)”，即为什么会导致企业的竞争优势，研究为企业带来竞争优势的资源和能力是如何产生和发展的（Porter，1985）。动态能力理论扩展了企业的资源基础观，很好地阐释了企业如何保持持续的竞争优势（Helfat and Raubitschek，2018），关注企业有目的地改变其资源基础以提高其与环境的适应程度并确保其生存的能力。动态能力假设企业拥有普通能力也拥有动态能力，普通能力涉及执行完成任务所必需的行政、业务和与治理有关的职能能力，而动态能力“涉及能够使企业将其普通活动导向高回报努力的更高层次的活动”（Teece，2014），是使企业在面对复杂易变的市场环境时，能够快速整合和建构内外部资源、知识、技能和能力，迅速形成新的竞争优势。

总之，企业数字化转型过程中不仅需要企业重构资源基础的动态能力，例如数字化感知、捕获、重构等，还需要提升数字化基础设施等静态能力。因此，数字化转型可能会对企业能力产生影响。

2.2.2　交易成本理论

数字化并不要求我们放弃所熟悉的理论，交易成本、有限理性和产业结构理论仍然是数字化过程中重要的理论指导（Adner，2019）。其中，交易成本理论可以很好地解释企业数字化转型所带来的生产率效应。交易成本理论源于科斯（Coase）的交易成本理论的《企业的本质》（Nature of the Firm），在这篇文章中他诠释了企业存在的原因：节约交易成本。实质上，科斯（Coase）的主要前提是，市场交易包含一系列成本，如果交易发生在企业内部，这些成本可能会降低。他将交易成本定义为使用价格机制的成本，比如“所有发现相对价格的成本和市场上发生的每一笔交易的谈判和签约的费用”。市场运行的每一个阶段所产生交易费用就是交易成本，企业之所以会存在就是为了避免或降低这些交易成本，因为企业相对于市场能更有效地降低交易成本。虽然交易成本理论是科斯（Coase）提出的，但 Williamson（1979）是使该理论走向成熟的推动者。他指出，那些需要大量特定资产、频繁发生和/或面临高度未来不确定性的交易，如果经济行为主体的理性受到限制，可能会采取机会主义行为，因此成本较高。除了完善和操作化交易成本理论的参数，Williamson 还扩展了它的范围，将企业和市场视为一个连续体的两端，而不仅仅是两个离散的选项（由 Coase 概念化）。然后，他描述了关于经济行为者的两个重要假设：有限理性和机会主义，以及经济交易的三个关键维度：资产专用性、频率和不确定性。Williamson（1979）认为，有限理性、机会主义和信息不对称是交易成本产生的原因。他用资产专用性来解释交易成本的起源，所谓“资产专用性”是指专门用于特定用途，很难再用作其他用性质的资产，如果改为他用则价值会降低，甚至可能变成毫无价值的资产（董梅生和杨德才，2014）。人的理性是有限的（有限理性），加上信息的不对称性，在交易的过程中，会发生各种不可避免的不确定性事件所带来的风险。人们只能通过有限的理性和不完整的信息来预测未来，从而避免或降低自己的损失，在这个过程中，交易成本就会产生并随着交易次数增加而增加。交易成本分为事前交易成本和事后交易成本，事前交易成本包括谈判所产生的议价成本、签订合同时的监督成本等，事后交易成本包括解决纠纷时产生的监督成本等。交易成本理论认为有限理性和信息不对称会增加企业成本，因为企业的经营离不开信息资源，管理者却无法获取完整和确切的信息，有限理性会导致信息偏差，从而导致额外成本的增加。针对此问题，企业可以采取多种方式来降低交易成本，比如增加周转率减少不确定性和风险，或者缩短交易时长，让交易变得简单，还可以拓展信息获取渠道，降低信息不对称带来的风险。数字技术的应用刚好可以实现这些目的，减少交易成本。交易成本这一理论表明，进行交易是一项代价高昂的努力（例如，谈判合同、监督业绩和解决纠纷），不同的交易组织模式（例如，在市场或企业内部）会带来不同的成本。虽然这一理论的本质似乎相当直观，但它的影响是巨大的。到目前为止，三位不同的交易成本学者（例如，罗恩·科斯，道格拉斯·诺斯和奥利弗·威廉姆森）获得了诺贝尔奖经济学，这个理论在不同的学术领域得到了成千上万的引用，包括经济学，公共政策，国际商务，运营，管理和市场营销等。

2.2.3 信息不对称理论

信息不对称是一种客观而普遍存在的情况，势必会对企业的生产经营与管理活动造成影响。传染效应是指所有事件都会产生外部性，例如企业的经营活动、信息披露行为等都会对其他企业的发展造成影响。

在经济活动中，参与者数量比较多，但彼此之间获取的信息却有所不同。最初这只是经济学领域的一个基本概念，提出者为GeorgeA等。Jensen等（1976）在对企业治理方面的问题进行研究时率先引入信息不对称理论，为委托代理理论的发展奠定了基础。Jensen等（1976）指出，当经营权与所有权不为同一个人掌控，管理者在经营过程中能获取更多的企业信息，企业与投资者之间形成信息不对称问题。信息不对称的体现形式比较多，道德风险与逆向选择最为常见。

信息不对称是造成非效率投资的根本原因之一，包含投资过度与投资不足两种情况。管理者为了能顺利晋升或是获取更为丰富的资源，不断提高社会地位，就会盲目地进行投资，引发过度投资的情况（Jensen，

1986），企业利益由此受损。与此同时，代理问题与信息不对称也会引发投资不足的情况，Myers 等（1984）指出，当信息不对称的问题在企业内部与外部同时存在，企业在融资过程中就会出现成本过高的情况，无法抓住净现值为正的投资机会，投资不足的情况由此形成。Bertrand 等（2003）发现，经理人如果过于贪图安逸的生活，投资规模将下降，导致投资不足。从总体上看，道德风险与融资约束两种情况的存在，将造成投资不足。

资金提供者要充分意识到，所有投资行为的发生就是要获取理想的收益。许多学者指出，信息不对称问题越严重，投资人难以通过投资获得理想收益（Botosan et al.，2002；Hail，2002）。投资人向往高回报，促使企业资本成本的提升。

在解决企业与投资者信息不对称问题过程中，财务报告是一种有效性较强的工具。编制财务报告的根本目的就是要将企业的财务信息提供给广大利益相关者，确保相关人员能做出合理决策（FASB，2010；IASB，2010），利益相关者通过财务信息能对企业的经济效率做出合理评价，加深对企业财务状况的了解，能对企业下一阶段的现金流量进行客观评估，增强对管理者的监督与约束能力。由此可见，如果企业能披露高质量的会计信息，企业管理者的经营行为将发生积极改变（Cleary，1999），有利于促进企业融资能力的增强（Evans，2016；李姝等，2013）。

此外，信息不对称也会带来传染效应。传染效应的形成，是因为某主体在其他主体的影响下，行为、思想、言论等都将发生转变，这种转变有可能出现在更多人身上（Borgatti et al.，2003）。有学者指出，某一企业披露的财务信息会对其他企业经营者与管理者造成影响，导致其披露行为、经营决策等发生改变（Bratten et al，2016）。Beatty 等（2013）指出，行业龙头企业如果发生财务误报的行为，将对其他企业管理者做出资本投资决策造成不良影响。同时，行业中影响力并不强的企业的财务误报，也会对其他企业做出合理的投资决策产生消极影响（Li，2016），由此形成传染效应，当被传染的企业数量持续增加、规模不断扩大，如果管理者比较精明，则不会受到较为明显的影响。Gabaix 等（2008）指出，稀缺人才是整个行业的争夺焦点，少数企业如果能为管理者提供较高的薪酬，将有数量较多的企业对此举进行效仿，从总体上提高 CEO 薪酬（Cloak et al.，2017）。Bratten 等（2016）认为行业中的领导者企业即为资本规模排名在前四分之一的企业，而其他四分之三的企业则为跟随者企业，跟随者企业领导者的业绩很大程度上取决于企业可操控性业绩的高低。有学者指出，当集团内某一成员企业发生财务重述的情况，就会引发传染效应（黄俊等，2013）。同时，企业之间的传染效应也有其他的体现形式，包括并购频率（Haunschild，1993）、选择股票交易（Rao et al.，2000）。

Kedia 等（2015）将研究时间段确定为 1997～2008 年，将这段时间内 2376 家发生财务重述行为的企业确定为传染源，深入分析在同一个行业中盈余管理能引发怎样的传染效应。当某企业正式向外界宣布财务重述，行业中的其他企业可能围绕相同的会计事项实施盈余管理，如果重述企业在整个行业中的排名比较高，该效应就更为突出。如果传染源企业面临着集体诉讼或是遭受 SEC 处罚，就会降低传染效应。Gleason 等（2008）指出，当财务重述现象在某家企业发生，就会对整个行业中的股价造成不良影响，当传染源企业规模比较大，就会产生更强的效应。Chiu 等（2013）指出，如果多家企业的董事为同一人，在盈余管理方面就会形成传染效应，尤其是在该董事具备较强影响力的前提下，就会产生严重的传染效应。Reppenhagen（2010）指出，若其他主体做出新的会计选择能为本企业做出采用决策产生较强的影响力，其他采用能让本企业决策的净收益发生改变，该企业就会积极变更会计选择。Koo 等（2017）指出，管理者就会以参照企业的股价为依据进行盈余预测。

当传染效应在不同的企业之间存在，有利于对会计信息进行对比，意义重大。作为企业管理者来说，会计信息可比性能让企业管理者客观地把握住自身发展情况，了解自身与对手企业之间的差异，对竞争对手的发展走向进行预测，做出理性选择（Li，2016）；作为其他信息使用者，会计信息可比性能帮助其对竞争企业之间在经济方面的异同建立正确认知，加深对经济事项的了解，促进业绩的提升，也能对会计行为进行合理预测。同时，会计信息可比性高，企业不需要为转化信息支付较高的成本。

2.2.4 委托代理理论

这种理论是信息不对称理论衍生形成的，二者存在密切关系。在企业资本配置方面，一些学者研究发现，其中最关键的影响因素可能来自于信息不对称及代理问题，且通过数据进行实证分析，证明这一结论（Smith，2001）。Jensen（1976）认为，代理关系为一种契约，委托人通过这种契约来聘用代理人代表他们来履行某些服务。如这种代理关系中，双方都是效用最大化者，这种情况下在判断时，可认为代理人不会总以委托人的最大利益而行动，而出现一定的道德风险，导致委托人的利益受损。委托人通过对代理人进行适当的激励，和相关的约束方式进行控制，使其利益偏差有限。某些情形下，为确保代理人不会做出危害委托人利益的行为，若代理人采取这样的行动，提供适当的补偿，以此来抑制这种行为出现。然而根据大量的经验和实证分析所得结果表明，在费用为零时，一般情况下无法确保代理人作出最优的决策。在大多数代理关系中，双方分别承担监督费用和保证费用，此外进一步分析可知代理人的决策与使委托人最期望的决策之间会存在差异。在此差异因素影响下，委托人的福利将遭受损失，对应于一种特殊的费用，也就是相应“剩余损失”。代理成本的总和定义为：（1）委托人的监督支出；（2）代理人的保证支出；（3）剩余损失。他们同时指出，即使不出现明显的委托代理关系，只要在任何场合包含有两人或两人以上的合作性工作，就会出现代理成本。

在资本市场中，双方的代理冲突可具体表现为如下三类：

第一，企业管理层与股东的代理冲突。研究发现企业在经营过程中，自由现金流（也即经营现金流量净额减去资本性支出后，剩余的可自由支配的现金流）较多情况下，管理层就可能把这些资金用于个人消费方面，或者进行一些和自身利益密切相关的投资，这对股东的利益会产生危害。为了缓解这种问题，可采取多种方法，其中常用的办法是实行高股利政策。这种政策下分配的股利较多，留存收益会明显的减少，从而抑制了管理层随意支配此部分资金的意图，有助于解决这方面的代理冲突问题。

第二，控股股东与中小股东的代理冲突。在现代企业中，一种常见的治理结构就是，由大股东直接出任管理层，或者其指派管理层，这种模式下企业的两权集中被少数大股东把持，因而管理层与大股东的利益重合性较高。因而控股股东很可能通过关联交易、虚假出资、并购重组相关的方式来侵害企业和中小股东的利益，进而引发两类股东之间的代理冲突问题。在解决这种问题方面，常用的措施就是选择高股利政策。

第三，股东与债权人之间的代理冲突。一般情况下现代公司中，生产经营决策由股东大会决定，债权人在其中基本上没有多少话语权。这种情况下在生产经营过程中，企业的股东在作出生产经营决策时，可能为有效的提高股东的利益而损害债权人的利益，并对企业的经营和发展也会产生不利影响。例如股东将企业的自由现金流大部分用于发放股利而没有进行积极有效的投资，这种情况下债权人的风险会明显增加，同时利益也受到不同程度的侵害。与第一类代理冲突类型相反，为有效地解决这方面问题，可采取的可行办法是实行低股利政策。这种政策下，债权人为有效地保护自身利益，希望企业在经营时选择的政策为少分配、多留存，这样就有更充裕的现金留存，对应对相关债务违约问题有显著效果。包括具有可比性在内的会计信息和企业的经营状况密切相关，也是判断企业财务状况的重要信息来源，因而财务报告可比性有利于缓解代理问题，在降低代理冲突严重性方面也有显著的效果。相关研究发现，适当地提高会计信息披露数量和质量，有利于改善企业所处的信息环境，为投资决策和资源配置起到促进作用。此外这样也可降低资本成本或代理成本，使得相关资源被优化配置，促进资本市场的发展。逯东等（2012）开展的研究结果表明，会计信息对资源配置的影响路径主要如下：会计信息质量——降低资本成本——提高资本配置效率。具体来说：（1）根据相关理论分析结果可知，高质量的会计信息可降低企业的风险溢价和资本成本；（2）会计信息披露对上市企业的治理机制会产生影响。如 Bushman 等（2004）开展的实证分析结果表明，会计信息的透明度提高条件下，投资者监督企业管理层行为的作用会增强，监督效果也提高，通过这种方式缓解代理冲突。根据委托代理理论，在信息使用者对企业的信息较为关注的基础上，也会重视管理层的行为，这样就可以发挥良好的监督作用，降低代理成本，为治理机制的优化起到促进作用。

2.2.5 有效市场假说

美国学者尤金·法玛（Eugene Fama）于1970年深化并提出有效市场假说（Efficient Market Hypothesis），奠定了当代会计学术研究的研究基础。在有效市场中，大量熟练、理性的交易者之间的竞争使市场价格能够反映出任意时间点上已发生的事件和市场预期将会发生的事件。此时，没有人可以从套利中获得超额收益，市场是完全竞争的，每个市场主体都是交易价格的接收方。在弱式有效市场中，信息集合e包含t时刻所有历史价格信息，此时所有基于历史价格进行分析的技术方法都是无用的；在半强式有效市场中，信息集合e除历史价格信息外，还包含如年报、半年报等上市公司所有公开可得的信息；强式有效市场假说既包括所有公开的信息，也包括所有的内幕信息，例如：管理层所掌握的内部信息等。在强式有效市场中，价格完全反映所有信息，任何交易者都无法持续获得超额回报。根据微观经济学的价格理论，在传统的确定性条件下，竞争驱使经济利润趋于零，其中经济利润是扣减了资本市场投资报酬率（利息）后计算出来的。

有效市场假说（Efficient Market Hypothesis），也称为有效证券市场理论，是会计学术研究和实务领域中非常重要的内容，这一假说也是当前大多数会计学术研究的假设前提。Jensen（1978）对有效市场的定义是：对于一组信息，如果根据该组信息从事交易而无法赚取到经济利润，那么市场就是有效的。根据微观经济学的价格理论，在传统的确定性条件下，竞争驱使经济利润趋于零，其中经济利润是扣减了资本市场投资报酬率（利息）后计算出来的。有效市场假说在本质上是由零利润均衡状态扩展为不确定性情况下竞争市场中的一种动态价格行为（Watts，Zimmerman，2012）。

有效市场包括三个层次。第一层次的有效市场是弱式有效，即股票价格只反映出企业过去的信息。第二层次的有效市场是半强式有效，即股票价格反映了企业所有公开的信息。第三层次的有效市场是强式有效，即股票价格反映了企业所有的信息，包括未公开的内部信息。

强势有效市场在现实中很难达到，在一般情况下，即在大多数会计学术研究的文献中，都假设市场是半强式有效市场。根据 Fama（1970）的定义，半强势有效市场是这样一个市场，市场上任何时候的证券交易价格将充分反映所有为公众所知的与该证券有关的信息。在资本市场上会有大量投资者努力搜集信息，并运用这些信息来对其的投资决策进行指导。当投资者获得信息并运用这些信息进行投资决策时，企业未来经济收益的预期就发生了变化，从而股票的市场价格也就随之发生了变化。于是，股票价格就反映了企业所有公开的信息。

此外，在强势或半强势有效市场中，由于公开可得的信息，企业是无法长期隐瞒其存在的资金问题的，存在的问题终究会被公众所知晓，那么市场的参与者会对该问题作出大致的判断或估计，并调整他们对该企业未来盈利的预期，从而进一步通过企业股票价格反映出来。在有效证券市场下，不管信息使用者是否都具有财务专业知识，企业管理层披露的信息都能被社会公众所获知。Fama（1970）指出，如果有足够多的投资者能够理解披露的信息，这就足以保证股票价格与所有投资者都理解所披露信息时的股价一样，因为理解财务信息的投资者将在所披露信息的基础上作出投资决策，这些决策足以使企业的股价达到有效水平；同时，不具备财务专业知识的投资者也可以通过其他人（例如证券分析师）来了解信息，或者参考那些具有财务专业知识的投资者的投资决策。这样，在有效证券市场中，信息的价值就发挥出来了。不论是财务报表本身，还是财务报告附注，它们反映出的信息都同等重要。

有效证券市场对财务报告具有重要意义，其和会计信息的充分披露，而财务报告则是信息披露的关键媒介。在企业的管理层拥有该公司的财务报告信息情况下，信息披露的成本很小，则其有很大可能性进行信息披露，因为这种情况下信息披露对其是有利的。第一，在有效证券市场下，当投资者在判断企业未来盈利时，其会充分地搜集各方面的可获得的信息，此时披露的信息就有了价值；第二，披露的信息越多，则外部投资者对其相关情况的了解更充分，投资者所面临的不确定性减少，做出投资决策的可能性会增加。因而从总体上看，在有效证券市场中，信息披露的收益大于成本，这对各方都是有利的。充分披露信息，对投资决策可起到促进作用，资本配置效率也会显著提高，为资源的优化配置提供支持。有效市场假说反映出会计信息可比性发挥作用的机理和途径。企业管理层披露信息的质量主要特征之一就是可比性，在证券市场是强势有效情况下，这种可比性对投资者对企业未来盈利状况的预期会产生显著影响，进而影响到企业的股价，使会计信息可比性的作用充分发挥出来。

2.3　文献综述

2.3.1　数字化转型的相关研究

企业数字化转型是利用人工智能、区块链、云计算和大数据等数字技术重塑企业战略思维、业务流程、组织结构和商业模式，以数据驱动企业价值创造和提升企业核心竞争力的转型战略（陈冬梅等，2020；钱晶晶和何筠，2021）。现有研究主要从数字化转型的概念与测度、影响因素和经济后果三方面展开数字化的相关研究。

1. 数字化转型的概念与测度

已有研究较多集中于数字化转型的概念层面（Karagiannaki et al.，2017；Reis et al.，2018）与数字化转型实践（Tabrizi et al.，2019；Vial，2019）。其中一类研究以数字技术为基础来定义数字化转型，认为数字化转型是利用数字技术（如移动、分析或嵌入式设备）来改进业务，如增强客户体验或创建新的业务模型，从而提高企业绩效或影响力（陈春花等，2019）；另一类研究则认为数字化转型的核心是战略转变，这一战略支持数字技术的应用方式及转型成功后的运营（陈剑等，2020）。

也有部分文献为数字化转型产生的影响提供了经验证据（杨德明等，2020；吴非等，2021；赵宸宇等，2021）。

但是，现有文献对企业数字化转型的量化方法也存在诸多不完善之处，这对研究结论产生很大影响。部分学者在企业数字化度量上进行了有益尝试，如何帆和刘红霞（2019）采用是否实施数字化的“0－1”虚拟变量表征企业数字化，但其无法体现企业数字化“强度”。袁淳等（2021）

使用 Python 软件爬取上市公司年报中与数字化相关的关键字词频衡量企业数字化。然而，正如吴非等（2021）指出的那样，作为新时代企业发展的重大战略，数字化能够折射出企业的战略特征和未来展望，体现企业的经营理念和发展路径。但很多企业仅作为年报中公司背景的介绍，实际上并未实施数字化或投入很少，因而无法真实反映企业实际数字化水平。此外，出于自利动机，管理层倾向于过度强调企业数字化水平，通过夸大披露数字化相关词汇以吸引投资者关注和获得对其有利的判断，致使企业数字化衡量失真。Chanias 和 Hess（2016）、Remane 等（2017）以及王核成等（2021）通过构建数字化成熟度模型评估企业数字化水平，但王核成等（2021）也指出，鉴于各指标数据的可得性，数字化成熟度模型目前只能达到“描述性”阶段，其测算还存在较大难度。还有部分学者从宏观视角展开，如吴赢、张翼（2021）采用城市层面数字经济指数衡量数字化水平。但这种技术处理手法无法有效展现企业间数字化水平差异。

2. 数字化转型企业的影响因素分析

在影响因素方面，产业数字化、中国共产党领导的科技创新治理体制、智能化技术、个性化需求、在线化模式和生态化发展是驱动传统企业数字化转型的外部驱动因素（陈玉娇等，2022；蔡跃洲，2021；钱晶晶和何筠，2021），而管理团队的内驱力、组织学习和企业动态能力则是驱动企业数字化转型的内部驱动因素（Hess et al.，2016；孟凡生等，2019）。部分学者在此基础上对数字化的影响因素进行了进一步研究。他们发现高技能员工和长期雇佣员工均与 ICT 形成互补效应，能够显著提升 ICT 的生产率效应（何小钢等，2021）；一方面，驱动因素的改变，使工业化体系和数字化体系的资源属性和信息结构发生了根本性变化，由此引致企业边界、市场基础、组织结构、市场结构及价值实现均发生了系统性变革。因此，企业从工业化向数字化的转型是跨体系转型而非同一体系内的转型；另一方面，管理适应性变革是企业突破工业化体系的路径依赖、构造数字化体系的新路径，是实现跨体系转型的关键，其中，适应性组织学习是管理适应性变革的重要方式（肖静华，2021）；数据产品的交易模式和卖方策略受应用场景和买方异质性的影响较大，差异化产品和定价是最主要的思想，区块链技术是完善数据交易的方案之一（熊巧琴和汤珂，2021）；

企业管理在数字化变革过程中的资本产出弹性远高于劳动产出弹性，二者投入对数字化效益产生的影响随时间发生改变（刘淑春等，2021）；数字经济发展具有提升制造业生产率和优化数据要素配置的双重效应，对企业和城市整体的制造业生产率均具有显著的提升效应（李治国和王杰，2021）；城市营商环境的改善不仅能够提升数字化转型的概率，而且能够提升数字化转型的深度（史宇鹏和王阳，2022）。此外，陈庆江等（2021）研究发现，焦点企业在进行数字化转型时会参考同群企业的相关决策与实践，存在明显的同群效应。

3. 数字化转型企业的经济后果研究

在经济后果方面，数字化转型进程促使传统企业摆脱传统经营管理模式（肖静华等，2021），推动企业向信息化、数字化和智能化方向发展（戚聿东和肖旭，2020），从而颠覆企业价值创造过程（刘淑春等，2021）。随着数字化转型程度的加深，企业变革从赋能向使能演进，能显著提升企业运营效率（陈剑等，2020）、生产效率（刘淑春等，2021；赵宸宇等，2021）、企业绩效水平（易露霞等，2021）和股票流动性（吴非等，2021），扩大企业出口（易靖韬和王悦昊，2021），降低企业真实盈余管理活动和审计费用（罗进辉和巫奕龙，2021；张永珅等，2021）。

一些学者就数字化转型企业的经济后果进行了深入研究。他们发现降低交易成本是企业进行“互联网 +”的重要动因，公司的销售费用率和营业成本水平越高，越倾向于选择“互联网 +”战略；相对于多元化型“互联网 +”公司，销售型“互联网 +”公司具有更强的降低交易成本动机（吴溪等，2017）；企业数字化转型的程度越高，企业财务报告审计收费就越低（张永珅等，2021）；数字化转型有助于企业扩大出口；企业创新正向调节数字化与出口的关系，且不同创新维度的促进结果存在异质性；市场竞争同样具有正向调节作用，竞争更激烈的行业中数字转型更容易实现差异化；制度环境具有负向调节作用，在制度环境较差时数字化对出口的促进作用更加显著（易靖韬和王悦昊，2021）；数字技术应用给传统产业发展带来新的挑战，促使产业层面创新理论和实践的转型，推动学术界持续聚焦数字技术创新及其应用情景方向上研究的不断深化（严子淳等，2021）；企业管理在数字化变革过程中的资本产出弹性远高于劳动产出弹性，二者投入对数字化效益产生的影响随时间发生改变（刘淑春等，2021）；企业数字化转型过程中存在显著的同群效应；受模仿学习的主观动机与现实条件两方面因素共同影响，数字化转型的同群效应在资源基础和动态能力处于中间水平的企业中更为显著（陈庆江等，2021）；数字化转型是以数字化技术、数字化产品和数字化平台的基础设施为支撑起点，进而引发个人、组织、产业等多个层面变革的过程（曾德麟等，2021）；制造企业的数字化转型需要构建的动态能力包括数字感知能力、数字获取能力和数字转化能力，并进一步细化为七个子能力（张培和张苗苗，2021）；企业数字化转型显著提升了主业业绩水平（易露霞等，2021）；企业数字化转型显著提升了中国上市企业专业化分工水平（袁淳等，2021）；数字化转型对企业绩效具有显著的增进作用（李琦等，2021）；数字化转型能够显著提升企业的价值水平（黄大禹等，2021）；城市营商环境的改善不仅能够提升企业数字化转型的概率，而且能够提升数字化转型的深度（史宇鹏和王阳，2022）；企业数字化转型后，现金持有的交易动机和预防动机增强，数字化扮演着经济资源的角色，支持"资源论"（谭志东等，2022）；企业数字化转型有利于降低盈余管理（倪国爱和江寅炜，2022）；企业数字化转型是企业利用数字技术的组合触发组织属性的重大变革并改进组织的过程，其深刻复杂性对相关理论的发展提出了挑战（姚小涛等，2022）；企业数字化转型可以显著降低费用黏性，且该结论在采用一系列方法缓解内生性偏误时保持稳健（吴武清和田雅婧，2022）；企业数字化转型过程中竞争战略选择如何影响企业高质量发展（武常岐等，2022）；企业数字化转型能显著降低债务违约风险，且较高的经济政策不确定性会促进企业数字化转型降低债务违约风险的作用（王守海等，2022）；企业数字化转型显著提升了会计信息可比性（聂兴凯等，2022）；低碳城市试点政策能显著促进企业高质量发展，不仅能够提升企业高质量发展，还能促进企业可持续发展表现，发挥统筹经济效率和社会效益的积极作用（王贞洁和王惠，2022）；数字化转型能够促进企业成长，并且数字化转型对头部企业成长的促进作用更大（倪克金和刘修岩，2022）；企业数字化转型促进了会计信息可比性提升（钟廷勇等，2022）；企业数字化转型强度越高，则主业绩效越好（易露等，2022）。

还有一些学者发现数字化可以促进企业创新（Kleis et al.，2012；Cui et al.，2015；刘启雷等，2023）。但在实证上存在分歧（王金杰等，2018；侯世英和宋良荣，2021；Ghasemaghaei and Calic，2020）。当前，企业创新模式逐渐由封闭式向开放式转变（杨震宁、赵红，2020），现有文献从理论上和采用问卷调查的方法研究了数字化与开放式创新的关系。Agrawal 和 Goldfarb（2008）指出采用 BITNET（Because It's Time Network）有助于促进学术界跨机构合作。Kleis 等（2012）认为，增强与外部企业间合作是信息技术影响创新过程的一个重要渠道。部分学者在此基础上，进一步研究发现数字化为企业实施开放式创新提供可能，增强了开放的广度和深度，为创新网络扩大提供支持，这会对企业创新产生“双刃剑”效应：一方面，数字化会对企业创新产生学习效应。第一，数字化加强了企业与外部经济主体的跨界合作，使企业更容易地获取信息和知识等外部创新资源（李海舰等，2014），从而企业可以从外部经济主体的知识溢出中获益更多；第二，数字化能够连通企业内部技术、生产、销售和市场等业务部门，有助于各部门加强合作和共同努力，吸收、转化和商业化新获得的外部信息、数据和知识；第三，数字技术有助于企业现有的内部资源与已获取的外部资源进行组合，也能将非数字化数据（如图片、图纸、视频、声音、影像、指纹等）进行二进制的同质化（homogenization）处理，实现数字化数据和非数字化数据之间的可交互、可整合，减少识别成本和学习成本，增强企业的识别能力和学习能力。另一方面，数字化会对企业创新产生竞争效应。尽管数字化促进了企业开放式创新，但由于企业的创新行为源于企业自身战略目标和利益最大化，企业之间互动存在潜在的竞争关系和机会主义行为（杨震宁、赵红，2020）。同时，数字技术重新定义了现有市场、降低了进入壁垒、打破了现有竞争格局，使得竞争从物理层面转移到信息自由流动的虚拟网络（Vial，2019），进而企业自身数据、信息和知识泄露的风险以及对外部路径的依赖度也在增加（Baslandze，2016）。一旦其他企业也利用这些数据、信息和知识，就会导致企业间竞争加剧和创新预期收益下降（柏培文、喻理，2021），甚至引起恶性竞争或者破产风险，进而造成企业创新激励作用不足和竞争力下降等负面影响。基于以上分析，下面使用企业创新决策模型刻画这两种效应。

此外，部分研究从外部资本市场与企业内部管理的视角对数字化转型的经济后果进行了实证检验。数字化转型使得管理层更及时准确地获取各个部门动态与多维的产品销售、客户需求、员工行为等经营信息（Liu et al.，2011；祁怀锦等，2020），更及时准确地捕捉和分析闲置资源是否存在。吴非等（2021）研究发现企业数字化转型可以显著提升股票流动性。赵宸宇等（2021）研究发现企业数字化转型有利于提升企业高质量发展。杨德明等（2020）研究发现上市公司实施大数据、区块链等信息技术会显著提升审计费用。

2.3.2 会计信息可比性文献综述

1. 会计信息可比性的影响因素

会计信息的可比性是衡量会计信息可比性的关键指标之一，它是指当经济业务相同时，不同的企业产生的不同财务信息之间的相似性（Franco G et al.，2011）。通过对国内外有关会计信息可比性的文献进行整理，分别从外部环境和内部环境两个方面总结会计信息可比性的影响因素。

（1）外部环境：会计准则和制度、外部审计、机构投资、产品市场竞争早期国外学者对统一执行国际会计准则（International Financial Report Standards，简称 IFRS）这一行为能否提升国家间的会计信息可比性存在不同看法。一部分学者发现，IFRS 的统一实施对各国盈余变化的同步性有很大的积极影响，但是由于国家间的法律、经济特点的差异，强制性的会计准则的转换对改善国家环境产生了不利影响，从而降低了各国会计信息的可比性（Lang M H et al.，2011）。另一部分学者研究比较发现，由于盈余平滑度、应计项目的质量和盈余的及时性变化，非美国公司的会计系统的可比性在引入 IFRS 后有了明显的改善（Barth M et al.，2012）。相比之下，国内学者针对会计信息可比性的研究则集中在会计准则和会计制度的制定与实施方面。一方面，会计准则、会计制度的修改变化，比如核算方法，对于会计信息的纵向可比性有影响（蒋金森，2008）；另一方面，与会计准则实施的初始阶段相比，当准则的实施达到成熟阶段时，会计信息的可比性明显提高（袁知柱和吴珊珊，2017）。

高审计质量能保障会计准则有效执行，对会计信息可比性的提升起到重要作用。研究发现，由国际“四大”会计师事务所审计的公司，其会计信息的可比性明显高于由非国际“四大”会计师事务所审计的公司（Francis, J. R et al. , 2014）。除了会计事务所的规模外，会计事务所的行业专长也会影响会计信息可比性。通过减少或消除会计主体之间的会计实践差异，由拥有行业专长的会计事务所审计的企业一般会有更强的会计信息可比性，并且会计事务所的规模和行业专长存在叠加效应（谢盛纹和王清，2016）。此外，会计事务所合并也能在一定程度上提升会计信息可比性，不过这种影响会受到整合程度、签字会计师的重新配置等因素的约束（叶飞腾等，2017）。而从会计信息的披露来看，审计师的个人特征与行为都会影响披露的过程，进而影响会计信息可比性。在其他条件相同的情况下，审计师的执业经验越丰富、独立性越高，被审计企业的会计信息就越有可比性（潘临等，2019）。更换审计师会降低会计信息的可比性，而且前任审计师的任期越长，更换审计师对会计信息可比性的负面影响就越大（谢盛纹和刘杨晖，2016）。同时，审计收费、审计意见、盈余管理、会计稳健性等审计质量和客户管理因素都会影响审计师的变更（DeFond M and Zhang J，2014）。

关于机构投资者对会计信息可比性的影响研究，从不同的角度得出的结论并不一致，大部分学者认为机构投资者影响会计信息可比性的方式为外部治理效应与信息中介效应。从外部治理效应看，机构投资者一般情况下投资规模庞大、涉及众多企业，具有信息和专业优势，为了维护其资本价值，相比“用脚投票”，往往会选择“用手投票”，积极投入企业的公司治理中，因而能有效发挥外部监督作用（李维安和李滨，2008）。这种监督作用体现在机构投资者需要企业提供更可比的会计信息，以遏制管理层的盈余管理等投机行为（孙光国和杨金凤，2017）以及管理层的自利行为（Kang J et al. , 2018）。但如果机构投资者的投资目的只是为了获利，通常不会持有很高比例的公司股份，可能不会参与公司治理，甚至会与管理层合谋，利用信息优势进行套利活动（杨海燕等，2012）。从信息中介效应看，作为企业的会计信息需求方和资本市场的投资主体，机构投资者有强烈动机要求企业的会计信息更可比，以更合理地评价企业的经营业绩，从而提高投资效率，进而促使管理层披露更可比的会计信息（DeFond M et al.，2011）。不过，当投资者能利用企业的信息不透明获取利益时，企业会计信息是否可比对投资者而言就显得没那么重要（Mark Maffett，2012）。

关于产品市场竞争对会计信息可比性的相关研究，存在不同的研究结论。一部分学者认为，产品市场竞争能提升公司内部治理效率，增强会计信息的可比性。一方面，适度的产品市场竞争能降低代理冲突、提升治理效率，而且在不同的产品市场竞争环境下，公司的治理效应机制也有所不同（姜付秀等，2009）。当代理冲突降低时，企业的代理成本会减少，此时管理层进行盈余操纵需要付出比较高的成本，因而可能选择提供真实可靠的会计信息，从而显著提升了企业的会计信息可比性（王雄元和刘焱，2008）。另一方面，产品市场竞争程度和盈余质量（Cheng P et al.，2013）、盈余稳健性（Dhaliwal D et al.，2014）存在显著正相关关系，当产品市场竞争程度激烈时，企业为了吸引投资者的关注会披露更高质量的会计信息，投资者就会拥有更准确的公有信息。另一部分学者则认为，由于专有性成本和盈余压力导致的负效应，产品市场竞争程度越强，企业会计信息的可比性反而会下降。从专有性成本效应看，企业在竞争环境下披露更可比的信息会减少企业的竞争优势，因此需要平衡产品市场中的竞争优势和资本市场中的获得利益二者之间的价值关系，当产品市场竞争程度较高时，企业为了获取更多利益会选择放弃披露更可比的会计信息，从而会计信息可比性降低（梁飞媛，2008；Haw I et al.，2015）。从盈余压力效应看，产品市场竞争激烈时，企业会面临资金流动性风险高、缺乏定价能力等不利情况，此时管理层面临较大的盈余压力，更可能通过盈余操纵来提高利润（Hou K and Robinson D，2006）。而进行盈余操纵的企业，可能会违规变更其会计方法，导致企业之间的会计信息没有可比性（袁知柱等，2017）。

（2）内部环境：内部控制、管理层异质性。关于内部控制对企业会计信息可比性的影响研究，主要分为内部控制的目标和执行两个视角。首先，内部控制的主要目标之一是财务信息如实反映、财务报告真实可靠，要求企业遵守会计准则、法规和制度，为实现会计信息可比奠定了基础，有利于增强会计信息的可比性。因此内部控制的质量越好，所产生的会计信息就越可信（王晶等，2015），提高了会计信息价值的相关性（李虹和田马飞，2015），帮助外部利益相关者识别和掌握企业的有关信息，使相同的经济业务看起来相似。其次，内部控制目标能否实现在于内部控制执行的有效性。内部控制执行有效需要企业构建严密的组织结构、设计科学的业务流程、实行合理的权责分工等，有助于约束与制衡企业中员工的行为和控制活动，抑制管理层对会计信息的粉饰和操纵行为，从而降低代理成本，提高会计信息可比性（李瑛玫等，2018）；企业有完善的信息沟通与内部监督机制，准确及时的信息沟通减少了所有者与管理者之间的信息不对称，良好的内部监督有助于提高信息透明度，两者均能起到对管理层的潜在监督作用，降低其对内操纵会计盈余、对外提供信息的可能性，从而提高会计信息可比性（郭慧婷和郭会玲，2021）。

关于管理层对会计信息可比性的影响研究，主要围绕高管的异质性展开。具有多元化职业背景的高管能从不同方面获取多元化的信息，有利于在不确定性的复杂环境中准确把握经济现状，能更好地进行决策分析，提高会计选择的准确性，监督会计选择的实施，进而提高会计信息的可比性（范亚东和韩银晓，2022）。不过管理防御理论认为，任职经验越丰富、能力越强的高管，为了维护自己的地位和实现利润最大化，滥用会计政策进行管理防御的动机越大，这可能导致与其他企业的会计信息不具有可比性（Morck R et al.，2006；陈国辉和殷健，2018）。其中，有财务背景的高管的任期和会计信息可比性之间的关系是负的，而没有财务背景的高管的任期和会计信息可比性之间的关系为倒 U 形（陈国辉和殷健，2018）。同时高管的过度薪酬可能会降低会计信息的可比性，以提高证明过度薪酬合理性的可能性，进而为其机会主义行为的辩解增大空间（张勇，2020）。而具有过度自信的管理层则有改善企业信息环境的强烈动机以缓解企业面临的融资约束和满足自我实现需求，因此会主动提高企业的会计信息可比性（张晓和肖志超，2018）。

De Franco 等（2011）从会计信息结果的输出角度构建了公司财务报表的可比性的度量指标，并对该指标的有效性进行了检验，从而开启了学术界从会计信息的输出角度对会计信息可比性的研究。同时也开启了对可比性的指标的构建视角，启发了后续学者对可比性指标的度量模型的构建。他认为会计信息可比性代表的是不同公司间的会计系统可比。公司会计信息系统是公司对经济业务的一种的转换处理过程，对同样的经济业务的转换处理过程越相似，其反映在财务报表中的会计信息可比性就越高。他还对可比性指标与会计信息质量的其他衡量指标（如操纵性应计等）之间的关系进行了检验，发现可比性指标与会计信息质量的其他衡量指标之间的一致性，证明了该指标的有效性。他们的研究创新性的设计出了测量公司层面会计信息可比性的方法并研究了可比性对分析师跟踪对象的选择、盈余预测误差、盈余预测准确性等进行了研究。结果发现分析师更倾向于跟踪那些可比性更高的上市公司，因为高会计信息可比性会增加公司会计信息含量，从而降低分析师的信息搜集成本，提高分析师盈余预测的准确性，降低预测盈余误差。他的研究表明，可比性的提升能够为公司层面带来增量信息，降低分析师的信息搜集成本，提高分析师所获公司信息的质量和数量，从而为资本市场带信息益处，提高市场效率。此后，有关可比性的经济后果的研究如雨后春笋般出现。Chen 等（2012）的研究表明，当标的公司的会计信息可比性更高时，并购公司做出的并购决策回报率最高，长期表现更好，并且并购后的商誉减值更少。Kim 等（2013）发现高会计信息可比性能够提高外部估值的准确性，降低公司在债券市场中的融资成本。Kim 等（2014）的研究发现会计信息可比性能够降低资本市场中好消息披露和坏消息披露的不对称性，抑制管理层隐藏坏消息的能力，降低股价崩盘风险。Young 和 Zeng（2015）采用 15 个欧盟国家的数据进行研究发现，提高会计信息可比性能够提高投资决策中价值乘数的评估准确性，并且能够提高价值乘数在公司的横截面差异估计中的准确性。Habib 等（2017）认为，提高可比性能够降低投资者的信息搜集成本，从而降低公司价值评估的不确定性，缓解企业融资约束，降低公司的现金持有水平。Chircop 等（2019）发现具有较高会计信息可比性能够促进公司对同行业公司的学习效应，进而提高研发效率。我国学者袁知柱和吴粒（2012）对会计信息可比性的研究进行评述并提出了未来的研究展望。他们认为国内对会计信息可比性的研究较为落后，尤其是对可比性对投资者的资本配置效率的研究十分匮乏。胥朝阳、刘睿智（2014）最早开始借鉴 De Franco 等（2011）的模型对我国上市公司的会计信息可比性进行了度量，并检验了可比性对上市公司盈余管理的影响。他们的研究结果表明，可比性的提升能够抑制上市公司的应计盈余管理，并迫使管理层从应计盈余管理转向较为隐蔽的真实盈余管理。刘睿智等（2015）从可比性对公司并购后的绩效进行考察后发现，主并公司可比性越高，并购后的公司绩效越好。并购带来的不确定性与并购后的公司绩效呈负相关关系，可比性的提升会缓解两者之间的负相关关系。江轩宇等（2015）发现可比性企业创新正相关，与股价崩盘风险负相关。陈玥和江轩宇（2017）发现可比性对审计收费的负相关作用，并就其影响机制进行探讨后发现，可比性的提升对审计费用的降低主要是通过对审计工作量的减少实现的。袁振超和饶品贵（2018）发现可比性与公司投资效率和公司对投资机会的敏感性正相关，并且这种关系在非国有企业中更显著。唐雪松等（2019）研究发现会计信息可比性越高，公司高管薪酬—业绩敏感度就越高。并且会计信息可比性与高管薪酬契约有效性在非国有企业中、信息复杂程度较高、内部控制质量较差以及外部监督较弱的企业中更为显著。范少君（2015）对我国上市制造业公司的会计信息可比性的经济后果进行了一系列研究，并检验了企业债务融资的影响、对盈余管理的影响、对分析师预测的影响以及对管理层业绩预告的影响。结果发现高会计信息可比性显著提高了企业的债务融资额以及投资效率，并对公司投资过度和投资不足行为有所抑制；可比性能够抑制公司应计和真实盈余管理，并能够增加分析师跟踪数量。

对上述文献进行梳理和回顾可以发现，不论是在可比性的影响因素还是在可比性的经济后果方面，现有文献的研究虽然都取得了一定研究成果，然而对可比性的全面深入理解仍然不够。可比性作为重要的会计信息质量指标之一，其在资本市场中对资本市场所有参与者的重要作用仍需进一步深入探讨。尤其是考虑我国资本市场尚不成熟，信息披露制度仍然处于学习探索阶段；同时，我国资本市场参与者尚处于初级阶段，对资本市场不具备成熟的理解和稳定的行为特征，使得会计并不能很好地发挥其在资本市场产权保护的相关功能。例如我国现行的会计信息披露政策是否较好地保证了我国公司的会计信息可比性质量特征；我国的投资者是否能够理解并采用可比性这一质量特征作出交易决策；可比性作为信息质量的重要特征之一是否具有一定的外部性，从而产生某些市场外溢效应等问题仍然需要进一步探讨。从而对全面理解会计信息可比性在我国资本市场中是否能够很好地发挥决策有用性的作用提供思路和帮助。有助于帮助我们理解会计信息披露在资本市场中的信息中介作用，同时也加深我们对资本市场相关参与群体的行为的认识。此外，对资本市场监管部门信息披露制度的制定、完善以及市场效应评估提供参考价值。

2. 会计信息可比性的度量

国内外有关会计信息可比性的度量主要基于三个层面：会计准则、会计方法以及公司层面。最初国内外学者试图通过研究会计准则与会计方法协调的测量方法来衡量会计信息的可比性。一部分学者提出马氏距离法、平均距离法等方法，首先计算两套不同的会计准则之间的相似程度，然后以会计准则之间差异程度大小作为依据来判断会计信息是否可比（Rahman A et al.，2002；王治安等，2005）。然而会计准则之间可比并不代表会计信息一定可比，因为除了会计准则的相似程度外，会计准则的执行、企业内部治理以及市场监管等因素都会影响会计信息。同样地，另一部分学者提出 HIC 指数、Gower 指数等方法，通过衡量不同企业之间会计方法可比的程度来判断会计信息是否可比（Tas V，G L，1988；胡志勇，2008）。这种衡量方法的问题在于单一会计方法可比不能说明会计信息可比，因为各种会计方法的选择都会影响会计信息，需要全面考虑这种综合结果（袁知柱和吴粒，2012）。

目前使用最普遍的方法是从公司层面定义的。会计系统被定义为将企业的经济交易转化为财务报表的过程，其基础是用股票收益率代替经济交易，用会计盈余代替经济后果的盈余收益回归模型。对于相同的业务，如果不同企业所生成的报表之间的差异越小，则会计信息的可比性越大。除此之外，可以利用企业利润和权益账面价值、股票价格以及下一年度的现金利润分别进行回归，以探究经济业务和会计信息之间的关系，为了改进该模型的稳健性，还可以引入股票收益率的虚拟变量（胥朝阳和刘睿智，2014）。

3. 会计信息可比性的经济后果

De Franco（2011）开创性地从会计信息结果的输出角度构建了公司财

务报表的可比性的度量指标，并对该指标的有效性进行了检验，从而开启了学术界从会计信息的输出角度对会计信息可比性的研究。同时也开启了对可比性的指标的构建视角，启发了后续学者对可比性指标的度量模型的构建。他认为会计信息可比性代表的是不同公司间的会计系统可比。公司会计信息系统是公司对经济业务的一种的转换处理过程，对同样的经济业务的转换处理过程越相似，其反映在财务报表中的会计信息可比性就越高。他还对可比性指标与会计信息质量的其他衡量指标（如操纵性应计等）之间的关系进行了检验，发现可比性指标与会计信息质量的其他衡量指标之间的一致性，证明了该指标的有效性。他们的研究创新性的设计出了测量公司层面会计信息可比性的方法并研究了可比性对分析师跟踪对象的选择、盈余预测误差、盈余预测准确性等进行了研究。结果发现分析师更倾向于跟踪那些可比性更高的上市公司，因为高会计信息可比性会增加公司会计信息含量，从而降低分析师的信息搜集成本，提高分析师盈余预测的准确性，降低预测盈余误差。他的研究表明，可比性的提升能够为公司层面带来增量信息，降低分析师的信息搜集成本，提高分析师所获公司信息的质量和数量，从而为资本市场带来信息益处，提高市场效率。

会计信息可比性与投资效率方面，有学者指出，企业要结合自身情况为投资规模确定最佳值（Richardson，2006；Biddle et al.，2009），如果企业的实际规模与最佳规模差异明显，就会出现非效率投资。过度投资就是实际投资规模超出最佳值，投资不足就是实际投资规模达不到最佳值。学术界经过研究发现，非效率投资的来源有三点：一是代理问题（Jensen，1986）；二是管理者盲目自信（Heaton，2002）；三是融资约束（Fazzari et al.，1988）。过度自信最初只是心理学范畴的一个概念，是人们在做某件事过程中对成功的概率做出过高的估计，却对失败的概率做出较低的估计（Weinstein，1980）。心理学家们发现，在对自身技能进行评价时，人们通常会认为自身技能达到或超出平均水平（Larwood et al.，1977；Alick，1985），由此形成“好于平均”效应（Better - than - Average）。产生这种效应后，管理者的归因心理会受到影响，他们认为事情的成功很大程度上是因为自身付出了努力，而事情的失败则是因为运气不佳（Miller et al.，1975）。Moore（1977）指出，过度自信的情况在高管群体中客观存在（郝颖等，2005）。早在多年之前，学者们就发现过度自信是引发非效率投资的重要原因之一。管理者存在过度自信的情况，将导致企业在并购中发生利益受损的情况（Roll，1986），与最佳投资规模相比，实际投资规模出现较大偏差（Heaton，2002）。经过细致分析了解到，如果企业有足够的自有资金，管理者就会做出过度投资的决策，但如果重大投资项目需要通过外部融资实现，这种情况的发生率相对偏低（Malmedier et al.，2005）。国内学者指出，管理者过度自信将促使企业规模快速扩张（李云鹤等，2014），但企业选择的扩张形式有所不同，管理者过度自信造成的影响是有区别的（姜付秀等，2009），能让总投资量得以增加，让内部扩张成为现实，与并购之间的联系不够明显。有学者指出，企业治理水平较高，能对管理者过度自信造成抑制，却无法保证管理者选择正确的投资策略（李婉丽等，2014；梁上坤，2015）。

部分学者指出，大股东与小股东、管理者与股东之间如果存在代理问题，将对投资效率造成不良影响（Cleary，1999）。Stulz 等（1990）指出，管理者之所以注重扩张企业规模，目的就是借此拥有更为丰富的资源、实现职位晋升、拥有更高的社会名望，实现货币与非货币收入的增加，因此管理者会采取种种方式促进企业规模扩张。企业在投资项目过程中需要通过内部与外部融资获取充足的资金，在融资优序理论的指导下，内源融资有利于企业降低融资成本，是最佳选择（Malmendier et al.，2005）。有学者发现，如果企业拥有充足的现金而且现金流动性较强，就会产生过度投资的倾向（Jensen，1986；Cleary，1999）。管理者为了能以较低的成本获得充足的资金，会选择股利政策（魏明海等，2007；王茂林等，2014），也会采用资产减值（张继勋等，2014）之类的措施开展内源融资。魏明海等（2007）指出，企业在实施低现金 股利政策过程中极有可能发生过度投资的情况。张继勋等（2014）指出，若企业的资产减值能够转回，管理者后续有可能将更多资金提供给减值部门。如果管理者拥有较高的权力，企业有可能借助外部资金开展非效率投资（王茂林等，2014）。通过管理者防御动机理论了解到，为了避免企业由于做出不合理的投资决策而受到损失，管理者也是为了稳固自身在企业中的地位，可能实施非效率投资（Shleifer et al.，1989）。如果管理者感受到自己付出了努力却没有获得更高的效用，就会在工作中出现消极怠工的情况，以这种方式表达对薪酬的不满（Jensen et al.，1976）。如果管理者追求工作与生活的安逸与稳定，这种情况将更为突出（Bertrand et al.，2003）。如果企业并没有适时对管理者的状态进行调整，将出现投资不足的情况。

与第一层代理问题具有较强的相似性，如果大股东与小股东在权益方面出现不一致的情况，大股东就会借助投资不足或投资过度两种方式损害小股东利益。有学者指出，控股股东的存在是引发过度投资的主要原因，如果企业的现金流权与控制权互为独立，这种情况将更为突出（俞红海等，2010）；大股东若出现掏空行为，将加剧企业现金流的紧张程度，引发投资不足的后果（朱松等，2010）。有学者指出，在制定投资政策过程中，大股东会受到诸多因素的影响，包括企业治理水平、产权属性等（刘星等，2010 等）。代理成本会对投资效率造成不良影响，为了减弱这种影响，利益相关者会采取多种方式实施监督与激励。Jensen 等（1976）指出，如果管理者持股较高，将努力促进企业长期价值的提升，与股东利益保持一致。

有学者指出，管理层持股能对迎合投资行为的发生起到抑制作用（张庆等，2014）。如果股东能对此建立正确认知，会根据管理层的情况制定完善的股权激励方案。通过合理的薪酬安排降低投资过度行为发生的概率（吕长江等，2011），尤其是在发展环境不确定性较强的情况下，这种作用更为明显（徐倩，2014）。有学者指出，代理成本会对企业的投资效率造成不良影响，这就要求采取有效的监督措施。方红星等（2013）指出，企业治理水平越高，意愿性非效率投资的发生率将越低（刘凤委等，2013），企业的内控能力越强，操作性非效率投资发生率越低，如果大股东能发挥出有效监督作用，下属企业过度投资发生率将比较低（窦欢等，2014）。审计质量的不断提高，能帮助企业提高投资效率（雷光勇等，2014）。

屈文洲等（2011）指出，信息不对称是造成融资约束的根本原因，融资约束与投资—现金流敏感性之间并不存在线性关系（Cleary，1999）。卢馨等（2013）指出，融资约束是我国高新技术上市企业在发展中不得不面对的问题，对 R&D 投资造成不良影响，内部现金流越充足，融资约束造成的对冲效应就能有所缓解。杨继伟从沪深证券交易所中提取制造业企业在2001～2008年的数据，将这些数据当成研究样本，从投资现金流敏感度方面出发进行分析，发现如果股价中蕴含的信息量比较多，就能对代理冲突与融资约束两大问题起到缓解作用，促进企业资本投资效率的提升。

我国的金融市场在发展中体现出较强的独特性，民企在长期发展中一直面临着严重的融资问题（Chow et al.，1998；翟胜宝等，2014）。受“父爱主义”的影响，政府部门从政治与财务两方面向国企提供有力支持（Qian，1994），其中包括股市融资支持、优越的借款条件、发放财政补贴等（林毅夫等，2004）。从中能够看出，非国企在融资方面遭到不公平的待遇，承受着严重的融资约束（刘津宇等，2014），融资约束势必对企业的最佳投资规模造成影响（Lambert et al.，2007）。陈德球等（2012）指出，如果地方政府治理能力比较强，企业的融资约束将有所减弱，内部人的机会主义行为发生率相对偏低，企业的投资效率也因此而提高，有利于促进民企发展。申慧慧等（2010）指出，在融资约束方面，国企与非国企之间存在明显区别，在发展环境不确定性较强的情况下，国企会出现投资过度的情况，非国企则会出现投资不足的现象。经过深入分析了解到，投资偏离现象在非国企的发生，很大程度上是由于发展环境不确定造成的，企业价值由此提升；国企在不确定的发展环境中出现投资偏离的情况，导致企业价值有所下降。从中可以看出，企业价值会受到预算的制约，但制约程度如何，与企业所处的发展环境有必然联系（Lambert et al.，2007）。

在企业发展过程中，融资约束将对其造成不良影响，许多非国企为了弱化这种不良影响努力与银行保持紧密合作关系，在招聘高管与确定独立董事人选时倾向一些有银行工作背景的人员，或是直接将银行当成股东。融洽的银企关系能为企业带来高额贷款，为企业发展带来保障（Burak et al.，2008），也能帮助企业以低廉的成本获得贷款。翟胜宝等（2014）将银企关系描述为非正式替代机制，能促进民营上市企业投资效率的提升，在市场化水平较低的地区，这种情况更为突出。王鲁平等（2011）指出，企业投资与银行贷款之间存在明显的负向关系，在不同的发展阶段，银行贷款对企业投资产生的影响也有所不同，这就通过长期银行贷款充分发挥出杠杆的治理作用。商业银行不断加强制度建设，银行贷款能进一步发挥出治理作用。对于非国企而言，银行贷款能产生更强的治理效应，对于国企而言，政府层级越低，上市企业在发展过程中银行贷款受到终极所有权的影响作用将越弱。

在本研究中，围绕上述三个方面深入分析投资效率与会计信息可比性之间的关系。已有研究发现，信息不对称问题无法彻底解决，在这种情况下，企业遭受融资约束、存在代理成本或管理者过度自信等情况，都会引发非效率投资。可比的会计信息能帮助利益相关者选择更为合理的对比企业，对不同企业投资的异同建立正确认知，而且能将自身财务数据与参照企业实施客观对比，加深对自身投资现状的了解，做出合理策略。与此同时，会计信息可比性不仅能让投资效率发生积极改变，对企业的过度投资起到抑制作用，也能解决投资不足的问题；代理成本与管理者过度自信都会引发过度投资的情况，彼此之间存在正向关系，与投资不足之间则存在负向关系，融资约束与投资不足、过度投资之间分别存在正向与负向关系，这些理论与过往学者的观点大致相同。经过深入分析了解到，会计信息可比性有利于解决管理者过度自信的问题，避免出现过度投资与投资不足两种情况；会计信息可比性有利于解决企业与投资者信息不对称的问题，避免由于融资约束而导致的投资不足；能让管理者机会主义行为的发生率有所下降，以免因此引发过度投资的情况，却会因为道德风险的存在而造成投资不足的问题。

管理者如果盲目自信，将对投资项目做出过于乐观的评价，对收益与成功率做出过高的估计。哪怕企业当前已经存在过度投资的情况，管理者依然认为自己完全具备控制局面的能力，不断扩大企业规模，过度投资问题将越来越严重。此类管理者轻易不允许企业出现投资不足的情况，不能容忍自己的碌碌无为，当企业遭受融资约束出现投资不足的情况，将通过多种方式获取外部融资。由于他们对投资项目的成功率与收益做出过高估计，外部资本成本较高，导致企业收益率显著增加，因此，哪怕外部融资风险溢价比较高，他们也能接受，而且实施激进的负债行为（余明桂等，2006）以这种方式解决投资不足的问题。

由于管理者过度自信而引发非效率投资行为，会受到会计信息可比性的显著影响，这种影响体现在三个方面：首先，可比的会计信息能让过度自信的管理者从同行业中获取更为丰富的会计信息，对投资项目成功率做出更为精准的估算，能准确地把握住投资项目净现值，在过度投资达到一定程度时能明显感受到自身无法控制局面，避免出现再次投资的情况，也会审查已有投资。其次，可比的会计信息能让股东客观地对自身与其他企业之间的投资情况进行对比，准确地判断过度投资是否会影响到企业价值。如果发现自身利益将因为过度投资现象的发生而受到损失，他们将对管理者的过度投资行为实施管理。最后，可比的会计信息能让企业的信息不对称造成的影响有所减弱，管理者哪怕投资不足也能获得更为充足的外部资金，而且不会对回报率提出过高的要求，投资不足的问题能得到有效解决。

新经典经济学指出，企业在选择投资政策时将边际企业价值当成仅有的分析标准（Yoshikawa，1980）。Jensen（1976）指出，如果管理者并非企业唯一所有人，作为理性人，在追求利益的过程中不可避免地损害企业利益。受到这种思想的影响，企业在做出投资决策过程中将出现投资不足或过度的情况（Biddle et al.，2009）。Stulz 等（1990）指出，管理者为了拥有更为丰富的资源、更高的社会地位、顺利晋升，往往注重企业规模的扩张（Jensen，1986）。从我国的发展情况看，规模为王的经营理念产生了较强的影响力，受该理念的影响，这种倾向更为突出。管理者以拥有更多资源为目的做出过度投资的决策，引发严重的过度投资（Biddle et al.，2009）。Bertrand 等（2003）指出，经理人如果追求职位稳定、向往宁静而安逸的生活，都会引发投资不足的情况。使用逆向选择模型进行分析，发现管理者对企业发展情况产生的了解比较全面，而投资者在这方面不占优势，就会发行高价证券，形成柠檬问题。当这种情况引起投资者的重视，就会提高资本成本，在后续发展中引发投资不足的问题。从总体上看，由信息不对称所导致的逆向选择与道德风险，都会让投资效率有所下降。

部分学者指出，会计信息可比性能让管理者与投资者之间的信息不对称问题得到一定的解决。可比的会计信息有利于增强投资者的监督能力，能识别管理者刻意隐瞒不利信息的行为。当管理者的这种行为被发现，将导致其遭受惨重损失，而获得的收益相对偏低（Kothari et al.，2009），这就要求管理者主动向投资者披露不利信息，信息披露质量由此提高。与此同时，可比的会计信息能让企业的信息使用环境得以优化，分析师的业绩由此提高（DKV，2011；Fang et al.，2015）；可比的会计信息能让投资者以更低的成本获取信息并对信息进行处理，信息质量与数量都有所提高（Kim et al.，2016）。通过可比的会计信息，股东能进一步了解企业的投资策略，与行业内其他企业相比，如果企业的投资水平明显偏高，股东就会对管理者做出良好评价，认为其工作勤勉、敬业，如果差距比较大，董事会将向管理者提出缩小投资规模的要求，过度投资行为遭到抑制。会计信息可比性，能帮助股东全面而客观地对财务数据进行对比，对管理者是否努力做出客观评价，对相对绩效做出评价，这将让追求稳定职位与安逸生活的管理者投入更高的机会成本。为了能稳固自身在企业中的地位（Zwiebel，1996），这部分管理者在工作中将加倍努力，降低投资不足。如果管理者充分意识到投资者可以借助会计信息可比性对企业证券价值是否被高估的情况做出判断，为了避免日后发生投资不足的情况，将降低高价证券的发行量。可见，可比的会计信息能让管理者与投资者受到一定的约束，逆向选择与道德风险发生率有所下降，企业的投资效率将有所提高。

Modigliani 和 Miller（1958）指出，在完美市场中，企业获取内部与外部融资时投入的成本是相同的，投资项目净现值是否为正将对其投资规模产生决定性影响。但完美市场在现实中是不可能出现的，代理问题、信息不对称等情况客观存在，导致企业外部融资需要支付更高的成本，而内部融资成本相对偏低。故而，企业的投资规模与自身融资能力有必然联系。Fazzari 等（1988）在信息不对称理论的指导下进行研究并实现突破，提出融资约束假说，证明企业融资约束程度会受到投资—现金流敏感性的影响，彼此之间保持正向关系。融资约束就是在不完备市场中企业内部与外部融资在成本方面存在差额（Kaplan et al.，1997）。

如果企业遭受严重的融资约束，在投资具体项目中将无法筹措到需要的资金，而且要支付较高的成本，净现值为正的投资项目有所下降，投资规模比较低。有些企业有充裕的内部资金，不需要外部融资，管理者为了避免遭遇支付风险，需要抬高备用资金的额度，投资规模在这种情况下将有所下降。

有些企业遭受到融资约束，导致投资额达不到要求，会计信息可比性能让投资者了解到企业当前面临着好的投资项目，但苦于融资能力较弱，难以筹措到充足的资金。因此，投资者愿意将自己的资金注入这些企业，企业的投资状况因此而发生改变。有些企业受到融资约束而产生过度投资的情况，会计信息可比性能让投资者对这种情况产生全面了解，不愿意将资金提供给此类企业，融资约束就会对企业的过度融资产生抑制。

有学者指出，企业与投资者之间的信息不对称能通过会计信息可比性得到一定的缓解。会计信息可比性能让广大利益相关者在不同的企业之间进行合理对比，除了能准确地把握住不同企业之间在经济方面存在的异同，也能深入分析如何将经济事项转化为更高的业绩（DKV，2011；Chen et al.，2018）。可比企业之间存在较好的对比条件，有利于降低转换信息的难度，利益相关者能更加容易地对财务报告进行分析，不需要为此投入更多精力与时间。Kim 等（2016）指出，会计信息可比性能对管理者造成一定的制约，隐瞒坏消息的概率有所下降，事前股价崩盘风险有所下降（江轩宇，2015）。Kim 等（2013）指出，企业的信用风险将通过可比的会计信息而下降。Shane 等（2014）表示，会计信息可比性能让增发新股被低估的可能性有所下降，管理者在销售高价股权时将有更加突出的表现。可比的会计信息能让客观存在于企业与资本所有者之间的信息不对称问题得到缓解，投资效率因此而提升；如果企业存在过度投资的情况，投资者将对这一事实产生了解，不愿意将资金提供给该企业，融资约束就能发挥出过度投资的作用。

会计信息可比性与权益资本成本方面，Modigliani 等（1958）描述了完美世界，认为所有资金的资本成本都是相同的，但这种情况并不会在现实世界中存在，代理问题与信息不对称的客观存在，致使各种类型的资金成本存在明显差异，不同企业之间也存在明显的成本区别，对企业的可持续发展造成不良影响。Modigliani 等（1958）指出，企业的内部与外部融资需要支付相同的成本，但由于信息不对称问题客观存在于现实之中，导致不同类型的资金需要支付不同的成本，融资成本在不同的企业之间存在明显差异。为了能让资本成本有所下降，企业会向投资者披露一定的信息，自身与投资者之间的信息不对称问题有所缓解。因此，怎样解决企业与投资者信息不对称的问题（Lambert et al.，2012），怎样解决不同投资者的信息不对称问题（Lambert and Verrechia，2015），使融资成本有所下降，这一课题引起学术界与实务界的足够关注（Christensen et al.，2014）。

传统披露理论指出，公共信息有利于解决信息不对称的问题，能促进股票流动性的增强，挖掘投资者的证券需求，达到节省资本成本的目的（Diamond et al.，1991；Welker，1995）。Cheynel（2013）指出，如果当期披露摩擦比处于较高水平，企业能自觉主动地披露大量信息，资本成本有所下降（Botosan，1997）。Evans（2016）指出，与其他企业相比，如果企业能在盈余公告中及时披露资产负债表中的具体内容，资本成本将有所下降。Baginski 等（2012）指出，当管理层盈余预测质量比较高，而且能在准确度与频率两方面有突出表现，资本成本将有所下降。何玉等（2014）指出，企业的资本成本与披露的碳信息质量之间存在显著负向关系。Dhaliwal 等（2011）指出，企业的资本成本比较高，通常会在下一个年度公开社会责任报告，企业采取这种做法且在承担社会责任方面有突出表现，后续发展中的资本成本将有所下降（李姝等，2013），当企业首次发布报告，能引起许多分析师与机构投资者的关注。在披露信息方面选择不同的方式，权益资本成本也将体现出差异，如陈宋生等（2015）指出，企业将因为实施 XBRL 而降低权益资本成本。Fu 等（2012）将企业在 1951～1973 年的报告频率数据当成研究样本，发现有些企业报告频率比较低，权益资本成本将有所下降，信息不对称的问题也能得到一定的解决。

信息披露能让信息不对称的情况有所缓解，但并非披露的信息越多越好。Diamond（1985）结合现实情况进行分析，认为确实有一种披露机制能让所有股东获益，这就要求企业在向外界披露信息时仅局限于成本较低的部分。当显性信息成本有所下降、风险分担能力有所增强，企业将拥有更为充足的资金。

关于披露效果，有些学者提出不同的观点。Johnstong（2016）指出：（1）贝叶斯逻辑确定的最佳可用信息能让决策者无法对事件的后续发展情况做出合理预测；（2）运用资产估值模型进行分析，能进一步了解到下一阶段的现金流有可能让资本成本变得更高，这意味着在某些情形下确定性也未必能让资本成本有所下降。长期一致的披露能缓解信息不对称的问题，短期内增加披露（半年内）只能让股价在较短的时间内有所提升，如果投资者意识到企业增加披露带有目的性、功利性，股价会退回原有水平（Lang et al.，2000）。Botosan等（2002）将研究时间段确定为1984~1995年，对美国的部分数据展开实证分析，发现资本成本与非年报披露之间存在正向关系，非年报披露会因为股价波动幅度更大而产生资本成本效应。Hail（2002）将瑞士上市企业当成研究对象，发现企业如果能自觉主动地披露信息，事前权益资本成本将大幅下降。Gao（2010）指出，如果新投资具有较大的弹性，披露质量与资本成本之间存在正向关系，但在有些情形之下，投资者的财富会因为披露而下降。

有学者指出，如果企业能保证会计信息质量，企业与投资者在获取信息方面的差距将有所缩小，有利于解决信息不对称问题（Barth et al.，2013），投资者在获得合理回报方面能更有把握。由此一来，投资者愿意将低价资本提供给企业，帮助企业降低权益资本成本。Lara等（2011）指出，与收入确认相比，损失确认向稳健性的要求偏低，这种不对称情况的存在，能让坏消息的准确性有所提高，信息不确定性有所下降，权益资本成本因此而下降，也能让股票价格的波动幅度更大，对相关数据进行分析，进一步发现资本成本将因为会计稳健性而下降。企业的盈余质量体现在多个方面，包括稳健性、应计质量等，盈余质量与权益资本成本之间存在显著的负向关系（Francis et al.，2004）。Barth等（2013）指出，盈余透明度越高，信息不对称问题能得到更好的解决，资本成本将因此而下降。Bhattacharya等（2003）将研究时间段确定为1983~1998年，对34个国家的上市企业发展数据进行分析，在对不透明度进行分析时设定多项代理变量，包括盈余平滑、激进度等，了解到会计信息不透明度越高，资本成本就越高，而股票交易量将因此而下降。

也有学者指出，会计信息质量与权益资本成本之间并不存在必然联系。McInni（2010）对前三十年的数据进行分析，了解到盈余平滑度与平均股票回报之间不存在必然联系，即股东盈余波动幅度比较大，但回报却不理想，原因在于盈余趋于平滑，分析师会过于乐观地对企业未来长期现金流进行预测。Strobl（2013）指出，管理者希望不断提高薪酬，由此产生操纵盈余的意愿，市场也会积极回应这些漂亮的报告数字。Strobl（2013）指出，处于经济扩张期之内，企业的盈余与市场之间联系较为紧密，在经济萧条期这些企业有较强的动机对自身盈余进行高估。

有研究指出，可比的会计信息能让企业、利益相关者之间存在的信息不对称问题有所缓解。首先，可比的会计信息能让企业的信息环境得以优化（Neel，2017）。DKV（2011）指出，跟踪分析师的数量与会计信息可比性有必然联系，与预测精确度、分歧度之间分别存在正向与负向关系。Bradshow 等（2009）得出的结论与此较为相近。通过细致分析了解到，如果国家与国家之间会计信息可比性较高，海外分析师能得出一致的预测结论（Fang et al.，2015）。其次，可比的会计信息能让投资者以较低的成本获取信息，信息数量与质量都将提高（Kim et al.，2013）。Young 等（2015）指出，可比的会计信息能让信息使用者选择更为合理的参照企业。会计信息可比性能让信息使用者在多家企业之间进行合理分析，准确地把握住不同企业之间的经济异同，加深对经济事项的理解，深入分析如何才能将其转化为更高的业绩。同时，可比企业之间具备良好的对比条件，彼此之间转换信息难度较低，信息使用者在分析财务报告时效率更高。同时，会计信息可比性能让管理者与投资者的信息不对称问题有所缓解，管理者不会轻易隐瞒不利信息（Kim et al.，2016）。一旦隐瞒的不利信息被公之于众，通过这种不法行为获得的收益较低，而遭受的损失则比较重（Kothari et al.，2009），因此管理者会积极主动地披露不利信息。

在资金与人才方面，机构投资者比个人投资者的优势更为突出，对上市企业的信息了解得更为全面，可以将其看作知情投资人（雷倩华等，2012）。Agarwal（2007）指出，机构投资者既然是知情人，可以通过提高信息效率或逆向选择对股票流动性造成一定程度的影响。逆向选择是由信息不对称造成的，流动性成本会因此而增加，机构投资者在股票交易过程中能将私有信息融入股价中，信息效率有显著提升，流动性成本有所下降。由此可见，机构投资者对流动性造成的影响很大程度上取决于机构投资者能否采用恰当的方式维护市场稳定。若机构投资者以获取私利为目的实施暗箱操作，其持股后流动性成本有所增加；若机构投资者愿意留下来，参与更多知识投资者之间的竞争，信息效率就会提高。

截至目前，虽然国内外诸多学者都围绕机构投资者与股票流动性成本之间的关系展开分析，但没有获得统一的结论。有学者指出，机构投资者持股与市场深度、交易价差逆向选择分量之间均存在显著的负向关系（Tinic，1972；Jennings et al.，2002）。Chiang 等（1988）和 Naes（2004）在研究中并没有发现买卖价差会受到机构投资者持股比例的影响。许多学者对中国数据进行分析，也得出同样的结论。雷倩华等（2012）将 2006～2008 年 A 股上市企业当成研究对象，发现在我国独特的制度背景下，机构投资者逆向选择问题较为突出，经过细致调查发现部分机构投资者与上市企业共同实施内幕交易。也有部分学者表示，机构投资者能促进信息环境的提升，能让管理层更为客观地对盈余进行预测（高敬忠等，2011）、能促进企业治理水平的提升（韩晴等，2014），使企业的信息更加透明（杨海燕等，2012）、对私有信息套利行为造成抑制（陈小林等，2012）。从中能看出，我国学者在这方面的研究也没有形成统一意见，可见权益资本成本与机构投资者之间的关系并不明朗。

因此，学术界与实务界长期对企业与投资者的信息不对称问题进行分析（Lambert et al.，2012），以降低或消除信息不对称为最终问题（Lambert and Verrechia，2015），将更多精力用于如何降低资本成本方面（Christensen et al.，2014）。笔者将 Eason（2004）构建的 PEG 与 DKV（2011）两大模型引入本研究中，深入分析权益资本成本与会计信息可比性之间的关系。经过分析了解到，企业的投资资本成本将因为会计信息可比性而有明显下降。在股票流动性逐渐提高、监管力度不断增强的前提下，股票竞争度与机构投资者持股比例都将提高，资本成本因此而下降。进一步研究发现，会计信息可比性能让股票竞争度与机构投资者对资本成本产生更大的影响。同时，会计信息可比性能帮助企业摆脱融资约束，适时走出融资困境。

此后，有关可比性的经济后果的研究如雨后春笋般出现。我国学者袁知柱和吴粒（2012）对会计信息可比性的研究进行评述并提出了未来的研究展望。他们认为国内对会计信息可比性的研究较为落后，尤其是对可比性对投资者的资本配置效率的研究十分匮乏。胥朝阳、刘睿智（2014）最早开始借鉴 De Franco（2011）的模型对我国上市公司的会计信息可比性进行了度量，并检验了可比性对上市公司盈余管理的影响。他们的研究结果表明，可比性的提升能够抑制上市公司的应计盈余管理，并迫使管理层从应计盈余管理转向较为隐蔽的真实盈余管理。刘睿智等（2015）对可比性对公司并购后的绩效进行考察后发现，主并公司可比性越高，并购后的公司绩效越好。并购带来的不确定性与并购后的公司绩效呈负相关关系，可比性的提升会缓解两者之间的负相关关系。江轩宇等（2017；2015）发现可比性企业创新正相关，与股价崩盘风险负相关。陈玥和江轩宇（2017）发现可比性对审计收费的负相关作用，并就其影响机制进行探讨后发现，可比性的提升对审计费用的降低主要是通过对审计工作量的减少实现的。袁振超和饶品贵（2018）发现可比性与公司投资效率和公司对投资机会的敏感性正相关，并且这种关系在非国有企业中更显著。唐雪松等（2019）研究发现会计信息可比性越高，公司高管薪酬—业绩敏感度就越高。并且会计信息可比性与高管薪酬契约有效性在非国有企业中、信息复杂程度较高、内部控制质量较差以及外部监督较弱的企业中更为显著。范少君（2015）对我国上市制造业公司的会计信息可比性的经济后果进行了一系列研究，并检验了企业债务融资的影响、对盈余管理的影响、对分析师预测的影响以及对管理层业绩预告的影响。结果发现高会计信息可比性显著提高了企业的债务融资额以及投资效率，并对公司投资过度和投资不足行为有所抑制；可比性能够抑制公司应计和真实盈余管理，并能够增加分析师跟踪数量。

对上述文献进行梳理和回顾可以发现，不论是在可比性的影响因素还是在可比性的经济后果方面，现有文献的研究虽然都取得了一定研究成果，然而对可比性的全面深入理解仍然不够。可比性作为重要的会计信息质量指标之一，其在资本市场中对资本市场所有参与者的重要作用仍需进一步深入探讨。尤其是考虑我国资本市场尚不成熟，信息披露制度仍然处于学习探索阶段；同时，我国资本市场参与者尚处于初级阶段，对资本市场不具备成熟的理解和稳定的行为特征，使得会计并不能很好地发挥其在资本市场产权保护的相关功能。例如我国现行的会计信息披露政策是否较好地保证了我国公司的会计信息可比性质量特征；我国的投资者是否能够理解并采用可比性这一质量特征作出交易决策；可比性作为信息质量的重要特征之一是否具有一定的外部性，从而产生某些市场外溢效应等问题仍然需要进一步探讨。从而对全面理解会计信息可比性在我国资本市场中是否能够很好地发挥决策有用性的作用提供思路和帮助。有助于帮助我们理解会计信息披露在资本市场中的信息中介作用，同时也加深我们对资本市场相关参与群体的行为的认识。此外，对资本市场监管部门信息披露制度的制定、完善以及市场效应评估提供参考价值。

2.3.3 高质量发展的文献

所谓高质量发展，就是企业长期保持卓越的发展状态，发展层次与水平都比较高，在社会价值驱动下开展生产活动，具备较强的资源能力，能向市场提供一流的产品与服务，运营开放程度高，创建了有效的管理机制，取得了较高的综合绩效，在社会中有良好声誉（黄速建等，2018）。“企业高质量发展”是一个创新意味较强的概念，顺应了我国的发展潮流，与之相关的研究成果并不丰富，在经济管理学领域，与之相对应的概念包括企业可持续发展、企业成长等。彭灿等（2020）认为，实现了可持续发展的企业，一方面能对资源进行合理分配，在资源拥有方面也保持优势，能适应外部竞争环境的变化；另一方面，突出的资源能力且合理高效地进行分析，这是企业高质量发展的前提。与此同时，企业动态能力、外生成长与内生增长等理论都与高质量发展有一定的联系（Teeee，2010）。

关于上市公司高质量发展衡量指标选取，已有研究在对经济发展质量做出评价时，基本是从绿色、协调、创新、开放等方面入手构建评价体系（金碚，2018）。李金昌（2019）在为企业构建评价体系时，把创新效率当成重要的量化标准，从欧盟和美国的评价指标体系中提取有价值的内容，把社会福利、创新、环境等当成主要评价内容，以此衡量经济发展处于怎样的阶段。可见，在为企业构建高质量发展评价体系时，要把经济高质量发展当成主体部分，运用合理的评价标准选择有代表意义的企业，通过这些企业的发展情况把握住经济高质量发展的趋势。黄速建（2018）为国企高质量发展构建了评价体系，强调了在经济高质量发展过程中国企的支撑作用，这种支撑来自于多个维度。在企业性质上，国企与上市企业之间有明显不同，不能采用同样的评价标准。一是创新维度，上市企业要通过产品与服务凸显创新的意义，只有转化为产品或服务，创新才能真正促进经济发展。二是上市企业要承担更多的社会责任，企业在发展中要顾及更多的利益相关者，化解彼此之间的矛盾。当企业在承担社会责任方面有突出的表现，就能对经济协调、绿色发展目标的实现贡献更大力量。三是企业要想焕发出活力，要想更好地适应环境变化，需要具备良好的动态能力。四是公众性是上市企业的基本特征之一，如果企业形成了良好的治理结构，就能较好地保护投资者的利益，将有更多公众因为企业的发展而获益。

2.3.4　文献评述

从前文的文献梳理可以看出，企业如何实现企业数字化成功转型，如何实现全企业高质量增长，是学术界研究的核心问题和热点问题。现有文献在数字化转型的内涵、动因及效应，企业高质量发展的测算及其影响因素等方面取得了丰硕成果，这些成果为本研究奠定了丰富的文献基础。但通过对相关文献进行梳理和总结后，本研究发现现有文献在研究问题及研究内容等方面仍有不足之处，存在一定的研究空间。

第一，关于数字化转型对企业高质量发展影响的研究较为缺乏。数字化转型带来的效应以理论分析为主，少部分实证研究主要基于案例分析或是调查问卷与访谈的方式获取数据，结合二手数据实证角度分析数字化转型带来的经济效应的文献仍显不足。虽然有部分文献研究了数字技术应用对企业绩效的影响，但在供给侧结构性改革的背景下，进一步以实证方式考察数字化转型的经济后果，尤其是对高质量发展的影响尤为重要。因此，本研究认为有必要将数字化转型与企业高质量发展结合起来，既可以探讨数字化转型的经济效应，也可以为企业高质量发展寻找到新的来源。

第二，已有的关于数字化转型的实证分析，对数字化转型的衡量方式忽略了数字化转型的全面性。许多研究采用数字技术的投入与否衡量数字化转型，或者将“数字化”等同于“信息化”，而数字化转型绝不仅仅是“数字技术设施投入”或者“数字技术应用”这么简单，而是涉及战略规划、企业文化、管理思维、经营理念、组织架构、人力资源管理等全方位的变革，即企业在生产运营的过程中结合数字技术，并将其应用到日常流程、商品创新等环节，从而使生产方式发生全面变革的过程（胡青，2020），因此现有研究对数字化转型的衡量忽略了数字化转型的全面性。

第三，大多数关于高质量发展的研究都基于宏观层面，而企业作为宏观经济的重要组成部分，也是值得关注的对象。党的十九大报告中提到，中国经济已由高速增长转向高质量发展的新阶段，作为供给侧结构性改革的本质要求，企业高质量发展的提高才是中国经济从高速增长转向高质量发展的关键，虽然学术界已经存在不少关于高质量发展增长来源的研究，也识别了不少有价值的影响因素，但是在数字经济背景下，企业高质量发展的增长来源值得被深入挖掘。当今数字化转型如火如荼，理论层面的数字化转型对企业绩效的影响机制已经有所探讨，但是数字化转型能否带来企业高质量发展的问题研究还稍显空白。

第四，现有文献中部分关于数字化转型效应的研究，缺乏关于数字化转型效应的机制研究。一方面，数字化转型作为战略层面的重大变革，势必会带来企业能力和组织架构等方面的改变，但现有文献中关于数字化转型对企业能力的影响研究比较匮乏。本研究为了找到数字化转型对企业高质量发展的影响机制——会计信息可比性。另一方面，数字化转型带来经济效应的过程，离不开人力资本、成本费用和融资约束的影响。因此，本研究认为有必要从这三者出发，探讨人力资本、成本费用和融资约束在数字化转型对企业高质量发展产生影响的过程中起到的调节作用。

第3章　会计信息可比性发展制度背景与测算方法

3.1　我国会计信息化制度背景

制度，一般指要求人们共同遵守的办事规程或行动准则，目的在于使各项工作按计划要求达到预计目标。制度变迁，是指新制度产生、替代或改变旧制度的动态过程。作为替代过程，制度变迁是一种效率更高的制度替代原制度；作为转换过程，制度变迁是一种更有效率的制度的生产过程；作为交换过程，制度变迁是制度的交易过程。

本章从会计准则的角度，分别论述国际会计准则和中国会计准则关于会计信息可比性的制度变迁。依据制度变迁的理论，制度变迁包括自下而上的诱致性制度变迁（也称需求主导型制度变迁）和自上而下的强制性制度变迁（也称供给主导型制度变迁）两个基本类型。会计准则的制度变迁在较大程度上是一种诱致性制度变迁。

3.1.1　国际会计准则关于可比性的制度变迁

国际会计准则委员会（IASC）于1973年6月在伦敦成立，其主要目的是制定出全球统一的会计准则，以增强世界各国会计之间的协调。IASC是一个独立性的机构，其发布的会计准则称为国际会计准则（IAS）或国际财务报告准则（IFRS）。IAS在初期一般是对各国已有的本土会计准则进行综合，对一项经济业务的会计处理提供两种或两种以上的备选方法，这样，对相同的经济业务使用不同的会计方法就降低了各财务报告之间的可比性。基于提高会计信息可比性的考虑，长期以来，IASC 及其随后改组而成的国际会计准则理事会 IASB，以及加拿大、英国和澳大利亚等国的会计准则指定机构都将可比性作为会计信息质量的首要特征之一。例如，IASC 规定了准则制定的目标：第一，为了公众利益，制定企业编报财务报告时应遵循的会计准则，并推动这些准则被世界各国接受和遵循；第二，广泛地开展工作，从而对关于财务报表列报的规定、会计准则和程序进行改进和协调。这说明制定并推动在全球范围内实施具有跨国可比性的会计准则是 IASC 的基本目标之一。其后，IASB 在其《概念框架》中指出，对所有的企业而言，对不同企业同一期间而言，以及对同一企业不同期间而言，对相同或类似的交易事项的计量和报告都应使用相同的方法；可比性这一质量特征的一个重要的含义是，企业应该让信息使用者知道企业编制财务报告使用的会计方法，以及这些方法的变动及其影响。

欧洲共同体（简称欧共体，1993 年改为欧洲联盟）于 20 世纪 70 年代在其成员国内部开始了会计协调。欧共体理事会通过制定相关规定，对成员国企业的会计和税务等方面分别作出了规范，要求各成员国对各自的有关法律法规进行修改或制定，以此来对前述规范进行落实执行。1978 年欧共体的第 4 号指令“不同类型公司的年度财务报表”、1983 年发布的第 7 号指令“合并财务报表”、1985 年发布的第 10 号指令“上市公司的跨国合并”、1986 年发布的“银行和其他金融机构的财务报表和合并财务报表”以及 1989 年发布的第 11 号指令“在一个成员国设立但受另一成员国法律管辖的公司分支机构的披露要求”等，在很大程度上促进了欧共体企业会计准则的协调，显著提高了欧共体范围内国家财务报告之间的可比性。

20 世纪 80 年代末到 90 年代中期，世界各国的资本市场进一步开放，各国会计准则之间的差异对不同国家财务报告编制者和使用者的影响也越来越大，严重影响了会计信息的可比性。IASC 制定的国际会计准则 IAS 对很多经济事项的会计处理方法都列出了两种以上，例如，对固定资产的后续计量可以采用“账面价值”或“重估价值”这两种方法，对存货的计量可以采用先进先出法、后进先出法和加权平均法这三种方法等。如此，即使企业严格遵循 IAS 的规定，但由于企业对同一类型的经济业务可以使用多种会计处理方法，所以难以保证不同企业的会计信息之间具有可比性。

为了解决由多种会计处理方法导致的会计信息的不可比性，1989 年 1 月，IASC 公布了《征求意见稿第 32 号——财务报表可比性》，计划对 13 项现有的 IAS 进行修订；并取消在当时允许使用的 23 项会计处理方法；对于仍然存在会计处理备选方法的会计准则，指定 12 项首选的会计处理方法（Salter et al.，1996）。IASC 在对征求意见稿第 32 号进行了修改之后，于 1990 年 7 月正式发布了《意向说明——财务报告可比性》。其启动的“可比性项目”，通过对经济业务确定基准的会计处理方法以及减少备选的会计处理方法，来提高会计信息的可比性。经过六年时间，IASC 完成了可比性项目，修订或重新发布了 10 项会计准则，并把准则中备选的会计处理方法从 38 个减少到 1 ~5 个，提高了财务报表的可比性。在《意向说明——财务报表可比性》中，IASC 允许对相同或类似的经济业务存在两种及以上的会计处理方法，但对多种供选择的会计处理方法确立了先后顺序，依次为“基准方法”和“备选方法”。具体规定是，如果企业使用基准方法对经济业务进行核算，那么直接在财务报表上列出报告金额，无须附加列出根据备选方法进行核算得出的金额；如果企业使用备选方法对经济业务进行核算，那么除了直接在财务报表上列出报告金额之外，还需附加列出根据基准方法进行核算得出的金额，并将不同报告金额进行比较。从形式上看，这种财务报表列报方法为企业对相同经济业务的处理提供了多种会计处理方法，但在实质上又对企业处理同一经济业务的会计方法进行了统一和规范，在较大程度上提高了企业会计信息的可比性。此外，IASC 还发布了《解释公告第 1 号——一致性：存货成本的不同计算方法》《解释公告第 2 号——一致性：借款费用资本化》《解释公告第 18 号——一致性：允许选用的处理方法》这三个文件，就允许选用的处理方法前后期一致性的要求作出规定。

进入 21 世纪以来，世界越来越多的国家和地区逐步采用或认可 IFRS，美国财务会计准则委员会（FASB）在与 IASB 合作的基础上也加强了对美国公认会计准则（USGAAP）的建设活动，其在与 IASB 开展的多个联合项目中，都提到了“改革会计准则、提高财务报告质量，为投资者提供透明、可比的会计信息”。因此，准则制定机构虽然没有直接规定什么是“高质量的”会计准则，但可以从会计准则的输出，即会计信息的角度来对会计准则的质量进行测评。从可比性这一方面来看，一般认为，如果会计准则提供的会计信息与现实情况的差异较小、可比性较高，那么可以认为这一会计准则是高质量的。2008 年 12 月，IASB 和 FASB 联合发布了《客户合同收入确认的初步看法》，2010 年 6 月发布了《征求意见稿——客户合同收入》。随后，双方在 2010 年和 2011 年公布了两版《与客户签订的合同收入确认》的征求意见稿，并于 2014 年 5 月正式发布了《国际财务报告准则第 7 号——源于客户合同的收入》。它建立了一套确定何时确认收入金额及确认金额收入多少的综合框架。《国际财务报告准则第 15 号》自 2017 年 1 月 1 日起开始的完整会计年度，允许提前采用。IASB 和 FASB 对该项准则进行改革的主要目标之一就是：通过修订收入确认准则，消除现行收入确认准则中不一致的情况，增加各企业、各行业和各资本市场间收入信息的可比性。此外，在 2009 年 4 月举办的伦敦峰会和 9 月举办的匹兹堡峰会，与会者都要求建立全球统一的高质量会计准则，以此为全球资本市场提供更透明、更可比的财务信息，维护金融市场的稳定。

3.1.2 中国会计准则关于可比性的制度变迁

新中国成立以来，中国的经济制度经历了从高度的计划经济、有计划的商品经济到社会主义市场经济的转轨。与之对应，中国的会计制度总体上与经济改革步伐相一致，会计制度和准则的建设以及对会计信息的监管方面均经历了巨大变化。

在 1978 年改革开放之前，中国的会计模式是借鉴苏联的模式，以企业和预算会计制度的拟定、实施和决算的编审为主要内容。长期的计划经济使得企业的会计信息缺乏可比性，也不需要可比性。在计划经济下，企业所有的生产经营活动都由政府统一安排，政府对企业下达生产计划，企业按照计划进行采购、生产、定价、销售、上缴，在整个过程中没有市场投资者，企业也不需要在市场上进行融资活动。在高度的计划经济下，财务报告无须反映出对决策有用的信息，也无所谓可比性。改革开放之初，为了适应经济的需要，中国按行业、所有者分别建立了《国营工业企业会计制度——会计账户和会计报表》《国营供销企业会计制度——会计账户和会计报表》《国营施工企业会计制度——会计账户和会计报表》《建设单位会计制度——会计账户和会计报表》《国营对外承包企业示范会计制度——会计账户和会计报表》等分行业、分所有者的会计制度。由于存在很多的会计制度，没有统一的会计准则，在不同所有制以及相同所有制下的不同部门之间，相同的交易或事项的会计处理方法不一定相同，就难以评价各企业的会计信息的可比程度。当然，就同一行业或部门之间、相同所有制企业之间，会计信息仍然具有较弱程度的可比性。

20 世纪 90 年代初，中国开始发展自己的资本市场，鼓励企业通过资本市场筹集资金和转让企业的产权，这就要求企业提高财务报告的透明度，以取得投资者的信任，以较低的成本筹集资金或者以较理想的价格出售自己的产权。国家也鼓励资金所有者和筹集者通过资本市场直接交易，降低全社会的交易成本。中国 1993 年的会计制度改革在较大程度上促进了企业的会计信息可比性，此次企业会计制度改革涉及可比性的有以下内容：第一，企业按照行业或组织形式（如股份制、外商投资）分类，分别执行相同的会计制度。这样，相同行业或相同组织形式的企业之间的会计信息就有了可比性。第二，不同行业或不同组织形式的企业，对于发生的相同或类似的经济事项，尽可能使用相同的会计方法进行处理。具体在各行业的会计制度中，很多经济事项的会计处理方法相同，这样也提高了不同行业的企业之间会计信息的可比性。第三，行业会计制度确立了所有者权益的概念以及资本保全原则，同时将产品成本的计量由完全成本法改为制造成本法，这就使中国的会计制度与国际会计准则接近了一步，也就在一定程度上带来了中国企业与国外企业之间会计信息的可比性。

20 世纪 90 年代中后期到 21 世纪初期，随着中国经济改革的不断深入，现代公司形式的出现，企业经济业务的多元化，按行业、按组织形式分类制定的会计制度难以满足企业本身的需求，也越来越难以满足企业外部投资者对企业监督和评价的需求。中国财政部于 2000 年年末颁布并于 2001 年 1 月 1 日开始实施的《企业会计制度》，又一次大幅促进了中国会计制度的改革。这次会计制度改革取消了分行业、分组织形式的会计制度，颁布了一系列的具体的会计准则，建立起了综合统一的企业会计制度。《企业会计制度》对中国的企业会计核算方法进行了规范和统一，使中国除金融行业的企业之外的其他企业在进行会计核算时都采用统一的方法，因此企业使用该准则生成的会计信息也就具有较高的可比性。同时，在制定会计处理方法时，尽可能采用国际惯例并与国际会计准则的方法一致。这样，也为中国企业会计准则的国际趋同、使会计信息具有跨国可比性创造了一定的条件。2006 年中国财政部颁布了由《企业会计准则——基本准则》及 38 项具体准则所组成的新会计准则，将原先的可比性原则和一致性原则合并为会计信息质量特征下的可比性原则，这进一步在很大程度上促进了全国范围内企业的会计信息可比性（蒋金森，2008）。新的会计准则得到了国际社会的认可，实现了中国会计准则与国际财务报告准则的实质趋同。例如，中国会计准则委员会于 2007 年 12 月 6 日与香港会计师公会签署了《关于内地企业会计准则与香港财务报告准则等效的联合声明》，其中明确指出，两地准则除资产减值损失的转回以及关联方披露两项准则略有差异外，其他的准则基本实现等效，根据两地准则编制的财务报表具有同等效力；另外，中国政府与欧盟委员会也就会计准则等效问题进行了交流和沟通，2008 年 11 月 14 日由欧盟成员国代表组成的欧盟证券委员会（ESC）就第三国会计准则等效问题投票决定：自 2009 年至 2011 年底前的过渡期内，欧盟允许中国证券发行者在进入欧洲市场时使用中国会计准则，不需要根据欧盟境内市场采用的国际财务报告准则调整财务报表。欧盟的这一决定表明其已认可中国企业会计准则与国际财务报告准则之间实现了等效。2014 年 1 月至 6 月，财政部在 2006 年 2 月颁布的《企业会计准则——基本准则》和 38 项具体准则的基础上，陆续发布了新增或修订的 8 项企业会计准则。新增或修订的 8 项企业会计准则基本与相关国际财务报告准则一致，保持了持续趋同，在诸多方面进一步提高了会计信息的价值相关性、可靠性和可比性，提高了企业的会计信息质量。综合来看，中国会计准则的制度变迁已逐步适应了中国当代经济的发展和企业的发展需求，已经与国际趋同并接轨。会计制度的规范统一与会计准则体系的全面建立，不仅使会计信息在资本市场和公司治理中发挥了更大的功能（蒋瑜峰，2010），而且明显提高了中国与其他国家之间宏观层面上的会计信息可比性，以及中国国内企业之间微观层面上的会计信息可比性，在很大程度上实现了会计信息可比性这一目标。

近年来，在信息披露的主体方面，《中华人民共和国证券法》（2019 修订）、《上市公司信息披露管理办法》明确了股东、高管作为信息披露的重要负责人，应当保证信息披露的真实、完整和准确。

在信息披露的质量方面，2002 年以来，我国财政部相继发布《财政部关于开展 2002 年会计信息可比性检查工作的通知》《改进和完善会计信息可比性检查工作指导意见》等，以改进和完善会计信息可比性检查工作，促进会计信息的真实完整性。《中华人民共和国会计法》（2017 修正）、《中华人民共和国公司法》（2018 修正）以及《中华人民共和国证券法》（2019 修订）也从法律明确了要保证会计资料的真实完整，要求信息披露应该真实、准确、完整、及时和公平。2020 年，国务院发布《国务院关于进一步提高上市公司质量的意见》，要求提升信息披露质量。2021 年，证监会发布《上市公司信息披露管理办法》，要求保证披露信息的真实、准确、完整，信息披露及时、公平。

在信息披露的环境方面，2019 年国务院发布《优化营商环境条例》，加大对市场主体的保护，为各类市场主体实体投资和开展业务活动创造稳定、公平、透明和可预期的环境，并指出要加大中小投资者权益保护力度，保障中小投资者的知情权。《中华人民共和国证券法》（2019 修订）也规定了投资者保护机制。2019 年，最高人民法院也颁布了《最高人民法院关于适用若干问题的规定（五）》，明确了高管和股东违背信息披露相关规定时应当承担的法律责任。2020 年《国务院办公厅关于贯彻实施修订后的证券法有关工作的通知》指出，要完善投资者保护制度，强化信息披露义务，详见表 3 – 1。

表 3 – 1　　会计信息可比性相关政策

实施时间	政策名称	文号	主要内容
2002	《财政部关于开展 2002 年会计信息可比性检查工作的通知》	财监〔2002〕46 号	检查内容为会计信息的真实完整性。
2004	关于印发《改进和完善会计信息可比性检查工作指导意见》的通知	财办监〔2004〕13 号	改进和完善会计信息可比性检查工作。

续表

实施时间	政策名称	文号	主要内容
2017	《中华人民共和国会计法》（2017 修正）	中华人民共和国主席令第 81 号	保证会计资料真实、完整。
2018	《中华人民共和国公司法》（2018 修正）	中华人民共和国主席令第 15 号	公司控股股东、实际控制人、董事、监事、高级管理人员不得利用其关联关系损害公司利益。违反前款规定，给公司造成损失的，应当承担赔偿责任。
2019	《优化营商环境条例》	中华人民共和国国务院令第 722 号	为各类市场主体实体投资和开展业务活动创造稳定、公平、透明和可预期的环境加大对中小投资者权益的保护力度，保障中小投资者的知情权、参与权，提高其维护自身合法权益的便利性、合法性。
2019	《最高人民法院关于适用若干问题的规定（五）》	最高人民法院	关联交易损害公司利益的，原告公司根据《公司法》第二十一条的规定要求控股股东、实际控制人、董事、监事和高级管理人员赔偿损失，被告仅履行了交易信息披露义务，经股东大会依照法律、行政法规或公司章程规定的程序同意，人民法院援引抗辩理由，不予支持。
2020	《国务院关于进一步提高上市公司质量的意见》	国发〔2020〕14 号	提高信息披露质量，以提高透明度为目标，优化规则体系，督促上市公司、股东和相关信息披露义务人真实、准确、完整、及时、公正地披露信息。

续表

实施时间	政策名称	文号	主要内容
2020	中华人民共和国证券法（2019修订）	中华人民共和国主席令第37号	确定发行人及其控股股东、实际控制人、董事、监事、高级管理人员公开承诺的信息披露制度。信息披露义务人披露的信息应当真实、准确、完整、简明清楚、易懂、及时、公正。探索适合中国国情的证券民事诉讼制度，规定投资者保护机构可以作为诉讼代理人。
2020	《国务院办公厅关于贯彻实施修订后的证券法有关工作的通知》	国办发〔2020〕5号	全面实行证券发行注册制度，大幅提高证券违法成本，完善投资者保护制度，强化信息披露义务。
2021	《上市公司信息披露管理办法》	中国证券监督管理委员会令第182号	上市公司董事、监事和高级管理人员应当忠实、勤勉地履行职责，确保所披露的信息真实、准确、完整，并确保所披露信息及时、公正。

资料来源：本研究整理。

3.2 会计信息可比性的测算

会计信息可比性的研究虽然由来已久，但对可比性的定量研究，尤其是公司层面的可比性研究，却是最近几年的新兴领域。本章对国外近十年来关于会计信息可比性的实证研究文献进行了归纳整理，发现对可比性的测算主要是从会计系统、盈余质量、信息传递、价值相关性、评级机构调整、会计准则选择以及会计政策披露的角度来分别测算的。然后确定了本研究对会计信息可比性的测算方法，并以此方法测算出了中国制造业上市公司2008～2013年公司层面的可比性。

3.2.1 基于会计系统的测算方法

DeFranco 等（2011）开创性地构建了公司层面的会计信息可比性的测算方法，其基本理念是：给定一组经济事项，如果两家公司能生成类似的财务报告，那么这两家公司就具有可比的会计系统。即，两家公司 i 和 j，如果它们有可比的会计信息，那么它们就有类似的映射（或系统）$f(\blacksquare,)$ 于是对于一组给定的经济事项 X，公司 j 生成的财务报告与公司 i 生成的财务报告类似。会计系统是企业把经济业务通过会计数字来转换为财务报表的过程，用函数表述如下：

$$Financial\ Statements_i = f_i(Economic\ Events_i) \tag{3-1}$$

其中 $f_i(\blacksquare)$ 表示公司 i 的会计系统。对于两家公司，给定它们相同的经济业务，如果它们能生成类似的财务报表，则它们之间的会计信息可比性越高。也就是，如果两家公司 i 和 j 之间的会计系统可比性越高，则 $f_i(\blacksquare)$ 和 $f_j(\blacksquare)$ 之间的差异越小；给定相同的经济业务 X，公司 i 和公司 j 会生成相同或相似的会计信息。其使用 *Return*（股票收益率）作为经济事项净效应的代理变量，使用 Earnings（盈余）作为财务报告的代理变量。使用公司 i 的第（t－16）到（t－1）期的连续 16 个季度的数据估计下述模型：

$$Earnings_{i,t} = \alpha_i + \beta_i Return_{i,t} + \varepsilon_{i,t} \tag{3-2}$$

在模型（3－2）中，$Earnings_{i,t}$为盈余，用公司 i 的季度净利润（用期初权益市场价值标准化）来表示，$Return_{i,t}$为公司 i 的季度股票收益率。显然，模型（3－2）回归出的估计系数$\hat{a}_i$和$\hat{\beta}_i$表示公司 i 的会计系统 $f_i(\blacksquare)$。类似地，通过使用公司 j 的数据，可以得到$\hat{a}_j$和$\hat{\beta}_j$，表示公司 j 的会计系统 $f_j(\blacksquare)$。

两个公司的会计系统之间的差异程度表示这两家公司之间的会计信息可比性。为了测算两个会计系统之间的差异，对于公司 i 和公司 j，假定它们的经济业务相同，用股票收益率 $Return_{i,t}$表示，分别使用两家公司的转换函数来计算它们各自的预期盈余。

$$E\,(Earnings)_{ii,t} = \hat{a}_j + \hat{\beta}_j Return_{i,t} \tag{3-3}$$

$$E\,(Earnings)_{ij,t} = \hat{\alpha}_j + \hat{\beta}_j Return_{i,t} \tag{3-4}$$

其中，$E(Earnings)_{ii,t}$表示在第 t 期，根据公司 i 的会计系统和公司 i 的股票收益率算出的公司 i 的预期盈余；$E(Earnings)_{ij,t}$表示在第 t 期，根据公司 j 的会计系统和公司 i 的股票收益率算出的公司 j 的预期盈余。模型（3－3）和模型（3－4）中的解释变量都使用公司 i 的股票收益率 $Return_{i,t}$，这样就可以计算出两家公司在经济业务相同的情况下二者的盈余差异。

于是，公司 i 和公司 j 之间的会计信息可比性（$CompAcct_{ij,t}$）为两家公司根据各自的会计系统计算出的预期盈余差异的绝对值的平均数的相反数：

$$CompAcct_{ij,t} = -1/16 \times \sum \left| E(Earnings)_{ii,t} - E(Earnings)_{ij,t} \right| \tag{3-5}$$

$CompAcct_{ij,t}$的值越大，则公司 i 与公司 j 之间的会计信息可比性越高。上述 $CompAcct_{ij,t}$的值是一个相对值，指两家公司之间的可比性。当然，还可以计算出公司 i 的年度公司层面的会计信息可比性。具体为，先按照前述方法计算出公司 i 和公司 j 之间的会计信息可比性，然后以公司 i 为基准，分别计算出同一行业内其他所有公司与公司 i 之间的可比性，再将这所有的可比性从大到小排序，取所有可比性前四个最大值的平均值为 $CompAcct_{4it}$，取所有可比性的平均值或中位数为 $CompAcctInd_{it}$。$CompAcct_{4it}$ 和 $CompAcctIn_{dit}$都是公司 i 的会计信息可比性，其值越大，表示会计信息可比性越高。

与 De Franco 等（2011）的“会计系统可比”这一方法相似，Barth 等（2012）使用两种方法来评估执行 IFRS 的公司和执行美国 GAAP 的公司之间的会计总额的可比性，这两种方法分别以股票价格、股票收益率和现金流量作为经济输出，以净利润和权益账面价值的多种组合作为会计总额。他们选择股票价格和股票收益率作为经济输出，因为它们是对权益价值及其变化的一个总体衡量，其反映了投资者的资本配置决策，并由此在会计研究中被广泛使用来描述公司潜在的经济状况。他们选择现金流量作为经济输出，因为预测未来现金流量在权益价值的经济模型中的作用非常关键。在 FASB 和 IASB 的概念框架中明确提出，为投资者提供对资本配置决策有用的信息是财务报告的目标。因此，基于股票价格、股票收益率和现金流量的可比性评估为美国证监会提供了证据，即，为投资者提供的基于IFRS 的信息是否与基于美国 GAAP 的信息具有可比性。他们使用的这两种测算方法每一种都有其优点和缺陷。例如，尽管股票价格和股票收益率反映了跨国和跨行业的资本成本的差异，但是现金流量却没有反映这一点。而且，尽管包括会计准则在内的信息环境影响了价格形成机制，并由此影响了股票价格和股票收益率，但它也没有影响现金流量。尽管随后的现金流量在有限年度内是可获得的，但是股票价格和股票收益率反映了投资者在随后所有年度内的期望。他们选择盈余和权益账面价值作为会计总额，因为它们是对财务陈述的两个主要综合衡量，这在把会计总额和权益价值关联起来的会计研究中被广泛使用（Kothari，2011），他们使用的构建可比性测算的这种关系，把盈余及权益账面价值与股票价格联系起来，把盈余及其变化与股票收益率联系起来以及把盈余与现金流量联系起来。

Barth 等（2012）使用的测算可比性的第一种方法称为“会计系统可比性”，定义为：如果一个以会计总额（例如盈余）的映射为基础估计出的经济输出（例如股票价格）与以另一个系统的映射为基础估计出的经济输出相同，那么会计总额就是可比的（De Franco et al.，2011）测算可比性的这一方法被美国证监会用于确定执行 IFRS 的会计总额与美国财务报告系统的匹配程度。

对股票价格和股票收益率的度量是以执行美国 GAAP 和执行 IFRS 而导致的配对股票价格和股票收益率的差异为基础的，执行美国 GAAP 和执行 IFRS 为每一家公司的盈余和权益账面价值以及盈余及其变化进行了多元化的定价。类似的，对现金流量的度量是以执行美国 GAAP 和执行 IFRS 而导致的随后配对现金流量的差异为基础的，执行美国 GAAP 和执行 IFRS 能够用现金流量来预测每一家公司的盈余。对于执行美国 GAAP（IFRS）的公司，会计总额在美国 GAAP（IFRS）财务陈述中被报告。因为他们为执行美国 GAAP 和执行 IFRS 的公司在配对股票价格（股票收益率、现金流量）中构建了差异，他们为股票价格（股票收益率、现金流量）计算了会计系统可比性。如果两个会计系统中的会计总额是可比的，那么以每一个系统的多元化执行为基础的配对股票价格、股票收益率、现金流量的差异将显著为 0。Barth 等（2012）分 6 步来构建了会计系统可比性的测算。第一步，分别对执行美国 GAAP 和执行 IFRS 的公司估计了股票价格（股票收益率、现金流量）与盈余和权益账面价值（盈余及其变化、盈余）之间的关系。第二步，对于每一组配对公司，例如执行美国 GAA 和执行 IFRS 的公司，计算了样本内的配对股票价格（股票收益率、现金流量）。第三步，对于每一家公司，使用其他配对公司的组合来计算了配对股票价格（股票收益率、现金流量）。第四步，对于每一组配对公司，计算了从第二步和第三步得到的配对股票价格（股票收益率、现金流量）的差异的绝对值。第五步，对于由执行 IFRS 的公司和与其配对的执行美国 GAAP 和公司组成的每一对年度样本，计算了从第四步得到的配对股票价格（股票收益率、现金流量）的差异的平均值。第六步，基于从第五步得到的平均差异的平均值、中位数和标准差，作为股票价格、股票收益率、现金流量的可比性度量。

Yip 和 Young（2012）检验了欧盟强制采用国际财务报告准则（IFRS）是否提高了欧洲 17 个国家的会计信息可比性，其使用的衡量会计信息可比性的 3 个代理指标之一就是会计函数的相似性。他们对可比性的测算根据 De Franco 等（2011）的研究进行了一定的修改。他们把 DeFranco 等（2011）的方程中的被解释变量由盈余 *Earning* 替换为了总资产收益率 ROA，从而估计了每一家公司的会计函数：

$$ROA_{it} = \alpha_i + \beta_i RET_{it} + \varepsilon_{it} \tag{3-6}$$

该测算方法的其他方面与 De Franco 等（2011）的方法相同。此外，Shane 等（2014）在对财务报告可比性与公司增发股票估值之间关系的研究中，对可比性的测算方法也与 De Franco 等（2011）的方法基本相同。

3.2.2　基于盈余质量的测算方法

Francis 等（2014）在他们的研究中对会计可比性的定义是，两家公司由于受到执行跨公司会计准则的一致性作用而导致的报告盈余的接近程度。这意味着在同行业同年度的一对公司中，由于受到相同的经济冲击，它们具有类似的应计和盈余结构。但是，由于在对会计准则的解释和执行上存在摩擦，这降低了公司之间的可比性。他们的研究聚焦于审计师的作用，指出每一家四大审计师事务所都有它自己独特的内部工作规则，这对审计师执行审计准则和会计准则起着引导和标准化的作用。这些工作规则产生了“审计风格”，从而进一步认为审计师事务所在它们的审计方法、对会计准则的解释和执行方面具有系统性的差异。他们主要使用了两种方法来测算会计可比性。第一种方法是，对被同一家四大审计师事务所审计的一对公司的年度总应计（异常应计）和被不同四大审计师事务所审计的一对公司的年度总应计（异常应计）之间的差异进行检验。第二种方法是，测算相同行业内一对公司的盈余随时间共变的程度。他们检验会计可比性的第一种方法是对相同行业内同一时期的一对公司的相似性或“应计的接近程度”进行检验。这种方法以之前的可比性研究为基础并进行了扩展，即，检验横截面水平上的同时期的相似性，例如权益和价格乘数的收益，并研究了公司特有的跨国收益乘数的趋同。除了把审计师作为在一个国家内提高可比性和盈余趋同的一个制度因素之外，他们的方法在概念上与之前的研究是类似的。

Francis 等（2014）的分析检验了应计，因为应计是盈余在操控性下的主要组成部分，也是在审计师最直接影响可比性过程中的组成部分。其前提是，相同行业相同年度内的被同一家四大审计师事务所审计的两家公司，它们归因于审计方法的应计调整的类型更有可能相同，且它们在执行 GAAP 时会做出相同的会计选择和调整。然后，这些公司的应计结构比被不同审计师（它们的审计风格效应是随机的）审计的两家公司具有更高的相似性。对于同一年度同一行业内给定的配对组公司，他们测算了总应计的相似性，如下：

$$Diff\_Total\_Accruals_{ijt} = abs(Total\_Accruals_{it} - Total\_Accruals_{jt}) \quad (3-7)$$

其中，$Diff_Total_Accruals_{ijt}$是 t 年度同一行业内配对组公司总应计之间差额的绝对值。他们对相同行业和年度的每一组配对公司 i 和 j 计算了可比性。他们对经济基础因素和外部冲击进行了控制，因为在其他条件不变的情况下，他们对相同行业和年度的配对组公司的分析检验是相似的。

他们检验会计可比性的第二种方法是检验相同行业内一对公司的盈余随时间共变的程度。这一方法较少受到影响应计差异测算的变量缺失的限制。他们使用基于 De Franco 等（2011）的特定方法，用同一行业内的两家公司的盈余随时间共变的程度来测算可比性。然后，用如下回归的调整R^2来测算共变的程度：

$$Earnings_{i,q} = \alpha_{0ij} + \alpha_{1ij}Earnings_{j,q} + \varepsilon_{ijq} \tag{3-8}$$

其中 *Earnings* 是公司 i 和公司 j 在季度 q 的特殊项目调整前的利润（用平均总资产标准化）。对于相同行业内的每一对公司，用连续16个季度的数据进行回归。用方程（3-8）的调整R^2来衡量公司 i 和公司 j 之间的会计可比性，此后称为盈余可比性共变，即 *ECOPM_COV*。这一值越高，表示这一对公司之间的盈余可比性越高。

盈余共变测算法有一个潜在的局限，即它没有明确地控制经济冲击，而这对独立出会计可比性是很重要的。在 De Franco 等（2011）之后，他们用三种方法应对了这一疑问。第一，他们对同一行业内的公司配对组分年度进行了分析，以此控制了共同的经济基础因素和冲击。第二，他们控制了每一对公司的相同时期的现金流量变化，这与 *ECOPM_COV* 的测算方法类似。特别地，除了把模型（3-8）中的 *Earnings* 替换为 *CFO* 之外，他们用与得到 *ECOPM_COV* 相同的方法得到了 *CFO_COPM_COV*，即季度经营活动产生的现金流量净额与期初市场价值的比值。第三，他们控制了每一对公司相同时期的月股票收益率变化（*RET_COV*），其测算方法与 *ECOPM_COV* 类似。股票收益率反映了经济冲击，并进一步控制了应计潜在的经济基础因素效应。

与 Francis 等（2014）的研究类似，Mohseni 等（2014）在研究伊朗和美国公司的财务报告在应计和盈余结构上的可比性时，使用了与前者相同的测算方法。

3.2.3 基于信息传递的测算方法

Yip 和 Young（2012）在对欧盟强制采用国际财务报告准则（IFRS）是否提高了欧洲17个国家的会计信息可比性的研究中，使用了一种代理变量——信息传递的程度，来衡量会计信息可比性。他们指出，之前的研究发现，在相同的行业和国家里，公司释放出的信息与其他公司的收益之间的关系是相同的。例如，信息传递已被证明与盈余公告、股票拆分公告、管理层业绩预告以及公司证券产品相关。这些信息传递之所以会发生，是由于一家公司的不被公众事先获知的信息公告、重新评估未公告公司价值的股票市场反应以及对股票价格的调整所引起的。在盈余公告中，信息传递发生的一个重要条件是可比的会计盈余。如果盈余不可比，那么由于一个较低程度的信息传递，一家公司的盈余公告对预测其他公司的价值就几乎没有作用。所以，信息传递的程度反映了信息可比性的程度。

他们使用事件研究法，以报告的盈余与事前预期盈余之间的差额，为一家进行盈余公告的公司测算了非预期盈余。事前预期盈余的代理变量是在盈余公布之前的一个月内分析师盈余预测的平均值，这个数据可以从IBES 数据库获得（在检验中他们仅使用了年度的非预期盈余，因为对于大多数样本公司，半年度数据和季度数据是无法获得的）。他们使用如下模型，计算了一家没有进行盈余公告的公司在进行了盈余公告的公司公布盈余的前后共 3 天的异常股票收益：

$$U_{it} = RET_{it} - (\alpha_i + \beta_i RET_{mt}) \tag{3-9}$$

其中 U_{it}是公司 i 在第 t 天的异常股票收益，RET_{it}和 RET_{mt}分别是公司 i 在第 t 天的股票收益和公司 i 的国内市场的市场收益。他们使用 [-185，-6] 天（第 0 天是进行盈余公告的公司发布盈余的日期）的数据，为每一个财务年度分别估计了系数 α_i和 β_i。未进行盈余公告的公司的累计异常收益是它在进行了盈余公告的公司公布盈余的前后共 3 天的异常收益之和。为了降低未进行盈余公告的公司组的预测误差的横截面相关性，他们在实证分析中使用所有未进行盈余公告的公司的累计异常收益的平均值。

为了得到检验跨国可比性的相似性的一个样本，他们首先识别了包含至少 2 家公司的不同国家的所有行业。根据盈余公告日期，对每一行业内的公司进行了排序。公司盈余公告的窗口期 [-1，1] 不能与其他任何公司相重叠，以避免出现未进行盈余公告的公司在同一天内对多个盈余公告产生反应的情形。进行盈余公告的每一家公司都与资产规模接近且盈余公告日期比它较晚的国外公司进行配对。通过这种方法，他们得到了 744 个配对的年度观测值。同样，为了得到检验跨国可比性的差异性的一个样本，他们对制造业中进行盈余公告的每一家公司都与资产规模接近且盈余公告日期比它较晚的国外服务业公司进行了配对，反之亦然。这个样本包括了 910 个配对的年度观测值。在这两个样本中，他们对同一国家的配对实行了相同的程序，分别产生了 195 个和 630 个配对的年度观测值，以此来检验同一国家的可比性的相似性与差异性。

3.2.4　基于价值相关性的测算方法

Barth 等（2012）将其使用的测算可比性的第二种方法称为“价值相关可比性”，定义为：如果它们解释了经济输出中的相同的变化，那么会计总额就是可比的。这一方法也为美国证监会提供了关于基于 IFRS 的会计总额和基于美国 GAAP 的会计总额是否可比的证据，因为价值相关性是对“会计总额是如何很好地反映一个公司潜在的经济环境”的一个综合衡量方法。

Barth 等（2012）基于股票价格对权益账面价值和净利润回归的解释力、股票收益率对净利润及其变化回归的解释力以及未来现金流量对净利润回归的解释力，测算了他们的价值相关可比性。他们用包括混合效应的每一个完整模型（除了会计总额之外）的解释力的差异，以及仅包括这一混合效应的嵌套模型的解释力的差异，构建了对可比性的每一个测算。进行此操作的动机是，在影响价值相关可比性的测算中减轻跨国和跨行业的平均股票价格、股票收益率以及未来现金流量的差异。于是，每一个测算都仅反映了会计总额对因变量的解释力。

他们的第一个价值相关性度量——价格，是以每股净利润 NI（特殊项目调整前）和每股权益账面价值 BVE 对股票价格进行回归的解释力为基础的。特别地，他们的第一个价值相关性度量是方程（3－10）的调整 R^2 和方程（3－10）的仅包括 C_j 和 I_k 的嵌套版本的调整 R^2 之间的差异。

$$P_{i,t} = \beta_0 + \beta_1 BVE_{i,t} + \beta_2 NI_{i,t} + \sum \beta_{3j} C_j + \sum \beta_{4k} I_k + \varepsilon_{i,t} \quad (3-10)$$

其中，$CJ(IK)$ 是虚拟变量，如果公司位于国家 j（行业 k），则等于 1，否则等于 0。i 和 t 表示公司和年度。

他们的第二个价值相关性度量——股票收益率，是以净利润及其变动（用期初股票价格进行标准化）$Nit/Pt-1$ 和 $\Delta Nit/Pt-1$ 对年度股票收益

Return 进行回归的解释力为基础的。特别地，他们的第二个价值相关性度量是方程（3－11）的调整 R^2 和方程（3－11）的仅包括 C_j 和 I_k 的嵌套版本的调整 R^2 之间的差异：

$$Return_{i,t} = \beta_0 + \beta_1 N_{it}/P_{t-1} + \beta_2 \Delta N_{it}/P_{t-1} + \beta_3 LOSS_{it} + \beta_4 LOSS_{it} * N_{it}/P_{t-1} + \beta_5 LOSS_{it} * \Delta N_{it}/P_{t-1} + \sum \beta_{6j} C_j + \sum \beta_{7k} I_k + \varepsilon_{i,t} \quad (3-11)$$

Return 是从财务年度结束前 9 个月到下一个财务年度前 3 个月之间的股票价格累计变动百分比（经过股息和股票拆分的调整）。他们使用了虚拟变量 *LOSS*，这允许 N_{it}/P_{t-1} 和 $\Delta N_{it}/P_{t-1}$ 的估计系数与 *LOSS* 公司有所不同。如果 N_{it}/P_{t-1} 为负，则 *LOSS* 等于 1，否则等于 0。

他们的第三个价值相关性度量——现金流量，是以滞后一期的净利润对现金流量进行回归的解释力为基础的。特别的，他们的第三个价值相关性度量是方程（3－12）的调整 R^2 和方程（3－12）的仅包括 C_j 和 I_k 的嵌套版本的调整 R^2 之间的差异：

$$CF_{i,t+1} = \beta_0 + \beta_1 N_{it}/ TA_{i,t-1} + \sum \beta_{2j} C_j + \sum \beta_{3k} I_k + \varepsilon_{i,t+1} \quad (3-12)$$

其中 CF 是经营活动产生的现金流量净额，用滞后一期的总资产 TA 进行标准化。

Yip 和 Young（2012）使用了 Ohlson（1995）的模型，用公司的净利润和权益账面价值对公司的市场价值进行回归，来检验盈余的信息含量（*ICE*）和权益账面价值的信息含量（*ICBV*）对于不同公司而言是否具有相似性：

$$MV_{it} = \beta_0 + \beta_1 NI_{it} + \beta_2 BV_{it} + \beta_3 D^x + \beta_4 D^x * NI_{it} + \beta_5 D^x * BV_{it} + \varepsilon_{i,t} \quad (3-13)$$

其中，MV_{it} 是财务年度期末的权益市场价值，NI_{it} 是净利润，BV_{it} 是权益账面价值。这三个变量都用未偿付的普通股股数进行标准化。D^x 是虚拟变量，当 x 是国家指标时取值为 1，当 x 是行业指标时取值为 2。如果回归结果的估计系数 β_4 和 β_5 显著，则表示来自不同组的公司分别具有不同的 ICE 和 ICBV，从而具有较低水平的信息可比性。为了检验跨国信息可比性的相似性，他们用所有可能的配对国家的每一个行业的执行 IFRS 之前时期和执行 IFRS 之后时期的数据分别对模型（3－13）进行了估计。如果 $\beta_4(\beta_5)$ 是不显著的（5%的双尾置信水平），那么指定 ICE（ICBV）的可比性得分为 1，否则为 0。这一过程得到了 210 个回归结果，从而分别为执行 IFRS 之前时期和执行 IFRS 之后时期的 ICE 和 ICBV 各得到了 210 个可比性得分。

为了检验跨国信息可比性的差异性，他们用所有可能的配对国家的制造业和服务业中执行 IFRS 之前时期和执行 IFRS 之后时期的数据分别对模型（3－13）进行了估计。回归结果使每一个时期的 ICE 和 ICBV 各得到了 64 个可比性得分。为了估计模型（3－13）样本公司必须通过变量 D^x 仅与行业类别或国家维度之中的一个有所不同。但是，这一途径对检验跨国可比性的差异性并不适用，因为样本公司来自不同的行业和国家；同样，这一途径对检验相同国家内的可比性的相似性也不适用，因为样本公司既来自相同的行业，也来自相同的国家。

3.2.5　基于评级机构调整的测算方法

Kim 等（2012）指出，之前的研究显示，财务报告可比性提高了市场参与者对公司价值进行评估的准确度，从而降低了公司的资本成本。与之前聚焦于权益市场的研究不同，他们进行了与债券市场参与者有关的可比性的实证检验。他们基于穆迪（Moody's）调整的行业内部变化，以信用评级为目的来报告会计数字，检验了两个重要而又彼此独立的调整：（1）利息保障倍数；（2）非经常项目收入。他们首先验证了可比性的测算方法，这为较高的可比性与由信用评级机构作出的信用评级的较低频率和量级有关提供了证据，其中信用评级机构是债券市场参与者的唯一信息来源。然后，检验了可比性对债券市场参与者的作用，他们预期并发现，更高的可比性与以下 3 方面有关：（1）交易债券的较低估计价差；（2）债券和五年期信贷违约掉期的较低的信用利差；（3）较激进的一年期到五年期信贷违约掉期的期限结构。其控制了债券契约的特性、债券或公司评级、同行业集团经济的相似性，以及其他一些特征。他们的结果与“财务报告的可比性降低了债券市场参与者的不确定性及公司定价的信贷风险”这一结论一致。

如果报告的会计数字对市场参与者来说是不够可比的，市场参与者就会经常调整这些数字来使其更加可比。Kim 等（2012）已提到过一个例子：信用评级机构会调整这些数字，并对未来进一步进行细节的讨论。其他的例子包括债务契约——对净值和净利润做出不同的调整来降低股权人和债权人之间的冲突及其他契约问题（Li，2010）证券分析师会调整当前的现金流量和盈余，以此来更好地预测未来现金流量和盈余。在财务分析的教材中，会计学术研究也对调整会计数字使其更具有可比性进行了举例阐释。

Kim 等（2012）对可比性的测算以公司会计数字的穆迪调整为基础。根据穆迪的陈述，它调整财务报告的数字"更好地反映潜在的交易和事项的经济状况，并提高财务报告的可比性"。穆迪是信用评级机构的代表，它使用调整后的会计数字来计算财务比率，并把经调整的更具有可比性的财务比率作为评级的基础。穆迪标准调整适用于经营租赁的资本化、资本化利息的费用化、对股票和债务混合的重新分类、证券追索权引起的销售撤销、资金不足的养老金固定收益计划的确认、员工股票补偿费用的确认、对基于后进先出法的存货的重新估值以及对异常项目和非经常性项目的单独列示。

Kim 等（2012）把相同行业内的会计数字较小的调整变化视为较高的可比性，因为市场参与者能够对某一行业内的会计数字进行更多的标准化计算和比较。与此相反，较大的调整变化表示，市场参与者在有效利用会计数字进行财务分析时需要更多的自我判断。不同的市场参与者可能做出不同的调整，一些市场参与者可能并不具备技能或并不愿意花费必要的成本去做这些调整。

3.2.6 基于会计准则选择的测算方法

Taplin（2011）进一步使用了协同指数来测算会计政策可比性。他指出，协同指数，例如 H、C、I 和 T 指数，在会计文献中被发展和使用来测算会计账户的可比性。指数的开创性研究是 Van（1988）提出的 H、I 和

C 指数，其中 H 指数借鉴的是产业研究中的集中度指数，其背后的逻辑是如果公司在不同的会计方法中集中选择某一种或者几种方法，就提高了会计信息的可比性。

Taplin（2011）反驳了在会计文献中对协同指数的批判，认为这些批判：①仅适用于旧指数而不适用于新指数；②适用于大多数实证会计研究；③是以不正确或不相关的确认为基础的；④与可替换的协同定义有关。这促进了协同指数的应用和解释，并促进了其对可比性含义的理解。在 T 指标框架下，由于直接比较公司账户并由此回避之前对“会计方法”定义的要求，于是也提出了新的指标。当一个国家内的会计统一性缺失的时候，一个新的指标 R 也被提出用来描述国家之间的跨国协同。

T 指数被解释为随机选择的两家公司的账户之间具有可比性的概率。例如，0.6 表示使用者仅仅发现 60% 的公司组是可比的。在 T 指数框架下，他通过两个特征来决定一个特殊指标：

（1）可比的会计账户是如何使用不同的会计方法的。

（2）哪些公司组是可比的。系数 α_{kl} 表示会计方法 k 和 l 之间的可比性程度，当这两种方法完全不可比时，其值为 0；当这两种方法完全可比时，其值为 1。系数 β_{ij} 表示对国家 i 的一家公司与国家 j 的一家公司进行比较的权重。例如，指定 β_{ii} 等于 0，将导致国家 i 的两家公司之间不进行比较；对所有的 i 都指定 β_{ii} 等于 0，将导致仅在来自不同国家的两家公司之间才进行比较。

$$T = \sum_{i=1}^{N}\sum_{j=1}^{N}\sum_{k=1}^{M}\sum_{l=1}^{M}\alpha_{kl}\beta_{ij}p_{ki}p_{lj} = \sum_{i=1}^{N}\sum_{j=1}^{N}\beta_{ij}T_{ij} \tag{3-14}$$

其中，

$$T_{ij} = \sum_{k=1}^{M}\sum_{l=1}^{M}\alpha_{kl}p_{ki}p_{ij} \tag{3-15}$$

在公式（3－14）和公式（3－15）中，α_{kl}是会计方法 k 和 l 的可比性系数（我们假设，两家公司使用相同的会计方法时具有完全可比性，两家公司使用不同的会计方法时完全不具有可比性），β_{ij}是对国家 i 和国家 j 之间公司进行比较的权重，p_{ki}是国家 i 的公司中使用会计方法 k 的比例，p_{lj}是国家 j 的公司中使用会计方法 l 的比例，T_{ij}是国家 i 和国家 j 之间的协同程度（$i\neq j$），T_{ii}是国家 i 之内的协同水平（称为国家 i 的国家协同）。α_{kl}

和 β_{ij}的取值范围都是［0，1］，β_{ij}的各个取值之和为 1，且有 N 个国家（标记为从 1 到 N）和 M 种会计方法（标记为从 1 到 M）。

更复杂的指数允许以下一种或多种可能性出现：

（1）如果 $\alpha_{kl}=1$，且 $k\neq l$，那么两种会计方法完全可比。

（2）如果 $\alpha_{kk}=0$，那么使用相同会计方法的两家公司完全不可比（例如，因为它们都没有披露各自的会计方法）。

（3）如果 α_{kl}严格处于 0 到 1 之间，且 $k\neq l$，是因为一家使用会计方法 k 的公司与一家使用会计方法 l 的公司“部分可比”。

（4）如果 α_{kk}严格处于 0 到 1 之间，是因为使用相同会计方法的两家公司“部分可比”（例如因为部分披露，诸如披露了直线折旧法，但没有披露折旧年限）。

（5）所有公司的权重都是相等的，即 $b_i=n_i/n$，其中 n_i是样本中国家$_i$的公司数量，n 是样本中公司总数量，这样 b_i就是样本中来自国家 i 的公司数量在样本中的比例。这意味着一个国家的权重是样本中该国公司数量占样本总量的比例。

（6）所有国家的权重都是相等的，即 $b_i=1/N$，其中 N 是国家数量。

（7）国家的权重根据每一个国家中的公司数量来确定。$b_i=u_i/\sum u_i$，其中 u_i是国家 i 的公司数量（该国证券交易所的上市公司总数，而不是样本中的公司数量）。

与 Taplin（2011）的理念类似，DeFond（2011）在研究强制执行 IFRS 与国外共同基金投资的关系时，定义一家公司的会计准则统一性是使用相同（统一）会计准则的业内同行的数量。

3.2.7 基于会计政策披露的测算方法

Peterson 等（2012）检验了重大会计政策中的相同和差异，即，不同公司之间及不同时期的重大会计政策的可比性是如何影响盈余属性的。FASB（1980）对可比性的定义是：一种信息质量，能使使用者在两种经济现象中识别出相同和差异。尽管两种信息并没有相似之处可供比较，但在学术上和实务中经常广泛地使用“可比性”来表示类似之处。与惯用语一致，他们使用“可比性”及类似的词语“可交换性”。他们注意到“一致性”也被经常用来表示不同时期的可比性。特别地，他们使用了一个矢量空间模型（Salton et al.，1975）来测量相似性。

他们在两个维度上分析了会计政策可比性：（1）相同行业内一家公司与其他公司之间会计政策的可比性；（2）同一家公司不同时期会计政策的一致性。为了测算不同公司之间的会计可比性，他们计算了一家公司与同行业内其他每一家公司之间的会计政策披露的可比性，该公司与同行业内其他每一家公司的可比性的中位数就是他们测算的该公司的可比性指标。为了测算同一家公司不同时期会计政策的一致性，他们计算了一家公司的会计政策与该公司前一年的会计政策之间的可比性，他们使用可比性数值的平均值作为该公司样本期间的时间序列的可比性（他们在跨公司层面上使用平均的可比性来消除极端影响，但是在时间序列检验中使用中位数的可比性，这是因为其对全部时间序列中的会计政策变化都感兴趣，特别是可比性较低的年度。不管使用平均值还是中位数，报告的结果都是大概一致的）。

对会计信息进行比较的目的是识别和解释相同与差异，这是一个合乎要求的会计特征。FASB 目前关于概念框架的新的征求意见稿提出了一个类似的声明，即：对一个相关经济现象的真实表述与另一个经济实体对一个类似相关的经济现象的表述相比，应该自然而然地具备一些可比性的程度（FASB，2008）。对重要会计政策的披露能帮助财务报告使用者识别和解释不同公司之间的相同和差异，在这一点上，会计政策的补充说明似乎是有用的。事实上，他们预期，会计政策可比性将产生类似的会计输出，例如盈余。

而且，一家公司的会计政策的可比性（不论是横向的还是纵向的）越低，它们盈余属性的类似性也越低。

Peterson 等（2012）对会计信息可比性的测算方法显得别具一格，他们通过使用矢量空间模型来测算会计可比性，这一模型在计算机科学领域中被广泛使用，使得文本或文档变得可比（Salton et al.，1975）这一模型也被 Brown 和 Tucker（2011）使用来分析决策随时间的相似性。他们使用这个模型，针对年度财务报告附注中的会计政策披露，然后从 Edgar 数据库中获得了 10K 的文档。这个模型通过剔除文本中的禁用词和阻止剩余词，以在文本中发现的独有词为基础而把文本转换为一个矢量。禁用词是指并不增加信息含量的普通词语，例如“和”“将”“因为”“那”等。“阻止”是一个过程，用来移除词语的后缀形式来得到根词，典型的后缀包括“s”、“ed”、“ing”、“ion”。对于矢量中一个特定词语的取值，如果被阻止的词语在文本中出现，则等于 1；如果缺失，则等于 0。

通过测算不同矢量之间角度的余弦值，他们可以对两个不同的文本进行比较。通过如下的 V_1 和 V_2，余弦值测算了两个文本之间的相似性：

$$\cos\theta = \frac{\nu_1 \cdot \nu_2}{||\nu_1| \cdot |\nu_2||} \tag{3-16}$$

其中，$V_1 \cdot V_2$表示标量积，$||Vi||$表示矢量范数（$\sqrt{V1 \cdot V2}$）。余弦的值域是［0，1］，其中 0 表示两个文本之间没有任何相似性，1 表示两个文本使用了完全相同的词语。他们使用这一余弦值测算了会计可比性。对于不同公司的文本，他们计算了一家公司与相同行业内其他每一家公司的余弦值，其值的中位数即为该公司的会计政策可比性。对于时间序列，他们使用公司当前和前一年的披露来计算了余弦值，他们采用时间序列检验中的余弦值的平均值作为公司在样本期间的可比性。

当然，对这一测算方法也存在着较大的争议。Brown 和 Tucker（2011）认为，使用不成熟的余弦评分法是有问题的，因为随着披露长度的增加，余弦值是增长的。其指出，更长的披露导致更高的相似性评分，因为词语出现在每一个披露中的概率会更大。为了应对这一疑虑，Peterson 等（2012）通过使用披露长度的泰勒扩展式来回归出披露长度的效应，从而调整了他们的相似性评分。他们在研究中使用了两种不同的方法来应对关于披露长度的疑虑（可能有人认为会计政策披露是样板式的披露，且同一行业内的不同公司之间不会有明显的变化。他们在未报告的结果中注意到，披露长度在行业内具有明显的变化：会计政策披露长度的均值是 2668 个词，而行业内披露长度的标准差是 1577 个词）。第一，他们回归出了披露长度的效应，通过这一方法来调整了他们的横向可比性和纵向可比性。第二，在过滤掉在披露中存在的但在会计词典中未出现的词语之后，他们也计算了横向可比性和纵向可比性。他们使用一套综合会计准则中的全部词语来创造了这一词典（这些会计准则包括：美国财务会计准则公报，美国财务会计准则委员会紧急问题工作组，美国会计准则和原则委员会意见，会计研究公告，美国财务会计准则委员会技术公告，美国财务会计准则委员会立场公告，美国财务会计准则委员会解释，美国注册会计师协会实务公告，以及美国注册会计师协会意见陈述)。这潜在地消除了公司会计政策因包含更多词语而表现出更高相似性的效应。不论是使用 Brown 和 Tucker（2011）的方法，还是使用词语过滤的方法，都产生了在性质上相似的结果。

Peterson 等（2012）认为，他们对可比性的测算至少在三个方面与 De Franco 等（2011）不同。第一，Peterson 等（2012）的测算是对会计可比性的输入的测算，而 DeFranco 等（2011）更多的是输出的测算。De Franco 等（2011）通过使用基于会计政策可比性的输入来讨论差异，他们特别提到研究者必须使用这样一种测算来作出不同的决策选择，而且对于这些测算来说，数据很难获得。Peterson 等（2012）的测算减弱了这些担忧，但是他们的测算确实简化了关于文本相似性的假设。第二，DeFranco 等（2011）的测算把全部会计政策程序以及对盈余的净效应都进行了合并，而 Peterson 等（2012）的测算依赖于对政策的描述而并不一定依赖于它的程序。例如，两家公司可能描述相同的商誉减值的会计政策，但是，政策执行中的细节（例如公允价值计量）在确定两家公司是否具有相似的会计处理上起着重要作用（在有必要进行判断的情况下，可能很难确定不同的会计处理是否造成了不同公司之间会计规则执行的差异或真实经济的差异)。最后，当输出的可比性在经济上可能更有意义时，DeFranco 等（2011）在盈余上强加了一个函数形式，这可能并不准确，也有可能描述了除了诸如投资者在股票收益率期初对盈余预期之外的其他额外效应、增长前景以及市场的非效率。Peterson 等（2012）通过测算财务报告中对会计政策文本描述的相似性，从而回避了这些担忧。

就 Peterson 等（2012）的模型来看，他们认为基于矢量空间模型的可比性测算有一些优点和缺陷。一个重要的优点是，它通过现实的计算要求，提供了对会计政策可比性的客观衡量。而且，既然他们的目标是对会计输入的效应进行理解，那么基于会计政策描述的测算方法就描绘了这些输入的性质。尽管如此，也存在一些缺陷。最明显的缺陷是，这个模型对语义学不敏感，也就是使用不同的词语表达类似的意思将导致不匹配。而且，这一模型仅能识别词语而不能识别短语，尽管在某些情况下，短语可能比词语更好地反映相似性。例如，当把短语“递延收入”“递延融资”“递延税金”拆分为独立的词语时就很明显了，这消除了短语的固有含义。这个模型也没有评估出词语在文本中的位置，这样，讨论不同会计政策的两个相同的词语就被识别为类似性。例如，对“摊销”这个词语的使用就可以涉及无形资产的摊销或债券溢价/折价的摊销。这一测算也把所有的词语（除了禁用词）都视为同等重要，但是在识别相似性时，它能确定特定的词语/短语比其他的词语/短语更重要。所有的这些缺陷都增加了他们测算的噪声，也对发现会计政策可比性和盈余属性之间的关系研究产生了偏误。与操控性应计的文献进展相似，他们希望未来的研究能够改善或提高该文介绍的会计政策可比性的测算方法。

第 4 章　数字化转型的现状特征与高质量发展的指标测算

4.1　我国企业数字化转型测度的现状分析

考虑到实际情况，在对数字化转型的科学内涵产生足够了解的基础上，参照戚聿东等（2020）在数字化转型方面构建的理论框架，对我国企业数字化转型的技术内涵进行综合分析，从五个数字化核心模块入手测算与检验企业数字化转型。

4.1.1　基于文本分析法的我国企业数字化转型测算

1. 测算方法和数据来源

（1）文本分析。首先，要保证变量设计的合理性，利用 Python3.10 软件从巨潮资讯网站对沪深交易所 A 股上市企业的相关数据信息进行分析，从 Pdfplumber 库中获取需要的文本信息，从 Jieba 库中找到需要的年报词典，将此视作数据池为下一步筛选特征词且统计词频做好准备。其次，对关键政策文本进行分析，结合代表性较强的企业文本，为制造企业数字化找到高频特征词，由此获得高频关键词典。最后，在结构化分类时按“数字技术—商业模式”进行，把能描述企业数字化特征的词汇进行类型划分，把数字化技术及相关应用当成重要的测评指数，以便于得出综合测评结果。

（2）数据来源。3G 商用化的实现，在振兴与发展经济过程中，移动互联网行业的价值不断突显，成为强大的新动力，以数字化为基点衍生出一系列新产品、新概念。然而，制造企业并没有建立正确的数字化认知，只是局限于“互联网 +”、ERP、OA 等方面，重点对某项技术或系统表示关注，存在认知单一与片面的情况，没有对数字化形成整体认知，也没有形成战略认同。在最近十多年间，数字技术大面积推广，企业在生产经营管理中搭建了庞大的数据管理、云制造创新等平台，也引入一系列先进的数字化工具，为数字化研究的开展提供了良好条件。本研究从 2015 ~ 2021 年这段时间内选择文本样本，选取 1259 家企业为样本，数据量共计 11331 条。这些数据来自企业发布的年报、CSMAR、Wind 等数据库。

2. 关键词选取和指标构建

（1）选取关键词典。在为制造企业选取数字化特征词方面，以过往学者的经验为依据，也重点关注现实发展情况。为此，对影响力比较大的与数字化研究有关的文献资料进行细致研读，参照戚聿东等（2020）构建的理论框架，确定“ABCDE”五个核心模块，五个字母分别指代人工智能、区块链、云计算、大数据、商业模式，为测度我国企业数字化发展程度构建完善的指标体系，在该体系中对与数字化有关的关键词进行整理与分类，由此形成词典。在此之后，对最近一段时间内各级政府下发的政策文件、政府工作报告中选择与我国企业数字化发展有关的部分，这些政策文件中的内容涉及我国企业优质企业培育、“上云用数赋智”行动、中小企业数字化发展、数字化转型趋势、建材工业智能制造等方面的内容，并以“十四五”规划为蓝本，围绕数字化转型这一核心构建关键词库。同时，对在数字化转型方面取得成绩的优秀企业发布的年报进行细致分析，重点对五粮液、格力等企业的数字化信息表达方式进行分析，进一步完善数字化转型特征词库。在此基础上，以“数字技术—商业模式”为参照实施结构化分类，从数字化相关特征词库中选取不包含商业模式、数字技术的部分为工具变量。同时，把关键词中在表达方面含有否定词的部分、不属于“数字化转型”的部分进行剔除，包括供应商、股东等，见表 4 - 1。

表 4 - 1　　　　制造企业数字化指数构建及关键词选取

指数	维度	分类词语	高频关键词典
制造企业数字化转型指数（Z1）	数字技术（D1）	人工智能技术（Artificial Intelligence）	人工智能（AI）、商业智能（BI）、计算机视觉（CV）、投资决策辅助系统、智能机器人、专家系统、机器学习、语义搜索、生物识别技术、人脸识别、身份验证、无人驾驶、自动驾驶、电子设计自动化（EDA）、自然语言处理（NLP）、客户关系管理（CRM）、制造资源管理系统（EPR）、企业资源管理（ERP）、生产信息化管理系统（MES）、数字控制（NC）、办公自动化（OA）、产品生命周期管理（PLM）、机器人流程自动化（RPA）、企业资源管理软件系统（SAP）、财务系统、财务管理系统、金蝶（EAS）、用友（U9）、智能化、智能办公、智能技术、智能识别、智能制造、智能终端、机器人、自动化控制、智能装备、智能车间、智能工厂、智能决策、柔性化、集成化、数控化、精细管理、产业智能、智能系统、智能运维、智能仓储
		区块链技术（Block Chain）	区块链、数字货币、分布式计算、差分隐私技术、分布式通信、共识机制、智能金融合约、分布式控制系统（DCS）、基础设施即服务（IaaS）、平台即服务（PaaS）、点对点分布式技术（P2P）、虚拟货币
		云计算技术（Cloud）	云计算、雾计算、雾霾计算、边缘计算、内存计算、多方安全计算、类脑计算、认知计算、编程模型、融合架构、SOA 架构、十亿级并发系统、EB 级存储、物联网、云存储、云联网、云平台、云迁移、上云、云的技术、云光、边缘基础设施、服务器虚拟化
		大数据技术（Big Data）	大数据（BD）、数据技术、数据挖掘、数据存储、数据可视化、异构数据、征信、增强现实、混合现实、虚拟现实、多级数据压缩、地理信息系统（GIS）、信息物理系统、数据库（Oracle）、数据赋能、数据可视化、数据采集、数据清洗、数据交换、数据挖掘、关系型数据库、数据驱动、数据产业、工业数据、数字化转型
	数字技术应用（D2）	企业商业模式（EBM）	医疗数字化、手机钱包、条码支付、NFC 支付、智能设备、智能车间、智能终端产品、智能能源、网联、智能节能环保、智慧物流、智能医疗、智能客服、智能家居、智能投资咨询、智慧文旅、智慧电力系统、数字控制、数字零售、无人零售、互联网金融、数字金融、金融科技、量化金融、开放银行、电子病历（EMR）、新零售、B2B、B2C、C2B、C2C 、C2M、线上对线下（O2O）、线上零售、电子商务、公众号、微信小程序、应用程序（APP）、直播、微博、移动电商（M2M）、预售、在线办公、在线教育、远程医疗、无人配送

（2）分析关键词频。表4－1中的关键词都与制造企业数字化转型有必然联系，从高频词云统计情况看，在当代企业数字化发展中，“互联网＋”是核心内容，其出现频率显著高于其他关键词。当前文献与报告把“互联网＋”“数字”当成关注重点，尽管获取了核心要素，但另外一些能体现出商业模式转型、数字技术推广等方面情况的关键词却未必能引起重视，包括智慧物流、云计算等。本研究从企业年报中提取数据并进行清洗、处理，发现许多企业只是在战略规划、愿景设定、宏观展望中使用数字化关键词，包括“区块链”“云平台”等，并没有介绍企业在运用数字技术方面的情况。第四章不仅测度制造企业数字化转型，也对其特征进行分析，但发现进行数字化生产技术改造的企业数量并不多，只是引起OA、ERP等数字化技术，数字化转型停留在浅层，尚未得到核心技术的支撑，尤其是智能硬件、新兴软件等。从总体上看，这些企业与我国企业在数字化转型方面差距较大，没有把数字化推行于生产、销售、管理、物流等方面。故而，本研究在计算机自动分析的同时也以手工方式进行筛选，确保挖掘出的关键词文本能对企业数字化信息进行描述。

（3）构建数字化转型总指数。由于搜集到的词频数据出现明显的“右偏性”，为了避免出现较大的数据落差，求出基础数据后进行对数处理，由此为企业数字化转型确定指数Z1。数字技术发展水平用D1描述，该项指数越高，表明数字技术实现了较快的发展，当该项指数为0，意味着企业尚未实施数字化。数字技术应用水平用D2描述，按同样的规则，该项指数越高，表明数字技术应用水平较高，当该项指数为0，意味着企业并没有在商业模式方面实施数字化改革。

（4）以核密度函数为基础构建地区电动机均衡动态演进指数。在非参数估计中，核密度估计是常用的一种，对这种方法的原理进行分析，在对样本数据进行拟合时需要运用平滑的峰值函数，运用连续密度曲线对随机变量的分布情况进行直观描述。在实践运用中，这种方法有较强的稳健性，不会对模型形成明显依赖，在多个方面体现出优势，尤其适用于在空间视角中实施非均衡检验。常见的密度函数如下：观测样本省区数量值为N，31个样本省份我国企业数字化指数为X_i，所有省份指数的平均值为x。核密度与带宽分别为H和k。在分析我国企业在数字化转型方面是否存在区际区别时，使用的是 Gaussian 核函数，把地理位置与经济水平相整合，把 31 个省份划分为东、中、西三个主要经济带，根据核密度分布图，对我国企业数字化发展体现出的时空规律与不均衡性进行深入分析。

4.1.2　我国企业数字化转型的特征分析

结合 A 股我国企业上市企业年报中的数字化关键词，进行挖掘、统计、测算后，得出如表 4-2 所示的数字化指数值。用一条实线沿时间轴对我国企业数字化总指数的变化情况进行描述。2015 年的数字化总指数为 1.524，在这 7 年内实现大幅上升，到 2021 年，达到 2.666，而且一直都保持良好增长态势。从中能看出，在这段时间内我国企业加快了数字化转型步伐，这种情况在 2018 年以后更为突出，这与宏观政策的引领、数字技术的日渐成熟有关。

（1）对于已经实施数字化转型的企业而言，在人工智能技术应用方面的表现最为突出，指数值有近 2 倍的增长，居于其后的是大数据技术与商业模式。然而，云计算技术应用却没有明显提升，2015 年的指数为 1.142，到 2021 年仅上升 6.27%，达到 1.305。在 2020 年，区块链技术应用指数达到高峰，波动幅度比较大。足以表明该项技术至今依然停留在发展初期，企业在实践应用方面依然在试水。通过相关指数了解到，我国企业已经沿着数字化转型之路向前走了很远。人工智能数字技术日臻成熟，为企业运营赋能，对商业模式进行重塑，但从总体上看，生态质量普遍较低，转型水平亟待提升，系统性成长速度较慢。

表 4-2　2015~2021 年我国企业数字化总指数及数字化结构

年份	数字化总指数	人工智能技术	区块链技术	云技术	大数据技术	商业模式
2015	1.524	1.117	0.193	1.142	0.541	1.077
2016	1.703	1.144	0.238	1.156	0.659	1.289
2017	2.052	1.376	0.185	1.19	0.896	1.468
2018	2.221	1.544	0.355	1.267	0.968	1.521

续表

年份	数字化总指数	人工智能技术	区块链技术	云技术	大数据技术	商业模式
2019	2.401	1.785	0.567	1.27	1.005	1.531
2020	2.544	1.926	0.638	1.316	1.038	1.555
2021	2.666	2.008	0.539	1.305	1.073	1.65

（2）表4-3汇总各个省份2021年的我国企业数字化转型指数，除了介绍总指数以外，也包含数字化结构构成。经测算对数字化结构构成有客观了解，在人工智能方面，最高指数为2.408，只有西藏尚未达到1以上；云技术指数均值为1.305，高于1和低于1的省份分别为18个、16个，海南与西藏两个省份的该项指数为0；在大数据技术方面，指数均值1.073，超过1的省份达到9个；在区块链技术方面，最低指数为0.539，能监测到这项指数的省份仅为16个；在商业化模式方面，指数均值为1.650，在五大模块中的排名为第二，所有省份的此项指数值都超过1。我国企业数字化总指数为2.666，有9个省份超出均值，包括云南、湖北、北京、上海等，这意味着在数字化转型方面，我国企业存在较大的提升空间，也表明在这方面各个省份之间有显著差异。

表4-3　2021年我国企业数字化总指数及数字化结构

省份	数字化总指数	人工智能技术指数	大数据技术指数	云技术指数	区块链技术指数	商业模式技术指数
北京	3.157	2.408	1.698	1.698	0.706	1.832
广东	3.088	2.4	1.352	1.641	0.905	1.81
上海	2.671	2.016	0.95	1.286	0.499	1.521
江苏	2.564	1.988	1.188	1.152	0.358	1.406
浙江	2.645	2.019	0.913	1.173	0.219	1.621
山东	2.626	1.899	1.052	1.272	0.758	1.799
天津	2.747	2.188	0.913	1.124	0.693	1.412
福建	2.534	1.683	1.331	1.62	0.173	1.664
四川	2.682	2.021	1.19	1.279	0.355	1.702
安徽	2.579	1.929	1.113	0.68	0.347	1.729
河南	2.632	2.002	0.791	1.145	0.597	1.572

续表

省份	数字化总指数	人工智能技术指数	大数据技术指数	云技术指数	区块链技术指数	商业模式技术指数
湖北	2.76	2.315	1.09	1.842	0.652	1.669
陕西	2.639	1.968	0.974	0.829	—	1.239
湖南	2.321	1.751	0.866	0.347	—	1.535
辽宁	2.47	1.841	0.864	1.266	3.332	1.464
河北	2.487	1.819	0.526	0.803	0.347	1.727
重庆	2.795	1.792	0.366	0.231	—	2.416
内蒙古	2.757	2.14	0.98	1.025	—	1.75
江西	2.584	2.013	0.535	1.467	—	1.613
黑龙江	1.863	1.38	0.805	1.477	—	1.671
吉林	2.044	1.551	0.965	1.112	0.347	1.336
广西	2.366	1.898	0.932	0.738	—	1.413
云南	2.774	1.622	0.374	0.833	—	2.051
贵州	2.194	1.265	0.484	0.723	—	1.482
甘肃	2.056	1.633	0.413	1.221	—	1.234
山西	2.145	1.389	0.939	0.462	—	1.359
新疆	2.248	1.783	0.692	0.761	—	1.484
海南	2.238	1.16	0.597	—	1.099	1.669
青海	2.145	1.607	1.235	0.842	—	1.275
宁夏	2.548	1.298	0.347	2.485	—	2.007
西藏	2.482	0.774	0.347	—	—	2.282
全国	2.666	2.008	1.073	1.305	0.539	1.65

（3）对比在数字化转型指数上各个省份是否存在明显的纵向差异。在 2015～2021 年这段时间内，数字化转型指数排名居于前十的省份在表 4－4 中列明。在 2015～2021 年这段时间内，各个省份存在显著差异，在前十名的省份中，有五个省份的排名保持着平稳提升的良好状态，包括北京、上海、广东等，也有部分省份落榜，例如陕西、辽宁等。前十榜单出现变化，证明我国企业数字化转型已经进入成长阶段。有些省份在应用数字化技术与商业模式方面表现比较差，下一阶段要分析如何体现出后发优势，证明数字化转型能为我国传统企业带来新的升级路径。数字技术的大面积

推广，产业在发展中形成较强的集聚效应，我国企业产业必定能出现数字化产业集聚的情况，区域结构日渐稳固。细致分析，在统计时间段内，稳稳地占据着前十名的省份有六个，包括北京、广东、湖北等，落榜的省份包括青海、辽宁、陕西等，同时也有几个省份表现突出进入前十，包括浙江、天津等，这意味着如果某一省份在我国企业发展中夯实了基础，就有可能在人工智能技术升级方面有突出表现，有可能实现跨越式发展；在大数据技术指数上，北京与广东表现突出，内蒙古在我国企业运用大数据技术方面虽然起步最早，却出现后期乏力的情况，排名跌至第十，另外几个省份的指数没有明显差异，都把数据看作关键要素；在云技术指数上，始终居于前十名的有四川、北京、福建等省份，令人欣慰的是，北京与宁夏合作通过"前店后厂"这种新模式快速打造云计算新城，数字化指数由垫底升至第一，表明在东西地区我国企业合作发展方面，云技术能发挥出重要作用；在区块链技术指数上，起步最早的是山东与广东，排名一直居于前列，越是我国企业基础稳固的省份，越重视区块链技术的应用；在商业模式指数上，始终处于前十的有内蒙古与云南，西藏、重庆等也有卓越的表现，在数字化商业模式应用方面，东部地区早于中西部地区。

表 4-4　2015 年和 2021 年我国企业数字化指数排名前十省份

排名	数字化总指数		人工智能技术指数		大数据技术指数		云技术指数		区块链技术指数		商业模式指数	
	2015 年	2021 年	2015 年	2021 年	2015 年	2021 年	2015 年	2021 年	2015 年	2021 年	2015 年	2021 年
1	辽宁	北京	青海	北京	内蒙古	北京	湖南	宁夏	山东	辽宁	云南	重庆
2	江西	广东	辽宁	广东	北京	广东	河南	湖北	广东	海南	湖南	西藏
3	陕西	重庆	陕西	湖北	广东	福建	辽宁	北京	—	广东	广西	云南
4	湖北	云南	江西	天津	河北	青海	陕西	广东	—	山东	山西	宁夏
5	北京	湖北	湖北	内蒙古	山西	四川	北京	福建	—	北京	河北	北京
6	内蒙古	内蒙古	上海	四川	黑龙江	江苏	福建	黑龙江	—	天津	江西	广东
7	广东	天津	福建	浙江	西藏	安徽	江苏	江西	—	湖北	湖北	山东
8	山西	四川	广东	上海	江西	湖北	湖北	上海	—	河南	北京	内蒙古
9	河南	上海	北京	江西	辽宁	山东	广东	四川	—	上海	浙江	安徽
10	上海	浙江	河南	河南	河南	内蒙古	四川	山东	—	江苏	内蒙古	河北

从行业细分上看，分析了我国企业领域内哪些行业在数字化转型方面取得了优异成绩，求出在 2015～2021 年这段时间内数字化总指数与五个模块指数的均值。按由高到低的顺序实施行业排序，由表 4－5 情况看，数字化转型指数最高的是仪器仪表业，随后的几个行业在这方面表现也比较突出，这些行业为数字化转型起到了重要助推作用。同时也有几个行业在这方面的表现较为被动，需要在新的发展形势下对数字化转型的意义与价值进行审视。

表 4－5　2015～2021 年不同行业我国企业数字化转型指数均值

行业代码	我国企业细分行业类别	数字化指数	A 技术	B 技术	C 技术	D 技术	E 模式
C40	仪器仪表业	3.071	2.061	1.757	2.449	0.741	1.671
C39	计算机、通信和其他电子设备业	2.711	1.988	1.417	1.621	0.559	1.585
C24	文教、工美、体育和娱乐用品业	2.684	1.807	1.336	3.138	0.667	1.451
C35	专用设备业	2.39	1.953	0.949	0.937	0.784	1.43
C38	电气机械及器材业	2.371	1.834	1.009	1.298	0.335	1.466
C34	通用设备业	2.356	1.989	0.984	1.253	1.828	1.374
C21	家具业	2.269	1.903	0.912	0	0	1.188
C23	印刷和记录媒介复制业	2.187	1.478	0.703	1.8	1.395	1.419
C33	金属制品业	2.055	1.595	0.53	0.69	0.077	1.415
C36	汽车业	1.999	1.595	0.582	0.89	0.173	1.369
C18	纺织服装、服饰业	1.997	1.355	0.746	0.566	0.52	1.324
C37	铁路、船舶、航空航天和其他运输设备制造业	1.876	1.385	0.569	0.639	0	1.529
C42	废弃资源综合利用业	1.819	0.872	0	1.683	0	1.785
C13	农副食品加工业	1.743	0.957	0.907	0.509	0.154	1.35
C17	纺织业	1.722	1.151	0.611	0.959	0.231	1.393
C31	黑色金属冶炼及压延加工业	1.682	1.191	0.568	0.596	0.087	1.324
C22	造纸及纸制品业	1.678	0.931	0.539	1.394	1.099	1.353
C29	橡胶和塑料制品业	1.668	1.246	0.516	0.899	0	1.283

续表

行业代码	我国企业细分行业类别	数字化指数	A 技术	B 技术	C 技术	D 技术	E 模式
C30	非金属矿物制品业	1.655	1.178	0.43	0.661	0.288	1.245
C26	化学原料及化学制品业	1.623	0.958	0.59	0.863	0.177	1.394
C14	食品企业	1.588	1.132	0.771	0.49	0	1.259
C20	木材加工及木、竹、藤、棕、草制品业	1.587	1	0.52	0	0	1.272
C28	化学纤维企业	1.569	1.245	0.57	0.725	0	1.465
C41	其他企业	1.53	0.619	0.798	0.994	0	1.26
C32	有色金属冶炼及压延加工业	1.507	0.906	0.475	0.495	0	1.365
C15	酒、饮料和精制茶企业	1.494	1.008	0.509	0.294	0.275	1.267
C27	医药企业	1.49	0.876	0.587	0.557	0.112	1.318
C25	石油加工、炼焦及核燃料加工业	1.457	0.747	0.108	0.231	0	1.388
C19	皮革、毛皮、羽毛及其制品和制鞋业	1.238	0.347	0.244	0	0	1.354

注：制造行业分类依据国民经济制造行业分类（CIC）2 位码进行划分。

样本数据来自 29 个行业，对各个行业的样本数据进行解析，OECD 组织根据技术属性的区别把整个我国企业划分为低端、中端和高端三个层次，把握住我国企业在这方面是否存在层次差异，把 2015 年和 2021 年两年的关键指数均值纳入研究样本中。由表 4-6 可知，三个层次我国企业产业的数字化指数均值存在明显区别，各自为 0.955、1.034 和 1.332，即我国企业产业层次越高，数字化转型水平就越高，再次证明数字化转型本身强调了高科技的重要性，在数字经济发展过程中，高科技产业能为企业注入强大动力。在数字化发展中，高端我国企业产业扮演“领跑者”的角色，成为标杆。通过测算结果了解到，不管是总指数值，还是各个模块的指数，相关指数值到期末都有显著提升，在 2015～2021 年这段时间内，我国企业行业在数字化转型方面取得了斐然成绩。

表 4-6　　不同类别技术数字化转型指数均值

		数字化指数 2015	数字化指数 2021	A 技术 2015	A 技术 2021	B 技术 2015	B 技术 2021	C 技术 2015	C 技术 2021	D 技术 2015	D 技术 2021	E 模式 2015	E 模式 2021
均值低端	C13	1.491	2.214	1.055	1.056	0.000	1.053	0.000	0.548	0.000	0.231	1.338	1.851
	C14	0.874	2.260	0.916	1.779	0.000	1.190	0.000	0.519	0.000	0.000	0.448	1.077
	C15	0.685	2.013	0.776	1.391	0.000	0.817	0.000	0.353	0.000	0.549	0.535	1.438
	C17	1.283	2.261	0.829	1.616	0.000	0.456	0.000	0.886	0.000	0.347	1.188	1.725
	C18	1.719	2.725	1.474	1.323	0.000	1.051	0.000	0.738	0.000	0.416	1.009	1.837
	C19	0.549	1.500	0.000	0.000	0.000	0.000	0.000	0.000	0.000	0.000	0.347	1.304
	C20	1.207	1.979	0.855	1.536	0.000	0.549	0.000	0.000	0.000	0.000	1.175	0.896
	C21	1.242	3.708	1.242	1.857	0.000	1.320	0.000	0.000	0.000	0.000	0.000	2.922
	C22	0.457	2.091	0.353	1.262	0.000	0.624	1.946	1.328	0.000	1.099	0.549	1.482
	C23	1.585	3.158	1.397	1.990	0.347	1.062	1.320	2.733	0.000	1.365	0.536	1.711
	C24	0.462	3.874	0.366	2.480	0.000	1.782	0.000	2.275	0.000	0.768	0.000	2.252
	C41	0.855	1.991	0.805	0.723	0.000	1.748	0.000	1.242	0.000	0.000	0.520	0.649
	C42	0.000	2.124	0.000	1.242	0.000	0.000	0.000	1.946	0.000	0.000	0.000	1.099
均值中端		0.955	2.454	0.775	1.404	0.027	0.896	0.251	0.967	0.000	0.367	0.588	1.557
	C25	0.900	2.342	0.520	1.020	0.000	0.000	0.000	0.000	0.000	0.000	0.536	2.357
	C29	1.063	2.279	0.710	1.733	0.693	0.687	1.386	0.784	0.000	0.000	1.017	1.654
	C30	1.141	2.397	0.896	1.572	0.277	0.274	0.693	0.385	0.000	0.000	0.848	1.506
	C31	1.202	2.509	0.792	1.752	0.366	0.787	0.693	0.551	0.000	0.231	0.578	2.039
	C32	0.954	2.224	0.734	1.490	0.000	0.589	0.000	0.352	0.000	0.000	0.889	1.667
	C33	0.941	2.428	0.596	2.256	0.000	0.572	0.693	0.770	0.000	0.231	0.780	1.120
均值高端		1.034	2.363	0.708	1.637	0.223	0.485	0.578	0.474	0.000	0.077	0.775	1.724
	C26	1.071	2.142	0.796	1.300	0.454	0.643	0.000	0.887	0.000	0.454	0.891	1.577
	C27	1.020	1.861	0.750	1.230	0.256	0.855	0.347	0.735	0.000	0.000	1.228	1.307
	C28	0.895	1.962	1.018	1.632	0.549	0.553	0.000	0.693	0.000	0.000	0.000	1.784
	C34	1.367	2.978	1.163	2.607	0.416	1.202	1.343	1.118	0.000	1.938	0.850	1.546
	C35	1.351	3.209	1.175	2.822	0.666	1.185	0.430	1.126	0.000	0.726	0.847	1.514
	C36	0.956	2.839	0.615	2.217	0.173	0.725	0.462	0.774	0.000	0.231	0.865	1.797
	C37	1.107	2.496	0.708	1.983	0.347	0.866	0.000	0.885	0.000	0.000	1.326	1.328
	C38	1.448	3.205	1.329	2.463	0.385	1.206	0.764	1.610	0.000	0.355	0.716	1.782
	C39	1.783	3.548	1.275	2.731	0.968	1.602	1.588	1.895	0.621	0.574	1.059	2.055
	C40	2.320	3.981	2.036	2.870	0.139	2.520	2.070	2.684	0.000	0.636	0.952	1.773
均值		1.332	2.822	1.086	2.186	0.435	1.136	0.701	1.241	0.062	0.491	0.873	1.646

4.1.3 不同所有制我国企业数字化转型的特征分析

在此基础上分析我国企业数字化转型值是否存在所有制方面的区别。在该环节的研究中，把上市企业分为三类：一是国企，包含国有控股或国有独资企业；二是民企，包含民营控股与独资企业；三是外企，包括外资控股与独资企业。本研究从我国企业中选择1259家为样本，数量最多的是民企，其次为国企，数量最少的是外企，分别为780家、507家、53家，具体情况见表4－7。

表4－7　　　　不同所有制我国企业数字化转型指数值

所有制分类	数字化指数均值	A技术均值	B技术均值	C技术均值	D技术均值	E模式均值
国有企业	1.891	1.38	0.763	1.151	0.257	1.393
民营企业	2.108	1.575	0.981	1.319	0.574	1.416
外资企业	2.009	1.451	0.885	1.059	0.836	1.422

4.2 中国企业高质量发展的指标构建与实证分析

4.2.1 理论分析

上市公司高质量发展涵盖于一个更大的概念范畴：经济高质量发展。经济高质量发展是党中央在十九大报告中提出来的国家战略目标，高质量的经济发展必须符合创新、协调、绿色、开放和共享的新发展理念（金培，2018）。当前整体经济之所以被认为发展质量不高，主要是面临三方面社会经济矛盾没有被满足。第一个矛盾是产品服务需求和民生需求的多样性没有得到满足；第二个矛盾是市场调节和政府主导的资源配置方式没有跟上经济的发展；第三个矛盾是产业结构的变化依然没有充分适应生产要素变化和市场需求变化。这些结构性矛盾体现在企业层面就是日益增长的企业运营成本和企业利润率长期得不到提升的矛盾。要解决这个矛盾，企业就必须尝试拓展自身的业务领域和产业层级，不断的走向技术含量更高的产业层级从而获取可以维持公司运转的利润。在这个意义上研究上市公司的高质量发展问题有助于更好的理解整个国家如何实现经济高质量增长。

所谓高质量发展，就是企业长期保持卓越的发展状态，发展层次与水平都比较高，在社会价值驱动下开展生产活动，具备较强的资源能力，能向市场提供一流的产品与服务，运营开放程度高，创建了有效的管理机制，取得了较高的综合绩效，在社会中有良好声誉（黄速建等，2018）。“企业高质量发展”是一个创新意味较强的概念，顺应了我国的发展潮流，与之相关的研究成果并不丰富，在经济管理学领域，与之相对应的概念包括企业可持续发展、企业成长等。彭灿等（2020）认为，实现了可持续发展的企业，一方面能对资源进行合理分配，在资源拥有方面也保持优势，能适应外部竞争环境的变化；另一方面，突出的资源能力且合理高效地进行分析，这是企业高质量发展的前提。与此同时，企业动态能力、外生成长与内生增长等理论都与高质量发展有一定的联系（Teeee，2010）。已有的研究大多数都是定性研究，不能精确度量企业发展的质量。因此本书将针对目前研究的不足，提出一个上市公司高质量发展的量化模型。

影响经济高质量发展的因素，从宏观来看主要是劳动生产率和全要素生产率较低，中观来看主要是产业结构落后和全要素生产率不高，从微观来看主要是企业利润率下降和负债率升高。中国企业近年来利润率下降和负债率攀升有内在的原因，原因之一是中国劳动力成本不断上升，这使企业的利润空间被挤压缩。持续下滑的利润使得企业被迫转型升级，转型升级可以通过不同的手段实现。例如可以跨行业收购不同类型的企业，实现企业的多元化经营。另外可以加大公司研发投入，进行产品创新研发，提供更高品质的产品或者不同类型的产品。因此创新活动会极大促进公司和整体经济的高质量发展（刘思明等，2019）。现有的研究表明上市公司的研发操纵现象会扭曲企业创新行为这进而会影响企业高质量发展。

4.2.2 高质量发展的研究脉络

自从党的十九大报告提出“高质量发展”以来，学者对高质量发展的内涵与定义、测度与评价及影响因素等方面展开了积极丰富的研究，涌现了诸多成果。本研究从高质量发展的内涵、测度及影响因素三方面进行文献梳理。

1. 高质量发展内涵的研究脉络

对于什么是高质量发展，学者进行了积极的探讨与研究。金碚（2018）立足经济学视角，认为高质量发展相较于高速发展，更符合人民需求、呼应经济发展的战略目标。任保平（2018）基于马克思主义政治经济学阐释了高质量发展区别于使用价值、价值和产品质量。赵剑波等（2019）认为，高质量发展是充分、均衡、多维的发展。田国强（2019）认为，高质量发展需兼顾长期与短期、动态与静态发展，满足人民长远利益。张军扩等（2019）认为，高质量发展是兼顾效率、公平和绿色的发展；刘志彪（2018）认为，高质量发展要需要满足人民对美好生活的现实需求，破除结构体制障碍。综上可见，学者从宏观层面，积极探索了经济高质量的内涵，并有不同的视角与解读，但基本遵循了五大发展理念的宗旨，这为本研究定义企业高质量发展提供了整体框架和思路。

2. 高质量发展测度与评价的研究脉络

对高质量发展的测度与评价体系，诸多学者进行了有益探索。

第一，微观层面的高质量发展指标构建。黄速建等（2018）论述了国有企业高质量发展七个核心特质，并以此构建国有企业高质量发展评价体系；针对农业高质量发展的现实需求，辛岭和安晓宁（2019）以绿色、质量、效益、规模化、融合为基础构建其评价体系；魏敏和李书昊（2018）构建了多层级、多维度的经济高质量发展指标，具体包括结构、创新、资源、机制、经济、共享、服务、设施、生态和成果等，并且达到各个维度的优化、高效、完善、稳定和惠民；李金昌等（2019）基于满足人民需求的目标和立足发展不均衡的现实状况，构建了包括经济、创新、发展、人民生活、社会和谐等五大一级指标和二十七项二级指标的高质量发展评价指标体系。杨宗翰等（2020）基于创新、协调、绿色、开放、共享五大发展理念构建企业高质量发展评价指标。

第二，区域高质量发展的评价与测度方面：师博和任保平（2018）研究了中国省际经济高质量发展的测度与分析。申俊喜和匡倩（2020）基于生态视角下，研究了长三角地区战略性新兴产业高质量发展状况及测度。周四军和戴思琪（2020）研究了长江经济带能源高质量发展的测度与聚类分析。涂建军等（2021）研究了成渝城市群高质量发展水平评价。金凤君（2019）研究了黄河流域城市经济高质量发展的动态演进及趋势预测。孙久文等（2020）研究了京津冀产业协同研究的高质量发展评价。高同彪和刘云达（2020）研究了东北地区城市群高质量发展研究。

第三，特定行业的高质量发展评价与测度：高一铭等（2020）研究了我国金融业高质量发展水平测度及时空分布特征。袁渊和于凡（2020）研究了文化产业高质量发展水平测度与评价。隋顺天等（2020）研究了中国上市银行高质量发展的效率测度。柳斌杰（2020）阐述了出版业的高质量发展未来之路。戴斌（2020）论述了旅游业的高质量发展基调。袁小慧等（2020）研究了我国高技术产业高质量发展的动力机制。

综上可知，关于如何测度与评价高质量发展，现有文献从宏观的经济高质量发展、区域高质量发展、特定行业高质量发展进行了诸多探索，为本研究从微观层面构建上市公司高质量发展指标提供了借鉴与启发。

3. 高质量发展影响因素的研究脉络

影响高质量发展的因素非常多，本部分主要从金融因素、科技因素、政府规制因素进行梳理。

第一，金融因素对高质量发展的影响。滕磊和马德功（2020）实证发现数字金融能够促进高质量发展。蒋长流和江成涛（2020）基于 258 个城市的经验证据，研究了数字普惠金融能否促进地区经济高质量发展。窦亚芹等（2020）研究了数字供应链金融与科技型企业融资模式创新。薛莹和胡坚（2020）研究了金融科技影响和驱动经济高质量发展的理论逻辑、实践基础与路径选择。周德田和冯超彩（2020）基于耦合度与 PVAR 模型的实证分析了科技金融与经济高质量发展的耦合互动关系。王文涛和曹丹丹（2020）基于企业创新驱动路径视角，研究了互联网资本与民营经济高质量发展的关系。常新锋和陈璐瑶（2020）研究了金融发展、资本效率对经济高质量发展的空间溢出效应。王贤彬等（2020）以设立综改区为事件，采用准自然实验法，研究了金融改革对地方经济高质量发展的影响。王小腾和徐璋勇（2020）以县域层面的经验证据，研究了银行结构性竞争与经济高质量发展。

第二，科学技术对高质量发展的影响。孙学涛和张广胜（2020）基于结构红利的视角，研究了技术进步偏向对城市经济高质量发展的影响。赵涛等（2020）研究了基于自中国城市的经验证据，研究了数字经济、创业活跃度与高质量发展之间的关系。魏巍等（2020）基于耦合协调度模型，探究了科技创新与经济高质量发展测度。

李振叶等（2020）研究了“互联网＋”对工业高质量发展的影响。师博（2020）考察了人工智能助推经济高质量发展的机理。吴传清和邓明亮（2019）研究了科技创新、开发程度与长江经济带高质量发展的三者关系及影响机理。辜胜阻等（2018）研究发现高质量发展需要创新推动，并依赖核心技术突破作为基石。

第三，政府规制对企业高质量发展的影响。王群勇和陆凤芝（2018）基于省际面板数据，研究了环境规制能够助推中国经济高质量发展。郑洁等（2020）基于新结构波特假说，探讨了环境规制与高质量创新发展。石华平和易敏利（2020）基于省级面板数据研究了环境规制与企业高质量发展的关系。陈诗一等（2018）研究了雾霾污染对经济高质量发展的影响，并考虑政府治理在二者关系间发挥的作用。涂正革等（2019）研究了环境规制对经济高质量发展的影响。上官绪明和葛斌华（2020）以我国278个地级及以上城市的数据为样本，研究了科技创新、环境规制与经济高质量发展的关系。

总体来看，目前学者对高质量发展的内涵、评价体系和实现路径展开了诸多研究，探索了经济高质量发展是什么、怎么做等问题，具有一定的理论和应用价值，但多为宏观层面定性研究，微观层面的高质量发展内涵与评价体系较为少见；学者也积极探索了驱动了经济高质量发展和企业高质量发展的影响因素，但鲜有从供应链视角剖析企业高质量发展动因，而企业的生产经营活动与上下游的供应链关系息息相关，供应链关系与企业高质量发展密不可分。但供应链关系是否影响以及如何影响企业高质量发展尚不明确。本研究立足上游供应商关系视角，研究供应商集中度是否影响企业高质量发展，具有创新性。

4.2.3　中国企业高质量发展的指标构建

1. 上市公司高质量发展衡量指标选取

已有研究在对经济发展质量做出评价时，基本是从绿色、协调、创新、开放等方面入手构建评价体系（金培，2018）。李金昌（2019）在为企业构建评价体系时，把创新效率当成重要的量化标准，从欧盟和美国的评价指标体系中提取有价值的内容，把社会福利、创新、环境等当成主要评价内容，以此衡量经济发展处于怎样的阶段。可见，在为企业构建高质量发展评价体系时，要把经济高质量发展当成主体部分，运用合理的评价标准选择有代表意义的企业，通过这些企业的发展情况把握住经济高质量发展的趋势。黄速建（2018）为国企高质量发展构建了评价体系，强调了在经济高质量发展过程中国企业的支撑作用，这种支撑来自多个维度。在企业性质上，国企与上市企业之间有明显不同，不能采用同样的评价标准。一是创新维度，上市企业要通过产品与服务凸显创新的意义，只有转化为产品或服务，创新才能真正促进经济发展。二是上市企业要承担更多的社会责任，企业在发展中要顾及更多的利益相关者，化解彼此之间的矛盾。当企业在承担社会责任方面有突出的表现，就能对经济协调、绿色发展目标的实现贡献更大力量。三是企业要想焕发出活力，要想更好地适应环境变化，需要具备良好的动态能力。四是公众性是上市企业的基本特征之一，如果企业形成了良好的治理结构，就能较好地保护投资者的利益，将有更多公众因为企业的发展而获益。本研究在为上市企业构建高质量发展评价体系时，重点关注了上述内容，如图 4 - 1 所示。

上市公司高质量发展评价体系包括：产品卓越、企业动态能力、社会责任和公司治理，具体来说：

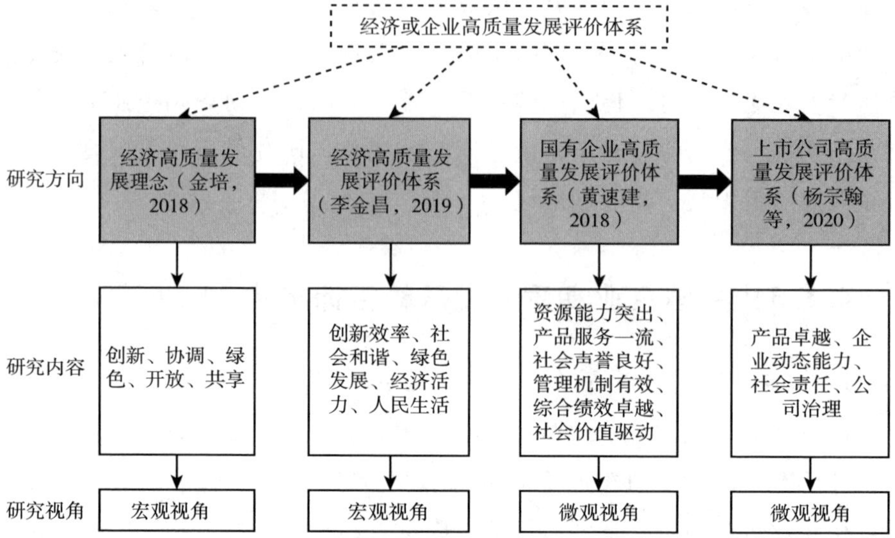

图 4-1　经济或企业高质量发展评价体系图

第一，在对上市企业的产品卓越维度做出评价时，要把公司新业务变动情况当成重点评价内容，wind 数据库存储了大量与上市企业营收有关的数据，从中能看出哪些类型的业务能创造更高的营收。本研究对上市企业连续两年的营收数据进行对比，重点关注调整了业务结构的企业。如果上一个年度的某项业务并没有延续到下一个年度，意味着企业的产品领域实现了拓展，在产品运营维度企业的优劣情况，则可以用前一年营收中新业务收入的占比做出评价，即 NP，这是这一维度之中的重要评价指标。

第二，动态能力理论指出，知识是企业所有资源中价值最高的一种，如果企业具备较强的知识控制能力，能帮助企业准确地对下一阶段的发展情况进行预测。参考郑素丽等（2010）的研究成果，在对企业动态能力做出评价时，把“研发支出总量”当成重要指标，这项指标能体现出企业在掌控知识资源方面具备怎样的能力。这是一项完全不同于创新效率的指标，能体现出企业已经拥有与动员的创新资源数量。

第三，如果第二到第十大股东的控股比例是合理的，就能通过三种方式帮助企业达成治理目标（白重恩等，2005）。一是避免大股东侵占小股东利益；二是企业在经营不善时能及时对控制权进行调整；三是能通过多种方式对企业经营进行监督。因此，在对企业治理水平做出评价时，这九位股东的控股比例是一项有效指标。

第四，企业社会责任，是指企业在为自身创造财富的过程中也要对客户、员工、社会、生态环境等利益相关者负责（Crane and Ruebottom，2011）。国泰安数据库中介绍了九个维度的评价指标，例如是否对环境与可持续发展数据进行披露，披露与不披露分别确定为 1 和 0，把九个维度的分值累计，即可了解企业的社会责任承担情况。

2. 判别模型构建

对于企业而言，产品卓越是最重要的一个维度。企业实现高质量发展，前提就是要提高生存质量，而这需要开发出更多新产品且不断开辟新市场。当新产品营收比 NPS 低于或等于 0，意味着企业的发展质量低，即 LQ 企业；如果这一指标超过 0，需要重新对其发展质量做出评价。

如果企业 NP > 0 且研发支出总量（RDS）低于或等于 0，能体现出企业业务收入增长是通过并购或其他手段实现的，与科技创新无关。如果这两项指标均高于 0，意味着企业实现了高质量发展，而且要重新对其做出评价。如果前一项指标高于 0，而后一项指标小于或低于 0，这意味着企业的发展质量并不明确，可标注为 UQ 企业。

当 NP 和 RDS 两项指标都超出 0，且企业的治理环境并不理想，不能确定企业的发展质量，可标注为 UQ；如果公司拥有良好的治理环境，新产品收入增长能体现出可持续性，需要对企业是否实现了高质量发展做出细致评价。如果当 NP 和 RDS 两项指标都超出 0，而公司治理水平达不到平均水平，可以表示为 CG < ACG，这意味着企业的发展质量是不明确的，标注为 UQ，如果 CG ≥ ACG，要进行细致分析与评价。

如果 NP、RDS 均超出 0，CG > ACG，而企业在承担社会责任方面有良好表现，表明外部监督对企业发展产生了良好作用，企业已经趋于可持续性发展。在这种情况下，如果企业在社会责任承担方面的表现超出了平均水平，即 SR > ASR，这样的企业发展质量比较高，可标注为 HQ 企业，但如果 SR < ASR，表明企业的发展质量是不明确的，标注为 UQ 企业。通过以上分析得出的判别模型如图 4 – 2 所示。

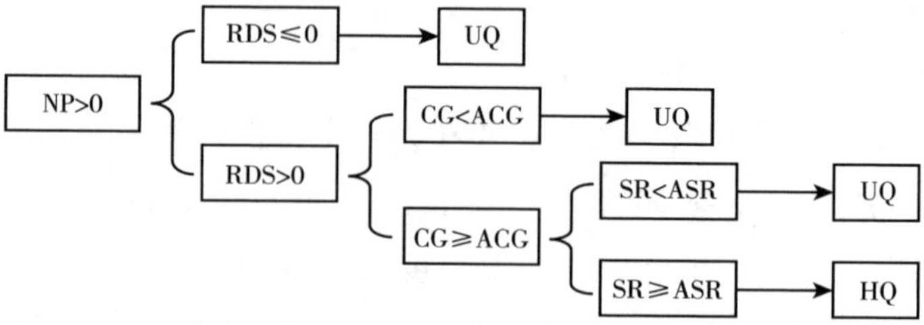

图 4-2　企业高质量发展模型构建图

4.2.4　中国企业高质量发展的实证分析

根据判别模型上市公司的被划分为三类：分别是高质量发展（HQ）、发展质量不确定（UQ）和低质量发展（LQ）。设定多元离散变量 DQ 代表上市公司发展质量，DQ=1，2，3 分别代表公司的三类发展质量，数值越高公司发展质量越高。以 DQ 为因变量构建 Order Logistic 多元回归模型，选取上市公司 2008～2018 年，上市存续年度达到 12 年的公司作为样本进行模型估计。在模型（4-1）中，i 代表不同上市公司，t 代表样本公司所在的年度，λ_j(j=1，2，3，4）代表各个变量的待估计系数。

$$DQ_{it} = \lambda_1 NP_{it} + \lambda_2 RDS_{it} + \lambda_3 CG_{it} + \lambda_4 SR_{it} \quad (4-1)$$

回归结果显示（见表 4-8），回归模型总体而言在 5% 的水平上关系显著，解释变量系数显著不为零，对因变量的类型划分作用明显。根据统计结果可得 λ_j 的值，通过式（4-2）可以计算上市公司发展质量指数 Qua，指标数值越大公司发展质量越高，从而判断上市公司发展质量的高低。

$$Qua_{it} = 4.434925NP_{it} - 0.002884RDS_{it} + 0.0207807CG_{it} + 0.0072441SR_{it} \quad (4-2)$$

表 4-8　**Mixed-effects Order Probit 多元回归结果**

DQ		Coef.	Std. Err.	z	P>z	95% Conf.	Interval
NPrt	前一年营收中新业务收入的占比	4.174424	0.0873266	47.8	0	4.003267	4.345582
RDS	研发支出总量	-0.006482	0.0026427	-2.45	0.014	-0.011661	-0.001302

续表

DQ		Coef.	Std. Err.	z	P > z	95% Conf.	Interval
CG	公司治理水平	1.085944	0.1295357	8.38	0	0.832059	1.33983
SR	社会责任承担	0.0492455	0.0072316	6.81	0	0.0350719	0.0634191
/cut1		2.736575	0.1004335			2.539729	2.933421
/cut2		4.416904	0.1060548			4.209041	4.624768

不难看出，新产品营收比（NP）、公司治理水平（CG）、社会责任承担（SR）对企业高质量发展的影响在 1% 水平上显著，研发支出总量对企业高质量发展的影响在 5% 水平上显著（RD）。

4.3　本章小结

我国企业数字化转型具有较强的系统性，本章先是把握住数字化转型的科学内涵，以戚聿东等（2020）构建的理论框架为依据，从总体上对数字化转型的技术内涵进行分析，确定了五大核心模块，为我国企业数字化转型测评构建完善的指数体系，也形成相应的特定关键词文本词库。在样本数据选择方面，采用 Python3.10 爬虫功能，把巨潮资讯网站提供的 2015 ~ 2021 年这段时间内 A 股上市企业的年度报告进行梳理，从 Jieba 库中检索年报文本，以此对我国企业数字化转型进行描述，分别对不同行业、不同地区、不同所有制的企业 TFP 进行对比，对数字化指数实施非均衡分析。由此得出结论：（1）我国企业近年来在数字化转型方面付出了努力，转型步伐明显加快，对我国企业的发展起到助推作用，将其引向新赛道。在内部结构上，五大数字化模块中，指数值最高的是人工智能技术，表明该项技术在我国企业领域实现了快速发展，指数值最低的是区块链技术，提升空间比较大。（2）从横向对比情况看，东部我国企业数字化转型速度快、效果好，而中西部较差。（3）在区域纵向对比方面，不同省份我国企业数字化转型情况有显著差异，北京、上海、广东等省份稳稳地居于前列，而中西部省份则出现较大波动，尤其是重庆、宁夏等。（4）通过区域动态演进分析看，我国企业数字服务出现多极分化的情况，呈现出明显的多峰形态，在我国企业数字化转型方面，东部企业优势突出，但均衡劣势现象在区域内客观存在。(5) 从技术层次上看，在数字化转型方面水平较高的是高端我国企业，特别是高科技产业优势突出。(6) 在企业所有制方面，数字化水平最高的是民企，外资与国企较低，从总体上看在数字化转型中三类企业都在力争上游。

此外，本章在梳理高质量发展的研究脉络的基础上，通过构建包括产品卓越、企业动态能力、社会责任和公司治理的上市公司高质量发展指标，实证测算中国上市公司高质量发展的现状特征，为以下进一步研究数字化转型、会计信息可比性与企业高质量发展关系奠定坚实的基础。

第5章 数字化转型与企业高质量发展

5.1 理论分析

交易成本理论认为企业的存在是因为在市场交易过程中会产生各种费用，比如搜索信息、联系对象、确定价格、谈判沟通、保障产权、签订合约等（李维安和郝臣，2015），而企业在促进交易方面比市场更有效率，能够降低资产专用性、不确定性等交易成本。企业数字化转型会对互联网、大数据、人工智能、区块链等数字技术加以应用，这些数字技术可能使得复杂的交易直接在线上完成，交易活动不再受时空限制，以往必须企业内完成的交易可以在市场中以更高效的方式完成（陈冬梅等，2020），交易渠道和沟通方式更加简洁，信息来源也更丰富，这样交易成本将大幅度降低。数字化是数字经济的核心推动力（Chakravorti et al.，2019），近年来，有大量的行业层面和企业层面的研究为数字化技术应用与企业生产率或绩效之间的积极关系提供了有力的证据（Dedrick et al.，2003；Draca et al.，2009；Syverson；2011），Loebbecke 和 Picot（2015）发现，大数据分析提升了企业制定决策的过程，节约了大量时间，从而促进整体运营效率的提升。戚聿东和蔡呈伟（2019）指出，大数据时代，生产、消费过程中产生了海量数据，这些数据如果被有效利用，可以在生产和决策的过程中发挥巨大作用，带来企业生产效率的提升。何帆和刘红霞（2019）发现数字化转型可以降低企业成本，并且可以提升企业资产利用率。除此以外，数字化转型领军企业在运营过程中采用的数字化生产、数字化监控、数字化质检、数字化物流、数字化人力资源等，都使生产效率得到了提升。

Hess 等（2020）认为，就算企业内部有各种力量支持数字化转型，但仍然会面临一个重大挑战：如何平衡现有能力，并在转型过程中开发新的能力，以适应过去的路径依赖（Svahn et al.，2017）。因此在研究数字化转型的生产率效应过程中，对企业能力的探讨很重要。谢康（2020）基于产品创新视角，探讨了大数据资源、企业能力与创新绩效之间的关系，发现大数据资源投资并不能直接改善企业绩效，需要形成大数据分析能力才能带来有效的绩效提升。例如，数字技术可以在很大程度上影响企业的内部运作，可以重塑商业竞争的环境以及供应商和客户之间的社会网络结构。企业数字化转型的另一个效应是经营范围的扩大，企业积累的数字资产的潜在可替代性，例如软件能力、数据分析能力和已安装的用户基础，可以在多个市场创造机会。随着这些能力被越来越多地用于进入新市场，行业边界变得越来越模糊。例如，阿里巴巴的金融部门蚂蚁金服利用数据和分析将其提供的服务从支付工具（支付宝）扩展到广泛的金融服务，包括信用分析、货币市场基金、网上银行和医疗保险（Adner，2019）。许多数字公司在成长过程中也会将业务扩展到其价值创造合作伙伴的领域（Zhu，2015）。企业常规的能力是盈利能力、发展能力和销售能力等能力的有效结合，是对静态资源进行合理分配与整合的综合实力的体现，对这些能力的分析可以衡量出企业在经营过程中对静态资源的整合能力。同时，由于数字化的破坏性，企业需要建立强大的动态能力，快速转变并实施新的商业模式，以在新兴的数字经济中保持竞争优势（Teece，2018；Teece and Linden，2017），在企业数字化转型过程中，动态能力是检验企业转型成功与否的重要框架。因此，企业数字化转型涉及数字化基础设施的投入、数字化技术的应用、数字化业务模式的开展等环节，都关系到资源的分配、整合与利用，由此会带来企业能力的一系列的变化。

5.1.1 企业数字化转型对静态能力的影响分析

1. 数字化转型可以提高企业的盈利能力

盈利能力是企业获取利润的能力，数字化转型可以通过降低成本的方式提高利润率，带来盈利能力的提升。何帆和刘红霞（2019）发现企业数字化转型会对企业业绩带来积极变化，其中包括降低成本，提高利润。因为数字化转型所应用的连接、共享、开放等数字技术帮助企业实现了“去中介化”（李海舰等，2014；谭松涛等，2016），在交易的过程中可以减少交易费用，简化交易环节，降低信息搜索、讨价还价、签约商谈、考察监督等一系列成本。另外，还可以在采购、物流等环节降低资源配置、渠道运营等费用（何帆和刘红霞，2019），从而提高利润，得到盈利能力的提升。

2. 数字化转型可以提高企业的发展能力

发展能力是企业的成长性，是企业价值增长率，数字化转型过程中，对大数据的应用可以打开数据挖掘空间，挖掘到传统市场无法触及的市场需求（刘涛雄和徐晓飞，2015），客户的需求和反馈不再需要耗费过去那么长时间，可以快速回应，这样就可以缩短生产过程，同时更快、更精准满足客户需求，实现个性化定制。从宏观上来看，可以优化产业专业化分工与协同作业，商业发展实现跨界经营，企业新旧业务将在资源、技术、产品等方面深度融合（郑小碧，2017），帮助企业实现价值发现和价值创造，挖掘发展潜力，全方位提升企业的发展能力。

3. 数字化转型可以提高企业的销售能力

销售能力反映企业的品牌管理和品牌推广能力，是利用内外部资源满足市场需求的能力。数字技术的广泛应用，可以帮助企业更高效的获取市场信息，并快速整合、分析以及应用，使信息传导更快速、更高效、更便捷（何帆和刘红霞，2019）。

数字化的信息管理系统的共享数据、集成信息可以实现供应商、企业和客户三方的便捷沟通，提高信息传递效率，降低交易成本。企业在搜索交易对象之前，还能借助大数据和信息管理系统更快速的实现交易对象匹配，客户的需求也有更好的渠道反应并得到及时反馈，以此实现个性化定制生产（石大千等，2020）。企业也可以在不同的消费市场中有针对性实施影响策略。云计算的发展还可以帮助企业节约存储成本，不需要自己建立网络和服务器，直接可以享受规模经济的、统一管理的存储和计算空间，实现技术普惠（闫德利等，2018）。因此，数字化转型可以帮助企业更精准的开发目标客户并维持客户关系，更好地进行品牌管理和品牌推广，满足市场需求，从而带来销售能力的提升。

5.1.2 企业数字化转型对动态能力的影响分析

目前，有许多关于建立战略变化的动态能力的微观基础研究（Teece，2007），Warner 和 Wäger（2019）认为，无处不在的数字技术正在改变动态能力的本质和目的。首先，新的数字技术，如区块链、云和物联网正在改变动态能力的本质，因为企业在数字化转型以后可以快速、轻松和低成本地扩大或缩小他们的运营规模，而这在十年前几乎是不可能的。其次，越来越多的企业认识到无处不在的数字技术的融合和生成意味着构建动态能力至关重要。由于数字化带来的巨大的变化，许多企业正在尝试新的方法建立动态能力，增强战略灵活性，以快速应对意外的机遇和威胁。因此，以物联网、大数据、云计算和社交媒体等新数字技术应用为核心的数字化转型在生产成本节约、产品周期缩短、运营规模迅速扩大等方面的潜力，可以改变企业的动态能力，提升企业的创新能力、适应能力和创新能力。

1. 数字化转型可以提升企业的创新能力

动态能力以创新为基础，提供了创造、扩展和修改企业资源基础的能力（Helfat et al.，2007）。何帆和刘红霞（2019）在其研究中发现数字化转型和创新产出显著正相关，证实数字化转型会提高企业创新水平。数字化技术帮助供应商、企业、消费者等参与者的沟通和协调不受时间和空间限制，比如京东、天猫、唯品会、滴滴、美团等数字平台的建设，使供需得到高效匹配，所有经济主体都可以同时产生向心力，突破以往传统的影响力。消费者在数字平台发布评论即由被动消费变主动参与生产，将使用感受反馈给供应商，间接或直接推动产品创新，或者发布个人需求，促进产品升级更新（刘津，2020），提升企业创新能力。

2. 数字化转型可以提升企业的吸收能力

内生增长理论认为经济增长离不开全社会知识积累，这需要信息突破时空的共享和交换。显然，数字化技术尤其是互联网的普及促进人类知识信息高效传播（韩宝国和朱平芳，2014），比如 MOOC、爱课程等在线教育使得知识更大范围的传播，知乎、Facebook 等平台使信息跨区域散布。

另外，得益于区块链、人工智能、云平台、大数据、云计算及相关辅助数字技术，企业能够低成本、多维度地快速聚集海量用户数据，可以帮助企业对市场需求做出更快速的反应；借助互联网，企业能够实时获取特定环境下的隐性知识，并降低不同情境下使用隐性知识的试错成本，这加快了隐性知识的创造、传播和共享（戚聿东和肖旭，2020）。知识积累和技术创新对传统生产要素的投入具有替代作用，技术进步还可以降低生产要素成本，提高生产效率（程晨和王萌萌，2016）。程惠芳和陆嘉俊（2014）的研究表明，知识和技术资本的投入以及创新的驱动作用，将显著提高企业的全要素生产率。另外，数字技术更是一种组织管理手段，有助于企业提升协调能力，改善监督效率，这将会带来企业吸收能力的改变。

3. 数字化转型会提升企业的适应能力

适应能力反映企业能否根据快速变动的环境调整战略和资源，变挑战为机遇的能力。企业数字化转型过程中会增加数字化基础设施投入、对数字化技术加以应用，因此在获取外部信息和处理数据方面会更加灵活和便捷。数字经济促进了信息在市场主体之间的传递（戚聿东和肖旭，2020），郭峰等（2017）在其研究中发现借助云计算、大数据等技术手段，企业管理者可以挖掘到更多的真实和相对完备的信息，降低预测的错误率，从而制定出更加理性的决策，从一定意义上讲，数字化转型帮助企业突破了传统决策理论“有限理性”的基本假设。数字化转型本身是被环境所迫，是因为原有的能力无法适应新的环境，所以需要根据新环境的新要求进行转型，因此数字化转型会带来企业适应能力的改变。

综上所述，数字化转型可以降低交易费用，提高运营效率，扩大交易规模，精确客户群体，满足市场需求，从而提高企业盈利能力、发展能力和销售能力；数字化基础设施的投资、数字化技术的应用和业务模式转型会对经济技术进步起正向作用（刘津，2020），而技术进步会带来创新能力的提升，同时数字化基础设备的应用和数字技术的帮助，企业获取信息和知识的渠道更丰富，方式更便利，业务模式的转型会让企业分配资源的效率更高，因此会带来吸收能力的提升。数字化技术的飞速发展促使企业加大数字化基础设施投入，数字化基础设施的投入加上对数字化技术的应用，推动数字化业务模式转型，诱使企业产生适应性变革，从而带来适应能力的变化。

综上所述，本研究提出假设 H5-1。

H5-1：在其他条件不变的情况下，数字化转型有利于实现企业高质量发展。

5.2 研究设计

5.2.1 数据来源和样本选择

鉴于2015年起，国家“制定‘互联网+’行动计划，推动互联网、大数据、云计算、物联网与现代制造业结合，拉开数字经济的序幕”。因此本研究选取2015~2021年中国A股上市公司为初始样本。在初始样本的基础上，参考已有文献的做法，依次剔除如下样本：（1）金融行业公司样本；（2）ST公司样本；（3）前16个季度净利润和季度股票收益率缺失的样本；（4）其他相关数据缺失的样本。最后得到10786个公司——年度观察值。本研究对所有连续变量在1%和99%水平上进行了 Winsorize 处理，以剔除极端值影响。利用 Python 进行文本挖掘的上市公司年报来源于巨潮资讯网，公司财务与治理数据来源于 CSMAR 和 CNRDS 数据库。

5.2.2 变量定义与说明

1. 企业高质量发展

被解释变量是企业高质量发展（*Lqua*），测算方法见第四章。

2. 企业数字化转型

解释变量是企业数字化转型（*DCG*）。本研究借鉴赵宸宇等（2021）的方法，基于上市企业披露的年报，采用文本分析法刻画企业的数字化转型程度。具体地，利用 Python 软件对企业年报中涉及“企业数字化转型”的词频进行统计以刻画其转型程度。企业年报中数字化转型相关关键词的出现次数可以比较合理地反映数字化转型程度，涉及的关键词出现频率越高，说明企业在数字化转型方面取得的成效越显著。本研究根据吴非等（2021）的研究，确定了与数字化转型相关的关键词汇，并利用 Python 技术抓取相关的关键词，统计各关键词在不同年份的年报中出现的次数。在加总所有词频数的基础上进行对数化处理，最终得到刻画企业数字化转型的整体指标（*DCG*）。

3. 控制变量

借鉴袁知柱等（2017）；周冬华和杨小康（2018），选取以下变量作为本研究的控制变量：企业规模（*Size*）、资产负债率（*Lev*）、总资产报酬率（*ROA*）、现金流量（*Cashflow*）、两职合一（*Dual*）、第一大股东持股比例（*Top*1）、托宾 Q（*TobinQ*）、是否国企（*SOE*）、公司年龄（*FirmAge*）、机构持股比例（*INST*）、管理层持股比例（*Mshare*）、是否四大审计（*Big*4）等。各变量的具体定义见表5-1。

各种变量的具体测算方法，见表5-1。

表5-1　　变量名称与测算方法

变量名称	英文名称	测算方法
企业高质量发展	*lQUA*	依据第四章的测度结果而来
数字化转型程度	*DCG*	采用文本分析法刻画企业的数字化转型程度（吴非等，2021；赵宸宇等，2021）
会计可比性	*Comp*	6.2.2 小节
企业规模	*Size*	年末总资产的自然对数
资产负债率	*Lev*	年末总负债/年末总资产
总资产报酬率	*ROA*	净利润/总资产平均余额
现金流量	*Cashflow*	经营活动产生的现金流量净额/总资产
两职合一	*Dual*	董事长与总经理是同一个人为1，否则为0
第一大股东持股比例	*Top*1	第一大股东持股数量/总股数
托宾 Q	*TobinQ*	（流通股市值+非流通股股份数×每股净资产+负债账面值）/总资产
是否国企	*SOE*	国有控股企业取值为1，其他为0
公司年龄	*FirmAge*	ln（当年年份-公司成立年份+1）
机构持股比例	*INST*	机构投资者持股总数除以流通股本

续表

变量名称	英文名称	测算方法
管理层持股比例	*Mshare*	管理层持股数据/总股本
是否四大审计	*Big4*	公司经由四大（普华永道、德勤、毕马威、安永）审计为1，否则为0

5.2.3 模型设定

为了检验数字化转型对企业高质量发展的影响效应，本章参考戚聿东和蔡呈伟（2020）做法构建了直接效应检验模型，如下所示：

$$Lqua_{i,t} = \alpha_0 + \alpha_1 DCG_{i,t} + \sum_{j=2}^{n} \alpha_j CVs_{i,t} + \sum \alpha_k Year + \sum \alpha_1 Firm + \varepsilon_{i,t} \tag{5-1}$$

其中，被解释变量是企业高质量发展（*Lqua*）。核心解释变量是数字化转型指数（*DCG*），表征企业数字化转型程度。*CVs* 表示控制变量集，是影响企业高质量发展的其他因素，包括：企业规模（*Size*）、资产负债率（*Lev*）、总资产报酬率（*ROA*）、现金流量（*Cashflow*）、两职合一（*Dual*）、第一大股东持股比例（*Top*1）、托宾 Q（*TobinQ*）、是否国企（*SOE*）、公司年龄（*FirmAge*）、机构持股比例（*INST*）、管理层持股比例（*Mshare*）、是否四大审计（*Big*4）等。进一步地，为了削弱内生性扰动，本章在模型中引入年份（*Year*）和企业（*Firm*）的虚拟变量，以尽可能吸收年份、企业层面不可观测因素的影响。i 代表具体上市企业唯一识别的 id，即证券代码，t 代表业务数据统计的年份，ε 是模型的随机误差项。

5.3 实证分析

5.3.1 描述性统计

从表 5－2 中可以发现，企业高质量发展（*lQUA*）的最大值为 4.562，

最小值为 -4.372，均值为 0.730，中位数为 0.713，方差为 0.233，说明不同企业的企业高质量发展水平相差较大。数字化转型（*DCG*）的最大值为 6.301，最小值为 0，均值为 1.626，中位数为 1.386，方差为 1.422。说明不同企业的数字化转型程度相差很大，并且企业数字化转型发展呈上升趋势，充分体现了目前企业数字化转型中的数字技术应用发展趋势较好。企业规模（*Size*）的最大值为 28.636，最小值为 17.641，均值为 22.230，中位数为 22.039，方差为 1.311，表明我国企业整体的企业规模水平之间存在较大差距。资产负债率（*Lev*）的最大值为 1.957，最小值为 0.008，均值为 0.408，中位数为 0.397，方差为 0.204，表明不同企业间的资产结构差别较大。总资产报酬率（*ROA*）的最大值为 0.969，最小值为 -1.859，均值为 0.042，中位数为 0.042，方差为 0.083，说明本研究选取样本中企业间资产收益率的水平差距较小。现金流量（*Cashflow*）的最大值为 0.876，最小值为 -0.744，均值为 0.049，中位数为 0.049，方差为 0.074，说明本研究选取样本中企业间现金流量的水平差距较大。两职合一（*Dual*）的最大值为 1，最小值为 0，均值为 0.317，中位数为 0，方差为 0.465，说明两职合一的企业较少。第一大股东持股比例（*Top*1）的最大值为 0.900，最小值为 0.003，均值为 0.333，中位数为 0.309，方差为 0.147，说明企业整体股权集中度偏高，而且不同企业间之间的股权结构存在差距。托宾 Q（*TobinQ*）的最大值为 122.190，最小值为 0.674，均值为 2.214，中位数为 1.678，方差为 2.465，说明本研究选取样本中企业间托宾 Q 的水平差距较大。是否国企（*SOE*）的最大值为 1，最小值为 0，均值为 0.282，中位数为 0，方差为 0.450，说明民营企业较多。公司年龄（*FirmAge*）的最大值为 4.159，最小值为 1.386，均值为 2.957，中位数为 2.996，方差为 0.303。说明公司年龄大多集中于 2～3 年，成立时间长的公司较少。机构持股比例（*INST*）的最大值为 5.855，最小值为 0，均值为 0.363，中位数为 0.363，方差为 0.245，说明机构持股比例较少。管理层持股比例（*Mshare*）的最大值为 20.171，最小值为 0，均值为 0.159，中位数为 0.029，方差为 0.314，说明管理层持股比例占比较少。是否四大审计（*Big*4）的最大值为 1，最小值为 0，均值为 0.054，中位数为 0，方差为 0.226，说明采用四大会计师事务所审计的上市公司较少。描述性统计见表5-2。

表5-2 描述性统计

variable	变量名称	N	max	min	mean	p50	sd
lQUA	企业高质量发展	20851	4.562	-4.372	0.730	0.713	0.233
DCG	数字化转型程度	20851	6.301	0.000	1.626	1.386	1.422
Size	企业规模	20851	28.636	17.641	22.230	22.039	1.311
Lev	资产负债率	20851	1.957	0.008	0.408	0.397	0.204
ROA	总资产报酬率	20851	0.969	-1.859	0.042	0.042	0.083
Cashflow	现金流量	20851	0.876	-0.744	0.049	0.049	0.074
Dual	两职合一	20851	1.000	0.000	0.317	0.000	0.465
*Top*1	第一大股东持股比例	20851	0.900	0.003	0.333	0.309	0.147
TobinQ	托宾Q	20851	122.190	0.674	2.214	1.678	2.465
SOE	是否国企	20851	1.000	0.000	0.282	0.000	0.450
FirmAge	公司年龄	20851	4.159	1.386	2.957	2.996	0.303
INST	机构持股比例	20851	5.855	0.000	0.363	0.363	0.245
Mshare	管理层持股比例	20851	20.171	0.000	0.159	0.029	0.314
*Big*4	是否四大审计	20851	1.000	0.000	0.054	0.000	0.226

5.3.2 基准检验

为了识别和检验数字化转型与企业高质量发展之间的关系，本小节首先进行基准检验，采用OLS实证检验数字化转型对企业高质量发展的影响效应。从表5-3中不难看出，数字化转型（*DCG*）每提升一个单位，企业高质量发展（*lQUA*）增加0.006个单位，并在1%的水平上显著。表5-3的实证结论与已有研究基本一致，因为随着互联网、大数据、人工智能、云计算、区块链等数字技术与企业的深度融合，数字化转型企业内外部信息不对称水平得到缓解，产业上下游、跨领域打破“信息孤岛”实现互联互通、集成共享。具体来说：（1）数字化转型企业可以更加准确和及时获取内外部信息进行精准地实施战略目标分解、市场细分策略、投融资决策、生产计划安排，提高资源配置效率（任碧云和郭猛，2021）。（2）数字化转型企业内部信息化水平的提升将有助于提升企业声誉、形象和影响力

(孙书娜和孙谦，2018)，迎合数字经济的发展大趋势，更容易增强市场正面预期，获得市场关注和监督，这会驱使企业不断完善经营管理流程，从而对绩效形成显著驱动效应。(3) 数据挖掘与智慧运营能够有效发挥众多类型的数据驱动效能，持续提升包含感知能力、把控能力以及整合能力在内的企业动态能力（焦豪等，2021）。总之，数字化转型将有助于提高企业的内控质量和业绩水平，进而有利于企业高质量发展的实现。

控制变量方面，总资产报酬率（*ROA*）、公司年龄（*FirmAge*）和机构持股比例（*INST*）的提升可以显著推动企业高质量发展。现金流量（*Cashflow*）、两职合一（*Dual*）、第一大股东持股比例（*Top*1）、托宾 Q（*TobinQ*）、是否国企（*SOE*）、管理层持股比例（*Mshare*）和是否四大审计（*Big*4）的增加反而制约了企业的高质量发展。企业规模（*Size*）和资产负债率（*Lev*）对企业高质量发展的影响不显著，但是也有一定程度的积极作用。

表 5-3　　基准回归

	lQUA
DCG	0.006*** (4.28)
Size	0.002 (0.75)
Lev	0.017 (1.58)
ROA	0.075*** (3.69)
Cashflow	-0.134*** (-5.27)
Dual	-0.007** (-2.42)
*Top*1	-0.592*** (-46.89)
TobinQ	-0.002*** (-3.76)

续表

	lQUA
SOE	-0.019*** (-4.60)
FirmAge	0.017*** (3.06)
INST	0.023*** (3.01)
Mshare	-0.008* (-1.67)
Big4	-0.051*** (-5.72)
cons	0.770*** (14.09)
行业	控制
年份	控制
N	20851
R^2_a	0.1720

注：* 代表在10%水平显著，** 代表在5%水平显著，*** 代表在1%水平显著，() 里是异方差稳健标准误调整后的 t 值，下同。

5.3.3 调节效应检验

1. 调节效应——基于研发投入的视角

研发投入和技术创新对企业的积极影响已得到广泛证实（程晨，2017；李政等，2019）。从企业的角度来看，为了通过数字化转型优化自身的生产流程，获得降低生产成本和提高资源配置效率的数字红利，企业有必要开展在研发投入方面的资本投资。作为企业不仅要覆盖数字平台和大数据等信息基础设施建设，同时还需要增加研发方面的资金投入，不断提升研发创新能力。数字化转型本身是比较缓慢的过程，同时企业需要在转型的过程中开展研发活动，从而使数字化转型具有的赋能作用得到充分释放和激发。与此同时，数字化转型也可以促进企业生产流程和生产要素以及数字技术之间的协同耦合，如果传统生产要素能够与数字技术相互联动，可以有效提高全要素生产率。即当企业研发投入较高时，能够强化数字化转型对企业发展具有提振效果（汤萱等，2022）。

因此，本研究借鉴程晨（2017）的思路，对研发投入的调节效应进行检验。通过表 5－4 发现，数字化转型（*DCG*）与研发投入（*RD*）的交乘项（*DCG* * *RD*）每提升一个单位，企业高质量发展（*lQUA*）增加 0.001 个单位，并在 5% 的水平上显著，充分说明研发投入对数字化转型的企业高质量发展提升效应具有显著的调节作用。

表 5－4　　调节作用效应——研发投入

	lQUA
DCG	0.006*** (3.76)
DCG * *RD*	0.001** (2.17)
RD	－0.008*** (－12.02)
Size	0.024*** (10.30)
Lev	－0.009 (－0.98)
ROA	0.040** (2.08)
Cashflow	－0.129*** (－5.09)
Dual	－0.004 (－1.40)
*Top*1	－0.576*** (－48.67)
TobinQ	0.000 (0.65)
SOE	－0.014*** (－3.54)

续表

	lQUA
FirmAge	0.005 (1.05)
INST	0.015** (2.01)
Mshare	-0.004 (-0.91)
*Big*4	0.000 (0.03)
cons	0.308*** (5.45)
行业	控制
年份	控制
N	20851
R^2_a	0.228

2. 调节效应——高管财务背景

根据“高层梯队理论”，高管的个人特征会直接影响高管的各项投资决策（于蔚等，2012）；高管的长期财务任职经历会影响其认知水平与价值评价，使其对财务领域的信息更为敏感，并能做出专业性的解读，从而影响公司财务决策（姜付秀等，2019）；一方面，拥有财务背景的高管由于具有较强的财务专业背景，在财务决策中会体现其优势，即专业性。已有研究发现具有财务背景的高管能够有效调整公司的资本结构，降低其偏离目标的程度（姜付秀和黄继承，2013）；拥有财务背景的高管能够做出更合理的融资和投资决策，降低企业的融资约束（姜付秀等，2016），并且还能降低公司的真实盈余管理程度。另一方面，拥有财务背景的高管在涉及公司各项财务信息的信息披露中，也发挥着重要作用。研究表明拥有财务背景的高管能够显著降低公司与投资者之间财务方面的信息不对称，增加公司盈余信息可信度（姜付秀等，2016）。基于此，本研究参考石贝贝等（2019）的研究思路，对高管财务背景的调节效应进行检验。从表 5-5 中发现，数字化转型（*DCG*）与高管财务背景比例（*FinRatio*）的交乘项

（*DCG* ∗ *FinRatio*）每提升一个单位，企业高质量发展（*lQUA*）增加 0.021 个单位，并在 5% 的水平上显著，进而说明高管财务背景对数字化转型的企业高质量发展提升效应也具有显著的调节作用。

表 5－5　　调节效应——高管财务背景

	lQUA
DCG	0.001 (0.22)
FinRatio	0.017 (0.78)
DCG ∗ *FinRatio*	0.021 ** (1.97)
Size	0.002 (0.87)
Lev	0.016 (1.47)
ROA	0.074 *** (3.69)
Cashflow	－0.127 *** (－5.12)
Dual	－0.007 ** (－2.16)
*Top*1	－0.591 *** (－46.81)
TobinQ	－0.002 *** (－3.78)
SOE	－0.020 *** (－4.84)
FirmAge	0.015 *** (2.76)
INST	0.023 *** (2.97)
Mshare	－0.006 (－1.48)

续表

	lQUA
Big4	-0.053*** (-6.09)
cons	0.755*** (14.31)
行业	控制
年份	控制
N	20842
R^2_a	0.174

5.3.4 异质性检验

为了更好地了解在不同情境下数字化转型对企业高质量发展提升作用的影响差异。本部分将分别设置虚拟变量对不同产权性质的企业、不同省份数字化程度进行分组，以进行异质性检验。具体分组方法如下：产权性质分组是以企业实际控制人性质划分，数据来源于国泰安数据库中对最终控制人性质的描述，当其为“国有企业 1100”或“国有机构 2100”时，则为“1”，表示国有企业；反之则为“0”，表示非国有企业。省份数字化程度分组方法是以省份数字化程度中位数为界，省份数字化程度大于中位数为“1”，表示省份数字化程度高组；小于中位数则为“0”，表示省份数字化程度低组。

1. 分组检验——国企非国企

首先，表 5-6 最后一列报告了不同产权性质企业数字化转型与企业高质量发展的组间差异情况。组间系数差异检验 P 值为 0.8952，表明国企组和非国企组的 *DCG* 系数大小差异统计上不显著，但是在国企组 *DCG* 系数未通过 10% 水平的显著性检验，而非国企组 *DCG* 系数通过了 1% 水平的显著性检验，表明 *DCG* 对 *lQUA* 的影响在国企组不显著，而在非国企组显著。说明不同产权性质企业数字化转型与企业高质量发展的影响存在显著差异。

其次，从表 5-6 中可以看出，在国企组数字化转型（*DCG*）每提升一个单位，企业高质量发展（*lQUA*）增加 0.005 个单位，虽然不显著，t 值为 1.63，十分接近 t 值 10% 水平的显著性（t 值 10% 水平为 1.645）。在非国企组，数字化转型（*DCG*）每提升一个单位，企业高质量发展（*lQUA*）增加 0.005 个单位，并在 1% 的水平上显著。充分说明不论何种产权的企业，在数字化转型的趋势下，都会对企业的高质量发展产生或多或少的影响，相对国有企业来说，数字化转型对企业高质量发展的提升效应在非国企效果更为显著。因为企业在全面推动数字化转型过程中，会大量引入智能制造、数字技术、信息系统等，进而有助于企业高质量的发展。但是由于需要面对更加激烈的市场压力，数字化转型对非国有企业影响更大（李政、陆寅宏，2014），非国有企业依托于自身发展实际，结合数字化转型契机，制定数字化发展战略，从而有效改善企业运行效率，提升发展质量，助力企业深化改革。

表 5-6　　　　分组检验——国企非国企

	国企	非国企
	lQUA	*lQUA*
DCG	0.005 (1.63)	0.005*** (3.68)
Size	-0.007 (-1.45)	0.008*** (3.65)
Lev	0.050** (2.25)	0.001 (0.10)
ROA	0.152*** (2.63)	0.054*** (2.58)
Cashflow	-0.138*** (-2.69)	-0.136*** (-4.57)
Dual	-0.010 (-1.53)	-0.006* (-1.72)
Top1	-0.594*** (-22.99)	-0.572*** (-39.90)
TobinQ	-0.003** (-2.16)	-0.001** (-2.53)

续表

	国企	非国企
	lQUA	*lQUA*
FirmAge	0.024 * (1.85)	0.010 * (1.65)
INST	-0.001 (-0.05)	0.026 *** (3.20)
Mshare	0.077 (1.08)	-0.006 (-1.46)
Big4	-0.071 *** (-5.18)	-0.028 *** (-2.65)
cons	0.928 *** (8.44)	0.646 *** (11.92)
行业	控制	控制
年份	控制	控制
N	5888	14963
R^2_a	0.189	0.158
组间系数差异检验	0.8952	

2. 分组检验——省份数字化程度

已有研究基于宏观层面，从经济要素、配置效率和生产率的角度对数字经济在高质量发展中的作用进行分析（丁志帆，2020）。荆文君和孙宝文（2019）基于索罗增长模型，提出数字经济在促进经济增长方面有三条途径：一是改变要素投入的数量和质量。二是优化经济增长的生产函数，提高资源配置效率。三是技术进步效应提高了全要素生产率，促进经济增长。任保平（2020）基于类似的分析视角，认为数字经济在宏观层面优化了资源配置方式，提高了经济决策的科学性，有利于经济增长。张勋等（2019）从金融体系的角度做了深入研究，发现数字经济对金融的普惠性具有积极作用，这种作用对于提高落后地区人民生活水平、实现协调发展产生显著效果。因此，为了进一步验证数字化转型对企业高质量发展的影响，本小节利用省份数字化程度作为数字化转型的代理变量，进一步探讨数字化转型对企业高质量发展的影响效应。

从表 5 - 7 中可以发现：

首先，表5－7最后一列报告了不同数字化转型程度省份数字化转型与企业高质量发展的组间差异情况，组间系数差异检验P值为0.0069小于0.001，在1%水平的显著性检验，结果说明不同数字化转型程度省份数字化转型对企业高质量发展的影响存在显著差异。

其次，从表5－7可以发现，在数字化程度低的省份，数字化转型（*DCG*）每提升一个单位，企业高质量发展（*lQUA*）增加0.003个单位，虽然不显著，t值为1.56，接近t值10%水平的显著性（t值10%水平为1.645）。在数字化程度高的省份，数字化转型（*DCG*）每提升一个单位，企业高质量发展（*lQUA*）增加0.007个单位，并在1%的水平上显著。这说明不论是数字化程度低的省份，还是数字化程度高的省份，数字化转型都会对企业的高质量发展产生积极的影响，相对数字化程度低的省份来说，数字化转型对企业高质量发展的提升效应在数字化程度高的省份效果更为显著，也进一步验证了数字经济对经济发展产生的积极影响（宋洋，2020）。

数字化转型对企业高质量发展的提升效应在数字化程度高的省份效果显著的原因是：一是提高经济体的创新能力，数字经济所对应的产业通常知识密度较高，具有很强的创新能力，同时，传统产业与数字经济发生融合时，大量新工艺、新方法、新产品被开发利用，提高了经济体的创新性。二是有利于实现协调发展，一方面数字经济通过规模效应激励经济体扩大产出，吸纳更多劳动人口，提高就业水平，另一方面，数字经济降低交易成本，提高区域间经济要素的匹配效率，使不同地区的发展优势被整合进生产体系，为相对落后地区带来发展机遇，缩小区域间发展的不平衡。三是促进生态文明建设，数字经济自身对环境破坏程度较小，其快速发展可以通过产业替代挤压传统高污染行业的发展空间，从而直接降低环境压力，同时数字经济通过对传统产业的智能化改造，提高资源的利用效率，大幅度减少资源浪费和污染排放。四是有利于扩大对外开放，数字经济的重要组成部分是电子商务，随着信息通信技术的快速发展，电子商务有力推动了跨境商品的流通和贸易，同时数字经济还促进了各经济体之间经济、文化、科技、教育等多方面交流，从多个角度提升对外开放水平。五是增强经济发展的普适性，促进经济发展成果共享，数字经济显著提高经济体系中供给和需求的匹配效率，促进生产能力提升，扩大有效需求，从而在总量上为提高生活水平构建物质基础，而且，数字经济具有较强的范围经济效应，通过高效的搜索和匹配技术，为各类消费需求人群提供商品，在供给结构上为普遍提高生活水平创造条件。

表 5-7　　　　分组检验——省份数字化程度

	省份数字化程度低	省份数字化程度高
	lQUA	*lQUA*
DCG	0.003 (1.56)	0.007*** (3.82)
Size	0.010*** (4.07)	-0.004 (-1.18)
Lev	-0.006 (-0.44)	0.033** (2.22)
ROA	0.040 (1.35)	0.095*** (3.59)
Cashflow	-0.152*** (-4.09)	-0.127*** (-3.70)
Dual	-0.006 (-1.40)	-0.009** (-2.11)
Top1	-0.578*** (-33.33)	-0.602*** (-34.10)
TobinQ	-0.001 (-0.92)	-0.003*** (-3.41)
SOE	-0.019*** (-3.89)	-0.016** (-2.29)
FirmAge	-0.004 (-0.55)	0.024*** (3.42)
INST	0.002 (0.17)	0.033*** (3.27)
Mshare	-0.001 (-0.41)	-0.035*** (-3.53)

续表

	省份数字化程度低	省份数字化程度高
	lQUA	*lQUA*
Big4	-0.022** (-2.53)	-0.073*** (-5.29)
cons	0.676*** (11.10)	0.821*** (10.40)
行业	控制	控制
年份	控制	控制
N	10013	10818
R^2_a	0.179	0.182
组间系数差异检验	0.0069***	

5.3.5　内生性检验

1. PSM 检验

不同地区企业数字化转型平均水平不同可能源自企业个体特征差异，比如企业规模、资产负债率等，因此为了排除不同企业个体特征对基准模型统计结果的影响，本研究借鉴王晓亮等（2022）的研究思路，采用 PSM 方法进行检验，解决不可观测的遗漏变量、样本量过少和样本偏差等因素造成的内生性问题。

首先，本研究将进行数字化转型的企业作为实验组，没有进行数字化转型的企业作为对照组，实验组取 1，对照组取 0；其次，将企业规模（*Size*）、资产负债率（*Lev*）、总资产报酬率（*ROA*）、现金流量（*Cashflow*）、两职合一（*Dual*）、第一大股东持股比例（*Top*1）、托宾 Q（*TobinQ*）、是否国企（*SOE*）、公司年龄（*FirmAge*）、机构持股比例（*INST*）、管理层持股比例（*Mshare*）、是否四大审计（*Big*4）等控制变量设置为匹配变量，同时将 LQUA 设置为结果变量；再次，按照 1∶1 有放回的倾向得分匹配法筛选研究样本，并进行平稳性检验。图 5-1 显示通过平稳性检验；最后，在通过平稳性检验的基础上再重新进行回归。

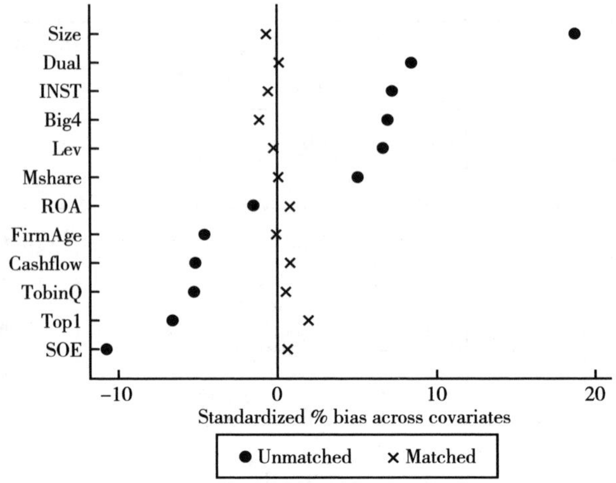

图 5－1　数字化对高质量－PSM 平衡趋势检验图

表 5－8 为匹配效果图。PSM 匹配的回归结果如表 5－9 所示，不难看出 PSM 匹配后回归的结果中，数字化转型（*DCG*）每提升一个单位，企业高质量发展（*lQUA*）增加 0.008 个单位，并在 1% 的水平上显著。PSM 的检验结果说明，在进一步控制选择偏误问题后，基准回归结果依然可靠。

表 5－8　　匹配效果图

Variable	是否匹配	Mean		% bias	% reduct	t－test	
		Treated	Control		bias	t	p > t
Size	U	22.296	22.051	18.8		11.93	0.000
	M	22.06	22.105	－3.4	81.9	－1.81	0.070
Lev	U	0.41159	0.39774	6.7		4.34	0.000
	M	0.40154	0.40123	0.2	97.7	0.08	0.938
ROA	U	0.04192	0.04313	－1.5		－0.93	0.353
	M	0.04259	0.04367	－1.3	10.8	－0.68	0.499
Cashflow	U	0.04846	0.05225	－5.1		－3.27	0.001
	M	0.05034	0.0512	－1.1	77.4	－0.58	0.565
Dual	U	0.32667	0.28801	8.4		5.30	0.000
	M	0.29361	0.29487	－0.3	96.8	－0.14	0.888
Top1	U	0.33012	0.33969	－6.6		－4.16	0.000
	M	0.33922	0.33903	0.1	98.0	0.07	0.947

续表

Variable	是否匹配	Mean		% bias	% reduct	t - test	
		Treated	Control		bias	t	p > t
TobinQ	U	2. 1747	2. 3236	-5. 2		-3. 85	0. 000
	M	2. 2571	2. 1894	2. 4	54. 6	1. 36	0. 173
SOE	U	0. 26945	0. 31835	-10. 7		-6. 93	0. 000
	M	0. 31452	0. 30378	2. 4	78. 0	1. 19	0. 235
FirmAge	U	2. 9531	2. 9666	-4. 5		-2. 83	0. 005
	M	2. 9667	2. 9664	0. 1	98. 2	0. 04	0. 967
INST	U	0. 36789	0. 35032	7. 2		4. 57	0. 000
	M	0. 34889	0. 35311	-1. 7	76. 0	-0. 90	0. 366
Mshare	U	0. 16244	0. 14816	5. 0		2. 90	0. 004
	M	0. 14921	0. 1514	-0. 8	84. 6	-0. 55	0. 582
Big4	U	0. 05801	0. 04298	6. 9		4. 24	0. 000
	M	0. 04162	0. 04453	-1. 3	80. 6	-0. 73	0. 464

表 5-9　　内生性检验——PSM 匹配

	lQUA
DCG	0. 008 *** (4. 31)
Size	0. 006 * (1. 76)
Lev	0. 007 (0. 50)
ROA	0. 053 * (1. 78)
Cashflow	-0. 115 *** (-3. 37)
Dual	-0. 007 * (-1. 79)
*Top*1	-0. 604 *** (-37. 15)
TobinQ	-0. 001 (-1. 05)

续表

	lQUA
SOE	-0.017*** (-3.32)
FirmAge	-0.000 (-0.03)
INST	0.002 (0.18)
Mshare	-0.039*** (-3.42)
Big4	-0.051*** (-3.88)
cons	0.757*** (9.05)
行业	控制
年份	控制
N	10524
R^2_a	0.195

2. 内生性检验——Heckman MLE 检验

从总体战略层面上看，为了应对高度不确定的外部市场环境，企业需要根据自身的战略需求做出数字化转型选择，因此本研究的样本存在一定的自选择性，可能导致样本选择偏差的问题。由于并不是所有上市公司都披露了数字化转型的相关信息，导致本研究的样本可能存在选择性偏误，为此借鉴王莹（2023）的研究思路，进一步基于 Heckman 两步法检验样本的选择偏误。将 *DCG*_dummy 表示是否进行数字化，*DCG* >0 取 1。具体来说，第一阶段，在 Probit 模型中引入企业同行业数字化转型的平均值 *DCG*_Mean，计算企业可能进行数字化转型的概率，得到逆米尔斯比率（IMR）。第二阶段，将 IMR 作为控制变量，加入到基本回归模型中进行回归分析，得到新的回归结果见表 5-10。从第一阶段和第二阶段可以看出，在控制了样本具有自选择性问题时，数字化转型（*DCG*）每提升一个单位，企业高质量发展（*lQUA*）增加 0.005 个单位，并在 1% 的水平上显著，这一结果与前文检验存在性的结果保持一致，说明在考虑存在样本选择偏误的情况下，数字化转型的企业高质量发展提升效应仍然存在，本研究结论是稳健的。

表 5－10　　内生性检验——Heckman MLE 检验

	第一阶段	第二阶段
	DCG_dummy	*lQUA*
DCG		0.005*** (3.35)
Size	0.177*** (14.33)	0.015*** (4.80)
Lev	-0.035 (-0.59)	0.025* (1.89)
ROA	0.085 (0.66)	0.096*** (3.84)
Cashflow	-0.655*** (-4.64)	-0.166*** (-5.26)
Dual	0.037* (1.82)	0.002 (0.59)
*Top*1	0.019 (0.23)	-0.598*** (-38.62)
TobinQ	0.006 (1.39)	-0.003*** (-2.76)
SOE	-0.200*** (-8.48)	-0.042*** (-7.85)
FirmAge	-0.098*** (-2.80)	0.012* (1.69)
INST	0.194*** (4.00)	0.049*** (5.00)
Mshare	0.170*** (4.22)	0.000 (0.07)
*Big*4	0.192 (1.63)	-0.075*** (-6.91)
cons	-3.483*** (-12.84)	0.344*** (4.92)

续表

	第一阶段	第二阶段
	DCG_dummy	*lQUA*
athrho		1.426*** (6.32)
lnsigma		-1.377*** (62.08)
行业	控制	控制
年份	控制	控制
N	20851	

3. 内生性检验——多时点DID检验

企业数字化转型和企业高质量发展之间的因果关系可能会受到遗漏变量的影响，导致内生性问题，为了反映出企业数字化转型产生影响的净效应，借鉴杨国超和芮萌（2020）；翟华云和李倩茹（2022）的研究思路，构建DID模型进行验证。但是，进行DID检验需要满足平行趋势假设，因为只有当处理组和控制组在政策前足够相似才能够保证DID估计出的是政策的因果效应。

首先进行数字化对企业高质量发展影响的平行趋势检验。从图5-2中可以看出，数字化对企业高质量发展影响的DID估计符合平行趋势假设。

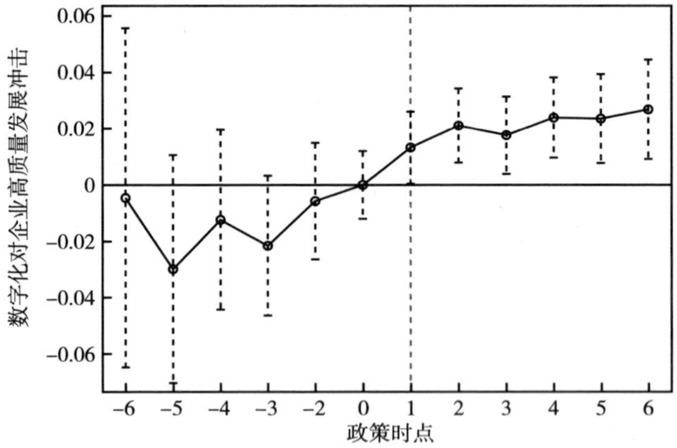

图5-2 数字化对企业高质量发展影响的平行趋势检验图

然后，考虑到企业数字化转型对企业产生的影响的时间节点不一致，采用多期 DID 模型消除个体效应和时间效应产生的偏误，具体模型如下：

$$DCG = \beta_1 Treat \times Post + \beta_2 Treat + \beta_3 Post + \beta_4 Controls \quad (5-2)$$

其中，*Treat* 为处理组虚拟变量，实施数字化企业为处理组，取 1；未实施数字化企业为控制组，取 0。*Post* 为处理期虚拟变量，企业开始进行数字化转型后取 1，否则为 0。*Treat* 与 *Post* 的交乘项估计系数 β_1 为我们关心的处理效应。表 5-11 展示了 PSM 匹配后的样本重新进行多期 DID 回归后的结果，可以看出，数字化转型（*DCG*）每提升一个单位，企业高质量发展（*lQUA*）增加 0.009 个单位，并在 1% 的水平上显著。匹配后重新进行的回归结果与主回归基本一致。说明在控制了遗漏变量可能产生的影响后，企业数字化转型对企业高质量发展的影响效应依然稳健，仍然为显著的正影响。

表 5-11　　内生性检验——多时点 DID 检验

	lQUA
DID	0.009** (2.53)
Size	0.002 (1.04)
Lev	0.016 (1.47)
ROA	0.075*** (3.67)
Cashflow	-0.136*** (-5.34)
Dual	-0.007** (-2.22)
*Top*1	-0.593*** (-46.95)
TobinQ	-0.002*** (-3.67)

续表

	lQUA
SOE	-0.020*** (-4.89)
FirmAge	0.016*** (2.94)
INST	0.023*** (3.00)
Mshare	-0.008* (-1.67)
Big4	-0.051*** (-5.78)
cons	0.757*** (13.87)
行业	控制
年份	控制
N	20851
R^2_a	0.172

5.3.6 稳健性检验

为了进一步验证数字化转型对企业高质量发展的影响，本小节采用滞后被解释变量法（将企业高质量发展滞后一期）、替换计量方法（使用面板固定效应）、重构解释变量法（以无形资产占比代表数字化转型）等方法进行稳健性检验。

1. 稳健性检验——滞后一期

借鉴张列柯等（2019），将企业高质量发展滞后一期进行回归，以进一步缓解研究结论的内生性，其回归结果见表 5-12。结果显示，数字化转型提高了企业的高质量发展。数字化转型（*DCG*）每提升一个单位，企业高质量发展滞后一期（*L. lQUA*）增加 0.004 个单位，并在 1% 的水平上显著，与前文的研究结论保持一致。

表 5-12　稳健性检验——滞后一期

	F. lQUA
DCG	0. 004 *** (2. 69)
Size	-0. 008 *** (-2. 96)
Lev	0. 011 (0. 80)
ROA	-0. 009 (-0. 35)
Cashflow	-0. 124 *** (-4. 17)
Dual	-0. 004 (-1. 20)
Top1	-0. 552 *** (-38. 40)
TobinQ	0. 000 (0. 06)
SOE	-0. 028 *** (-5. 75)
FirmAge	0. 013 ** (2. 02)
INST	0. 034 *** (3. 74)
Mshare	-0. 005 (-0. 99)
Big4	-0. 057 *** (-5. 76)
cons	1. 089 *** (16. 81)
行业	控制
年份	控制
N	16510
R^2_a	0. 140

2. 稳健性检验——面板固定效应

为了避免不随时间变化的个体效应对结果产生影响，同时控制个体和时间，构建固定效应模型进行检验分析。首先，在随机效应与固定效应之间进行豪斯曼检验，从表 5－13，可以看出，采用固定效应更为合适。

表 5－13　　随机效应与固定效应的豪斯曼检验

Ho：difference in coefficients not systematic
chi2(38) = (b − B)′[(V_b − V_B)^(−1)](b − B) = 229.27 Prob > chi2 = 0.0000 结论：拒绝随机效应模型（故采用固定效应模型）

其次，构建固定效应模型进行检验分析，进一步验证数字化转型的企业高质量发展提升效应。从表 5－14 中发现，数字化转型（*DCG*）每提升一个单位，企业高质量发展（*lQUA*）增加 0.009 个单位，并在 1% 的水平上显著。不难看出，企业数字化转型对企业高质量发展仍然产生显著正向影响，结论成立。

表 5－14　　稳健性检验——面板固定效应

	lQUA
DCG	0.009*** (3.12)
Size	0.057*** (8.08)
Lev	0.029 (1.26)
ROA	0.054** (2.02)
Cashflow	−0.048* (−1.73)
Dual	−0.016*** (−2.91)
*Top*1	−0.507*** (−11.18)

续表

	lQUA
TobinQ	-0.001 (-1.04)
SOE	-0.004 (-0.29)
FirmAge	-0.012 (-0.21)
INST	0.016 (1.26)
Mshare	-0.012** (-2.37)
Big4	-0.020 (-1.13)
cons	-0.357 (-1.59)
行业	控制
年份	控制
N	20851
R^2_a	0.066

3. 稳健性检验——无形资产占比

为了能获得可靠的研究结果，对核心解释变量进行替换。以无形资产占比代表数字化转型（何帆和刘红霞，2019；祁怀锦等，2020）进行衡量。在表 5-15 估计结果，可以看出以无形资产占比代表数字化转型，数字化转型（*DCG*）每提升一个单位，企业高质量发展（*lQUA*）增加 0.022 个单位，并在 5% 的水平上显著。与前文的研究结论基本一致。

表 5-15　　稳健性检验——无形资产占比

	lQUA
L. 数字无形资产	0.022** (2.31)
Size	0.002 (0.77)

续表

	lQUA
Lev	0.026** (2.30)
ROA	0.097*** (4.39)
Cashflow	-0.133*** (-4.79)
Dual	-0.006* (-1.88)
*Top*11541	-0.584*** (-40.94)
TobinQ	-0.003*** (-4.83)
SOE	-0.022*** (-5.09)
FirmAge	0.020*** (3.09)
INST	0.012 (1.25)
Mshare	-0.007 (-1.54)
*Big*4	-0.059*** (-6.15)
cons	0.767*** (12.99)
行业	控制
年份	控制
N	18632
R^2_a	0.167

5.4 本章小结

本章基于2015~2021年中国A股上市公司的数据，通过一系列实证分析，检验了数字化转型对企业高质量发展的提升效应。首先通过 OLS 基准检验数字化转型对企业高质量发展的影响效应，并验证了研发投入和高管财务背景比例在数字化转型与企业高质量发展关系中发挥的调节作用。随后在分别检验了不同企业产权性质和不同省份数字化程度异质性影响的基础上，进行一系列内生性和稳健性检验，进一步验证 H5－1 假设成立的可能性。

通过基准检验发现，数字化转型将有助于企业高质量发展的实现，假设 H5－1 得以验证。调节效应检验表明，研发投入和高管财务背景对数字化转型的企业高质量发展提升效应具有显著的调节作用，其中高管财务背景的调节效应更为明显。异质性检验结果表明，相对国有企业来说，数字化转型对企业高质量发展的提升效应在非国企效果更为显著；相对数字化程度低的省份来说，数字化转型对企业高质量发展的提升效应在数字化程度高的省份效果更为显著。

进一步地，考虑到基准回归模型中可能存在的互为因果、遗漏变量、样本选择偏差等内生性问题，以及可能存在影响的"时滞性"、指标选择偏差等因素的对基准回归模型的干扰，本研究采用倾向得分匹配法（PSM）、Heckman MLE 检验、多时点 DID 进行内生性检验，并采用滞后被解释变量法（企业高质量发展滞后一期）、替换计量方法（使用面板固定效应）、重构解释变量法（以无形资产占比代表数字化转型）等方法进行稳健性检验，均得到与基准检验较为一致的结果，上述一系列检验表明基准回归结果依然成立，说明数字化转型确实可以促进企业高质量发展。

第6章　数字化转型与会计信息可比性

6.1　理论分析

企业数字化转型依托“ABCD”技术带来的显著优势，能够强化企业在信息的汇总、处理及传递方面的能力，提高企业经营效率，促进企业创新升级，从而放大企业潜能，对企业的多方面产生积极影响。基于这样的基本理论逻辑，数字化转型必然会对企业的会计信息可比性产生重要影响，具体而言，企业数字化转型对会计信息可比性的提升主要通过以下几个层次来实现。

第一，企业数字化转型提升了内部控制水平，从而为企业会计信息可比性提升提供了必要的内部基础条件。通过数字化转型，企业能够依托“ABCD”技术的显著优势强化对非标准化、非结构化数据的处理能力，加速内部信息流转，提升各环节的效率与敏捷性，更有效地把握运营环境中的各类风险与机遇，提高决策互动动态性与决策准确度，从而提升企业内部控制水平。进一步地，作为企业内部重要的监督机制，良好的内部控制对企业会计信息可比性有着重要影响。其一，高质量的内部控制能够规范企业的治理结构和议事规则，提升企业职责分工和制度制衡的有效性，有助于识别经济业务或事项的性质和后果，降低会计方法选择的差异性，提升会计信息可比性；其二，会计系统控制本身就是企业内部控制中的一项重要内容，我国企业内部控制强调企业应当依据统一的会计制度，明确会计处理程序，规范会计方法使用，因此高质量的内部控制能够提高企业对会计准则的遵循程度，减少会计选择的不确定性，为企业会计信息可比性的提升创造必要的内部基础条件，从而提升企业会计信息可比性。

第二，企业数字化转型降低了供应链集中度，从而为企业会计信息可比性提升提供了重要的外部驱动力。一方面，通过数字技术应用，企业能够打破地域因素限制，刺激供应链网络中多样化合作形式的产生，从而扩展供应链环境边界，使企业能够通过跨空间的线上虚拟合作等形式与供应链中更多个体开展合作；另一方面，数字化转型能够帮助企业高效识别消费者需求变化，为了应对顾客需求的不断升级变化，企业需要及时对供应链结构进行调整，及时补充并剔除掉无效部分，加强或替换掉弱势部分，促使企业与更多不同类型的供应商和客户合作，降低了供应链集中度。进一步地，在供应链集中的情形下，企业往往会为了优化供应链中各流程成本而进行关系专用性资产投资，促进了隐性契约的形成，降低了企业公开披露会计信息的意愿。同时，供应链集中情形下企业的采购与销售活动往往只依赖少数几个主要供应商、客户，导致其议价能力较强，从而有能力通过非公开渠道要求企业提供其所需的会计信息，因此无论是从意愿还是从能力上看，供应链集中的情况下，企业公开披露会计信息的诉求都较低。换言之，企业数字化转型通过降低供应链集中度，提升了会计信息披露诉求，缓解了会计信息仅在部分企业间充分共享的隐性契约问题，形成了重要的外部驱动力，从而提升会计信息可比性。

第三，企业数字化转型降低了战略差异度，从而为企业会计信息可比性提升营造了良好的财务信息环境。企业的生产过程中，由于同行业企业往往面临着一致的市场监管与行业竞争环境，因此通过企业间的信息交换、互相模仿和借鉴，会促使相似的资源配置结构的形成，基于资源基础理论，从而产生行业集中的主流战略模式，这种主流战略模式由于凝聚了行业内大量企业的战略定位经验与战略管理思想，更易于被利益相关者接受，有助于企业适应制度环境，降低法律诉讼风险、经营风险和业绩波动风险，企业数字化转型能够有效发挥大数据的信息收集与整体优势，有助于行业内专家知识的传播，强化企业间的溢出效应与模仿效应，有助于主流战略的升级优化以及企业对主流战略的模仿借鉴，从而降低战略差异度。进一步地，当企业的战略差异度较大时，即偏离主流战略模式时，意味着其战略模式与监管机构的要求相差较大，更可能违背行业法规，企业的经济业务或事项的性质和后果更加难以判断，更具有独特性和复杂性，因此其会计方法的选择也更具有不确定性，此时企业的财务信息加工规则异化以及报告编制中会计准则误用的可能性将会更高，从而降低企业的会计信息可比性。因此，企业数字化转型通过降低战略差异度促使企业经济业务或事项更具常规性，避免了财务信息加工规则异化以及报告编制中会计准则误用，营造了良好的财务信息环境，从而提升会计信息可比性。

H6-1：在其他条件不变的情况下，数字化转型有利于提升会计信息可比性。

6.2 研究设计

6.2.1 数据来源和样本选择

数据来源与样本选择与第5章一致。选取2015~2021年中国A股上市公司为初始样本。在初始样本的基础上，参考已有文献的做法，依次剔除如下样本：（1）金融行业公司样本；（2）ST公司样本；（3）前16个季度净利润和季度股票收益率缺失的样本；（4）其他相关数据缺失的样本。最后得到10786个公司——年度观察值。本研究对所有连续变量在1%和99%水平上进行了Winsorize处理，以剔除极端值影响。利用Python进行文本挖掘的上市公司年报来源于巨潮资讯网，公司财务与治理数据来源于CSMAR和CNRDS数据库。

6.2.2 变量定义与说明

1. 企业数字化转型

本研究借鉴吴非等（2021）、赵宸宇等（2021）的方法，基于上市企业披露的年报，采用文本分析法刻画企业的数字化转型程度。具体地，利用Python软件对企业年报中涉及“企业数字化转型”的词频进行统计以刻画其转型程度。企业年报中数字化转型相关关键词的出现次数可以比较合理地反映数字化转型程度，涉及的关键词出现频率越高，说明企业在数字化转型方面取得的成效越显著。本研究根据吴非等（2021）的研究，确定了与数字化转型相关的关键词汇，并利用 Python 技术抓取相关的关键词，统计各关键词在不同年份的年报中出现的次数。在加总所有词频数的基础上进行对数化处理，最终得到刻画企业数字化转型的整体指标（*DCG*）。

2. 会计信息可比性

参考胥朝阳和刘睿智（2014）的研究方法，通过下列步骤估计公司的会计信息可比性。首先，利用公司 i 第 t 期前连续 16 个季度的数据，估计回归模型（6－1）：

$$Earnings_{it} = \beta_0 + \beta_1 Return_{it} + \beta_2 Neg_{it} + \beta_3 Neg_{it} \times Return_{it} + \varepsilon_{it} \tag{6-1}$$

式（6－1）中，*Earnings* 等于季度净利润除以期初权益市场价值，*Return* 等于季度股票收益率，*Neg* 为虚拟变量，如果季度股票收益率为负，则等于 1，否则等于 0。$\hat{\beta}_0$、$\hat{\beta}_1$、$\hat{\beta}_2$、$\hat{\beta}_3$ 分别为模型（6－1）对应参数的估计值。然后根据估计参数计算预期盈余。

$$E(Earnings)_{iit} = \hat{\beta}_{0it} + \hat{\beta}_{1it} Return_{it} + \hat{\beta}_{2it} Neg_{it} + \hat{\beta}_{3it} Neg_{it} \times Return_{it} \tag{6-2}$$

$$E(Earnings)_{ijt} = \hat{\beta}_{0jt} + \hat{\beta}_{1jt} Return_{it} + \hat{\beta}_{2jt} Neg_{it} + \hat{\beta}_{3jt} Neg_{it} \times Return_{it} \tag{6-3}$$

定义公司 i 和 j 的会计信息可比性如下：

$$Comp_{ijt} = -\frac{1}{16} \times \sum_{t-15}^{t} \left| E(Earnings)_{iit} - E(Earnings)_{ijt} \right| \tag{6-4}$$

根据上述方法，计算出公司 i 与同行业内其他公司的会计信息可比性，然后将计算出的可比性数值从大到小排序，取前 4 个值的平均值作为公司 i 的会计信息可比性测度值，记为 *Comp*4。*Comp*4 取值越大，代表公司 i 的会计信息可比性越高。

3. 控制变量

借鉴袁知柱等（2017）；周冬华和杨小康（2018），选取以下变量作为本章的控制变量：企业规模（*Size*）、资产负债率（*Lev*）、总资产报酬率（*ROA*）、现金流量（*Cashflow*）、两职合一（*Dual*）、第一大股东持股比例（*Top*1）、托宾 Q（*TobinQ*）、是否国企（*SOE*）、公司年龄（*FirmAge*）、机构持股比例（*INST*）、管理层持股比例（*Mshare*）、是否四大审计（*Big*4）等。各种变量的具体测算方法见表 6－1。

表 6-1　变量名称与测算方法

变量名称	英文名称	测算方法
数字化转型程度	*DCG*	采用文本分析法刻画企业的数字化转型程度（吴非等，2021；赵宸宇等，2021）
会计可比性	*Comp*	6.2.2 小节
企业规模	*Size*	年末总资产的自然对数
资产负债率	*Lev*	年末总负债/年末总资产
总资产报酬率	*ROA*	净利润/总资产平均余额
现金流量	*Cashflow*	经营活动产生的现金流量净额/总资产
两职合一	*Dual*	董事长与总经理是同一个人为1，否则为0
第一大股东持股比例	*Top*1	第一大股东持股数量/总股数
托宾 Q	*TobinQ*	(流通股市值+非流通股股份数×每股净资产+负债账面值)/总资产
是否国企	*SOE*	国有控股企业取值为1，其他为0
公司年龄	*FirmAge*	ln（当年年份-公司成立年份+1）
机构持股比例	*INST*	机构投资者持股总数除以流通股本
管理层持股比例	*Mshare*	管理层持股数据/总股本
是否四大审计	*Big*4	公司经由四大（普华永道、德勤、毕马威、安永）审计为1，否则为0

6.2.3　模型设计

本研究主要研究企业数字化转型对会计信息可比性的影响，为检验研究假设，建立如下模型：

$$Comp_{i,t} = \alpha_0 + \alpha_1 Dcg_{i,t} + \sum^{n} \alpha_j CVs_{i,t} + \sum \alpha_k Year + \sum \alpha_1 Firm + \varepsilon_{i,t} \tag{6-5}$$

数字化转型（*DCG*）的系数（α_1）是本研究关注的重点，衡量了数字化转型对会计信息可比性的影响。根据研究假设，本研究预期 α_1 显著为正，即数字化转型程度越大的企业会计信息可比性越高。

6.3　实证分析

6.3.1　描述性统计

描述性统计见表 6－2。从表 6－2 中可以发现，数字化转型程度（*DCG*）的最大值为 6.301，最小值为 0，均值为 1.639，中位数为 1.386，方差为 1.416，企业数字化转型的整体结果与吴非等（2021）的研究基本一致，反映出当前我国企业数字化转型还存在整体发展势头迅猛，但不同企业间差异较大的发展不均问题。会计信息可比性（*Comp*）的最大值为 0，最小值为 －0.090，均值为 －0.011，中位数为 －0.009，方差为 0.007。从结果可以看出，会计信息可比性（*Comp*）的数据结构与张勇（2020）等的研究保持了高度一致，同时也反映出我国不同企业间的会计信息质量存在显著差异，为本书后续研究企业数字化转型对其的影响提供了基础保证与切入点。企业规模（*Size*）的最大值为 28.636，最小值为 17.954，均值为 22.566，中位数为 22.376，方差为 1.321，表明我国企业整体的企业规模水平之间存在较大差距。资产负债率（*Lev*）的最大值为 1.957，最小值为 0.008，均值为 0.440，中位数为 0.435，方差为 0.201，表明不同企业间的资产结构差别较大。总资产报酬率（*ROA*）的最大值为 0.675，最小值为 －0.931，均值为 0.034，中位数为 0.034，方差为 0.075，说明本研究选取样本中企业间资产收益率的水平差距较小。现金流量（*Cashflow*）的最大值为 0.652，最小值为 －0.744，均值为 0.050，中位数为 0.049，方差为 0.072，说明本研究选取样本中企业间现金流量的水平差距较大。两职合一（*Dual*）的最大值为 1，最小值为 0，均值为 0.254，中位数为 0，方差为 0.435，说明两职合一的企业较少。第一大股东持股比例（*Top*1）的最大值为 0.900，最小值为 0.003，均值为 0.326，中位数为 0.303，方差为 0.146，说明企业整体股权集中度偏高，而且不同企业之间的股权结构存在差距。托宾 Q（*TobinQ*）的最大值为 56.813，最小值为 0.685，均值为 2.182，中位数为 1.657，方差为 2.013，说明本研究选取样本中企业间托宾 Q 的水平差距较大。是否国企（*SOE*）的最大值为 1，最小值为 0，均值为 0.376，中位数为 0，方差为 0.484，说明民营企业较多。公司年龄（*FirmAge*）的最大值为 4.007，最小值为 1.792，均值为 3.015，中位数为 3.045，方差为 0.274，说明公司年龄大多集中于 2～3 年，成立时间长的公司较少。机构持股比例（*INST*）的最大值为 1.111，最小值为 0，均值为 0.419，中位数为 0.434，方差为 0.233，说明机构持股比例较少。管理层持股比例（*Mshare*）的最大值为 1.694，最小值为 0，均值为 0.107，中位数为 0.005，方差为 0.167，说明机构持股比例较少。是否四大审计（*Big*4）的最大值为 1，最小值为 0，均值为 0.061，中位数为 0，方差为 0.240，说明采用四大会计师事务所审计的上市公司较少。

表 6-2　　　　　　　　　　描述性统计

英文符号	变量名称	N	max	min	mean	p50	sd
DCG	数字化转型程度	12162	6.301	0.000	1.639	1.386	1.416
Comp	会计信息可比性	12162	0.000	-0.090	-0.011	-0.009	0.007
Size	企业规模	12162	28.636	17.954	22.566	22.376	1.321
Lev	资产负债率	12162	1.957	0.008	0.440	0.435	0.201
ROA	总资产报酬率	12162	0.675	-0.931	0.034	0.034	0.075
Cashflow	现金流量	12162	0.652	-0.744	0.050	0.049	0.072
Dual	两职合一	12162	1.000	0.000	0.254	0.000	0.435
*Top*1	第一大股东持股比例	12162	0.900	0.003	0.326	0.303	0.146
TobinQ	托宾 Q	12162	56.813	0.685	2.182	1.657	2.013
SOE	是否国企	12162	1.000	0.000	0.376	0.000	0.484
FirmAge	公司年龄	12162	4.007	1.792	3.015	3.045	0.274
INST	机构持股比例	12162	1.111	0.000	0.419	0.434	0.233
Mshare	管理层持股比例	12162	1.694	0.000	0.107	0.005	0.167
*Big*4	是否四大审计	12162	1.000	0.000	0.061	0.000	0.240

6.3.2 基准检验

为了识别和检验数字化转型与会计信息可比性之间的关系，本小节首先进行基准检验，采用 OLS 实证检验数字化转型对企业会计可比性的影响效应。从表6－3中不难看出，数字化转型（*DCG*）每提升一个单位，会计信息可比性（*Comp*）增加0.0005个单位，并在1%的水平上显著。说明企业数字化转型对会计信息可比性都有显著的促进作用，验证了本研究的假设H6－1。这说明企业进行数字化转型对信息披露同样有着重要影响，通过进行数字化转型，有助于企业利用数字科技处理内外部信息，加强信息的标准化，提升信息处理效率，同时，企业进行数字化转型也需要加强信息披露质量，从而向外界传递自身高质量发展的信号，以降低转型风险，获得投资者认可。H6－1得到验证。

表6－3　基准检验

	Comp
DCG	0.0005*** (10.94)
Size	－0.0012*** (－16.29)
Lev	－0.0039*** (－9.40)
ROA	0.0251*** (18.29)
Cashflow	－0.0089*** (－9.44)
Dual	－0.0000 (－0.09)
*Top*1	0.0006 (1.27)
TobinQ	－0.0000 (－1.39)
SOE	0.0001 (0.64)
FirmAge	－0.0004* (－1.77)
INST	0.0021*** (5.68)

续表

	Comp
Mshare	0.0030*** (7.73)
Big4	-0.0014*** (-5.09)
cons	0.0172*** (10.36)
行业	控制
年份	控制
N	12162
R^2_a	0.3860

6.3.3 调节效应检验

1. 调节效应——内部控制

已有研究发现，内部控制是企业重要的内部监督机制，其目标是确保财务报告的可靠性，而财务报告可靠性是会计信息可比性的基础。因此，良好的内部控制能够提高会计信息的可比性（梅丹，2017）。企业通过数字化转型，企业能够依托“ABCD”技术的显著优势强化对非标准化、非结构化数据的处理能力，加速内部信息流转，提升各环节的效率与敏捷性，更有效地把握运营环境中的各类风险与机遇，提高决策互动动态性与决策准确度，从而提升企业内部控制水平（钟廷勇等，2022；聂兴凯等，2022）。

因此，本研究借鉴钟廷勇等（2022）、聂兴凯等（2022）的思路，对内部控制的调节效应进行检验。通过表6-4发现，数字化转型与内部控制的交乘项（*DCG* * 内控）每提升一个单位，会计信息可比性（*Comp*）提升0.0001个单位，并在5%的水平上显著。说明企业数字化转型会引起企业内部各运行机制的改变，增强内部控制质量，而良好的内部控制能够提高会计信息的可比性（梅丹，2017），内部控制能够正向调节数字化转型对会计信息可比性的影响。

表 6-4　　调节效应——内部控制

	Comp
DCG	-0.0002 (-0.59)
内控	0.0003 *** (3.73)
DCG * 内控	0.0001 ** (2.24)
Size	-0.0012 *** (-17.51)
Lev	-0.0036 *** (-8.79)
ROA	0.0221 *** (15.50)
Cashflow	-0.0086 *** (-9.33)
Dual	-0.0000 (-0.34)
*Top*1	0.0005 (1.08)
TobinQ	-0.0000 (-1.26)
SOE	0.0000 (0.17)
FirmAge	-0.0004 * (-1.72)
INST	0.0020 *** (5.35)
Mshare	0.0027 *** (7.13)
*Big*4	-0.0015 *** (-5.35)
cons	0.0172 *** (9.93)

续表

	Comp
行业	控制
年份	控制
N	12160
R^2_*a*	0.3943

2. 调节效应——信息不对称

已有研究发现，数字化转型可以改善企业信息不对称，为提高会计信息可比性营造良好的信息环境（聂兴凯等，2022）。而会计信息可比性是信息使用者决策的重要信息来源（Barth et al.，2013），可比的会计信息能够降低信息使用者收集和处理信息的成本，提高决策的有用性，进而保护自身合法利益。

因此，本研究借鉴聂兴凯等（2022）的思路，对信息不对称的调节效应进行检验。通过表 6 – 5 发现，数字化转型（*DCG*）与信息不对称（*ILL*）的交乘项（*DCG* ∗ *ILL*）每提升一个单位，会计信息可比性（*Comp*）减少 0.0178 个单位，而数字化转型（*DCG*）可以提升 0.0007 个单位，并都在 1% 的水平上显著。说明信息不对称程度越高，企业会计信息可比性越低。同时，数字化转型能够通过增强降低企业信息不对称提升会计信息可比性。充分说明信息不对称对数字化转型的企业高质量发展提升效应具有显著的调节作用。

表 6 – 5　　　　调节效应——信息不对称

	Comp
DCG	0.0007 *** (7.34)
ILL	–0.0614 *** (–3.50)
DCG ∗ *ILL*	–0.0178 *** (–2.82)
Size	0.0015 *** (–16.33)

续表

	Comp
Lev	0. 0034 *** (-8. 00)
ROA	0. 0245 *** (17. 75)
Cashflow	0. 0092 *** (-9. 76)
Dual	-0. 0000 (-0. 22)
*Top*1	0. 0011 ** (2. 42)
TobinQ	-0. 0001 *** (-3. 73)
SOE	0. 0001 (0. 70)
FirmAge	-0. 0004 (-1. 58)
INST	0. 0025 *** (6. 61)
Mshare	0. 0033 *** (8. 45)
*Big*4	-0. 0014 *** (-4. 87)
cons	0. 0255 *** (11. 57)
行业	控制
年份	控制
N	12162
R^2_a	0. 3891

6.3.4 异质性检验

为了更好的了解在不同情境下数字化转型对会计信息可比性提升作用的影响差异。本小节将分别设置虚拟变量对不同数字化转型偏好程度的企业、不同行业竞争程度进行分组，以进行异质性检验。

1. 分组检验——数字化转型偏好的程度

已有研究发现，若企业本身属于高新技术企业，则企业响应国家政策号召进行数字化转型的意愿会更强烈，且相关转型风险较低（钟廷勇等，2022）。因此，企业数字化转型对会计信息可比性的提升将会更显著。据此将样本按照是否属于高新技术企业进行分组，根据锐思金融数据库中对高新技术企业认定公告的披露作为分组标准，进行分组回归，结果见表6－6。

从表6－6中可以发现：

首先，表6－6最后一列报告了不同数字化转型偏好程度企业的数字化转型与会计可比性的组间差异情况，组间系数差异检验P值为0.0164小于0.05，在5%水平的显著性检验，结果说明不同数字化转型偏好程度类型的企业数字化转型对会计可比性的影响存在显著差异。

其次，从表6－6中可以看出，在高科技企业组，数字化转型（*DCG*）每提升一个单位，会计可比性（*Comp*）增加0.0002个单位，并在1%的水平上显著。在非高科技企业组，数字化转型（*DCG*）每提升一个单位，会计可比性（*Comp*）增加0.0004个单位，虽然不显著，但是影响为正。原因是企业数字化转型仅对高新技术企业的会计信息可比性发挥了显著的正向促进作用，这可能是因为，若企业属于高新技术企业，本身对数字技术等新兴技术的应用就具有一定偏好，自身进行数字化转型的风险相对较低，对企业数字化转型的国家政策号召也会更加响应，具有更高的数字化转型的意愿，因此会强化企业数字化转型对会计信息可比性的提升效果。

表6-6　　异质性检验——数字化转型偏好程度

	高科技企业	非高科技企业
	Comp	*Comp*
DCG	0.0002*** (4.72)	0.0004 (1.10)
Size	-0.0006*** (-7.84)	-0.0017*** (-21.36)
Lev	-0.0051*** (-11.62)	-0.0032*** (-6.86)
ROA	0.0256*** (25.46)	0.0255*** (20.12)
Cashflow	-0.0110*** (-9.54)	-0.0059*** (-5.58)
Dual	-0.0001 (-0.64)	0.0001 (0.70)
*Top*1	0.0007 (1.11)	0.0002 (0.26)
TobinQ	-0.0000 (-0.10)	-0.0001** (-2.32)
SOE	-0.0001 (-0.79)	-0.0000 (-0.22)
FirmAge	-0.0012*** (-4.47)	-0.0001 (-0.19)
INST	0.0017*** (3.60)	0.0025*** (5.14)
Mshare	0.0023*** (4.39)	0.0036*** (5.96)
*Big*4	-0.0005 (-1.42)	-0.0013*** (-4.19)
cons	0.0098*** (5.30)	0.0275*** (14.30)
行业	控制	控制

续表

	高科技企业	非高科技企业
	Comp	*Comp*
年份	控制	控制
N	5141	7021
R^2_a	0.3706	0.3443
组间系数差异检验	0.0164 **	

2. 分组检验——行业竞争程度

已有研究发现，企业数字化转型本身也面临着较大的风险，而其中市场竞争带来的压力正是其面临的重要风险来源（钟廷勇等，2022）。因此，在不同市场竞争程度下企业数字化转型与会计信息可比性之间的关系有什么异质性特征成为本研究关注的另一个问题。

据此，参考李青原和王露萌（2019）的研究，采用行业集中率（CR5，行业内最大的前 5 家企业的主营业务收入占全行业主营业务收入的比例）、赫芬达尔指数（HHI）作为衡量市场竞争程度的变量，取其年度中位数为阈值变量，设置虚拟变量，若小于阈值变量则虚拟变量取 1，代表市场竞争程度较大，反之则虚拟变量取 0，代表市场竞争程度较小，以此来检验不同市场竞争情况下企业数字化转型对会计信息可比性的影响。结果见表 6 – 7。

从表 6 – 7 中可以发现：

首先，表 6 – 7 最后一列报告了不同行业竞争企业的数字化转型与会计可比性的组间差异情况，组间系数差异检验 P 值为 0.0959 小于 0.01，在 10% 水平的显著性检验，结果说明不同行业竞争企业数字化转型对会计可比性的影响存在显著差异。

其次，从表 6 – 7 中可以看出，在高行业竞争组，数字化转型（*DCG*）每提升一个单位，会计可比性（*Comp*）增加 0.0002 个单位，并在 1% 的水平上显著。在低行业竞争组，数字化转型（*DCG*）每提升一个单位，会计可比性（*Comp*）增加 0.0004 个单位，也在 1% 的水平上显著。原因是，一方面，从专有性成本效应的角度来看，专有性成本是指行业间的竞争对手通过利用信息而给披露信息的企业带来的成本，由于会计信息可比性是一种有助于识别出两种经济现象异同点的能力，若企业在数字化转型的驱动下对外披露可比性较高的财务信息，在激烈的市场竞争作用下，由于行业内的同质企业较多，可能会因此向竞争对手透露更多更充分的相关信息，增加企业的专有性成本，导致企业的竞争优势受到损害，使企业面临更高的经营风险。例如行业间的竞争对手可能会通过这些高可比性的财务信息来推断企业的研发投入、边际利润率或者其他与商业机密相关的重要财务信息，并据此调整财务决策与经营战略，导致企业的竞争优势下降。此时受激烈的市场竞争影响，将会为企业带来更高的经营风险，基于理性经济人假设，企业可能为了降低专有性成本与经营风险而放弃披露更可比的会计信息以获取更高的总收益。因此，受专有性成本效应的影响，市场竞争会使得企业数字化转型对会计信息可比性的提升受到削弱，即相对高市场竞争行业，低市场竞争行业的企业数字化转型对会计信息可比性的影响更为显著。

另一方面，从关注压力效应的角度来看，在当前大力发展数字经济战略的环境下，企业的数字化转型会更加契合国家政策导向以及经济实践需求，从而更容易受到投资者关注，且依托云计算、大数据等信息技术的优势，企业能够释放出更具标准化、结构化特征的信息，更容易被投资者识别，因而强化了投资者对企业的关注程度。在激烈的市场竞争环境下，行业内的同质企业较多，此时若企业的财务信息披露与行业间其他企业存在较大差异，例如会计政策、会计方法的选择等与其他企业存在明显区别，在市场竞争的驱使下将会使得这种差异更为突出，从而增加投资者对企业会计政策、会计方法选择动机的质疑。同时，在激烈的市场竞争作用下，企业往往面临着严重的资金约束，此时投资者的质疑将会加剧企业的流动性风险，产生严重后果，并且企业的数字化转型进程本身就面临着一定风险，需要依靠加强对外披露让投资者了解企业的高质量发展进程，获得投资者的认可，才能够降低转型风险。基于此，为了规避因市场竞争中的投资者关注压力带来的风险，企业将会基于理性经济人假设而披露更加可比的会计信息以降低投资者质疑，缓解相关风险。因此，受关注压力效应的影响，相对高市场竞争行业，低市场竞争行业的企业数字化转型对会计信息可比性的影响更为显著。

表 6－7　　　　异质性检验——行业竞争程度

	高行业竞争	低行业竞争
	Comp	*Comp*
DCG	0.0002*** (6.06)	0.0004*** (5.32)
Size	－0.0006*** (－8.34)	－0.0016*** (－18.44)
Lev	－0.0045*** (－11.62)	－0.0040*** (－7.72)
ROA	0.0252*** (27.19)	0.0242*** (17.40)
Cashflow	－0.0094*** (－9.36)	－0.0064*** (－5.49)
Dual	－0.0001 (－0.49)	0.0001 (0.35)
Top1	0.0014** (2.55)	－0.0005 (－0.72)
TobinQ	－0.0000 (－0.14)	－0.0001 (－1.11)
SOE	－0.0001 (－0.71)	0.0002 (0.79)
FirmAge	－0.0009*** (－3.62)	－0.0001 (－0.24)
INST	0.0006 (1.52)	0.0036*** (6.47)
Mshare	0.0019*** (4.21)	0.0039*** (5.45)
Big4	－0.0008** (－2.37)	－0.0012*** (－3.74)
cons	0.0077*** (4.58)	0.0257*** (11.99)
行业	控制	控制
年份	控制	控制
N	6139	6023

续表

	高行业竞争	低行业竞争
	Comp	*Comp*
R^2_a	0.3362	0.3429
组间系数差异检验	0.0959*	

6.3.5　内生性检验

1. PSM 检验

企业某些特征可能会同时影响企业数字化转型和会计信息可比性，进而影响两者之间的关系。为了解决样本偏差对本研究结论造成影响，本研究将进行数字化转型的企业作为实验组，没有进行数字化转型的企业作为对照组。选取将企业规模（*Size*）、资产负债率（*Lev*）、总资产报酬率（*ROA*）、现金流量（*Cashflow*）、两职合一（*Dual*）、第一大股东持股比例（*Top*1）、托宾 Q（*TobinQ*）、是否国企（*SOE*）、公司年龄（*FirmAge*）、机构持股比例（*INST*）、管理层持股比例（*Mshare*）、是否四大审计（*Big*4）等控制变量设置为匹配变量，按照 1∶1 有放回的倾向得分匹配法筛选研究样本，然后运用匹配后的样本首先进行平稳性检验。图 6－1 显示通过平稳性检验。最后，在通过平稳性检验的基础上再重新进行回归。

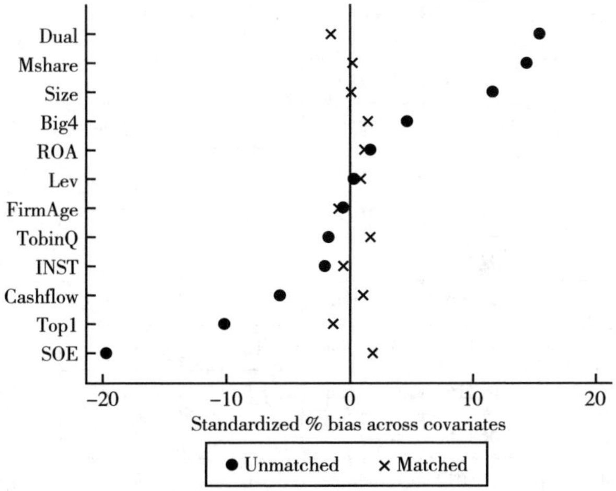

图 6－1　数字化转型对会计可比性——PSM 平衡趋势检验图

然后，使用 PSM1∶1 筛选匹配筛选后的样本进行回归，回归结果见表 6-8 和表 6-9。可以看出，PSM 匹配后回归的结果中，数字化转型（*DCG*）每提升一个单位，会计可比性（*Comp*）增加 0.005 个单位，并在 1% 的水平上显著。PSM 的检验结果说明，在进一步控制选择偏误问题后，基准回归结果依然可靠。

表 6-8　　使用 PSM1∶1 筛选匹配筛选后样本的回归结果

Variable	是否匹配	Mean		% bias	% reduct	t - test	
		Treated	Control		bias	t	p > t
Size	U	22.601	22.448	11.5		5.49	0
	M	22.503	22.487	1.2	89.7	0.46	0.646
Lev	U	0.43995	0.43893	0.5		0.24	0.809
	M	0.44623	0.44129	2.4	-383.8	0.91	0.365
ROA	U	0.03421	0.03284	1.8		0.88	0.381
	M	0.03308	0.03365	-0.8	58.6	-0.29	0.773
Cashflow	U	0.04886	0.0532	-5.9		-2.86	0.004
	M	0.05187	0.05214	-0.4	93.8	-0.14	0.891
Dual	U	0.26977	0.20712	14.7		6.85	0
	M	0.21372	0.21684	-0.7	95	-0.29	0.773
*Top*1	U	0.32206	0.33693	-10.2		-4.84	0
	M	0.33686	0.33423	1.8	82.3	0.68	0.496
TobinQ	U	2.1692	2.2228	-2.4		-1.27	0.203
	M	2.1763	2.1643	0.5	77.8	0.21	0.834
SOE	U	0.35178	0.44723	-19.6		-9.4	0
	M	0.43575	0.42596	2	89.8	0.75	0.455
FirmAge	U	3.0138	3.0149	-0.4		-0.18	0.855
	M	3.0134	3.0161	-1	-153.1	-0.37	0.714
INST	U	0.41747	0.42175	-1.8		-0.87	0.384
	M	0.42199	0.42094	0.4	75.6	0.17	0.863
Mshare	U	0.11274	0.09004	13.9		6.45	0
	M	0.09416	0.09406	0.1	99.6	0.02	0.981
*Big*4	U	0.06405	0.05277	4.8		2.24	0.025
	M	0.05507	0.05509	0	99.9	0	0.998

表 6 – 9　　内生性检验——PSM 匹配

	Comp
DCG	0.0005 *** (7.99)
Size	–0.0010 *** (–10.12)
Lev	–0.0049 *** (–8.46)
ROA	0.0253 *** (11.46)
Cashflow	–0.0101 *** (–7.55)
Dual	0.0001 (0.87)
*Top*1	0.0009 (1.57)
TobinQ	–0.0000 (–1.17)
SOE	0.0004 * (1.93)
FirmAge	–0.0003 (–0.97)
INST	0.0017 *** (3.32)
Mshare	0.0035 *** (6.43)
*Big*4	–0.0016 *** (–3.86)
cons	0.0142 *** (6.15)
行业	控制
年份	控制
N	5774
R^2_a	0.3983

2. Heckman MLE 检验

从总体战略层面上看，为了应对高度不确定的外部市场环境，企业需要根据自身的战略需求做出数字化转型选择，因此本研究的样本存在一定的自选择性，可能导致结果的偏误，为了解决这种内生性问题，本研究借鉴王莹（2023）的研究思路，采用 Heckman 二阶段模型进一步分析企业数字化转型的影响效应。第一步，在 Probit 模型中引入企业同行业数字化转型的平均值 *DCG*_Mean，计算企业可能进行数字化转型的概率，得到逆米尔斯比率（IMR）。第二步，将 IMR 作为控制变量，加入基本回归模型中进行回归分析，得到新的回归结果见表 6－10。从表 6－11 中可以看出，在控制了样本具有自选择性问题时，企业数字化转型（*DCG*）对会计信息可比性（*Comp*）仍然在 1% 的水平上正向显著，因此本研究结论是稳健的。

表 6－10　　　　内生性检验——Heckman MLE 检验

	第一阶段	第二阶段
	DCG_dummy	*Comp*
DCG		0.0002*** (5.87)
Size	0.2160*** (15.34)	－0.0015*** (－17.00)
Lev	0.1637** (2.04)	－0.0024*** (－4.81)
ROA	－1.6718*** (－6.20)	0.0231*** (14.78)
Cashflow	0.1745 (0.89)	－0.0061*** (－5.38)
Dual	0.0699*** (2.74)	－0.0003* (－1.94)
*Top*1	－0.2079** (－2.17)	0.0006 (1.11)
TobinQ	0.0049 (0.81)	－0.0000 (－0.73)

续表

	第一阶段	第二阶段
	DCG_dummy	*Comp*
SOE	-0.1073*** (-3.76)	0.0009*** (5.10)
FirmAge	0.0023 (0.05)	-0.0003 (-1.06)
INST	-0.0062 (-0.08)	0.0010** (2.32)
Mshare	0.0163 (0.19)	0.0013*** (2.86)
Big4	0.1307** (2.19)	-0.0011*** (-3.21)
cons	-4.4264*** (-13.07)	0.0277*** (13.33)
athrho		-2.4918*** (-35.38)
lnsigma		-5.0171*** (-243.47)
行业	控制	控制
年份	控制	控制
N	12162	

3. 多时点 DID

为了克服内生性问题，本小节使用多时点 DID，进一步验证数字化转型对会计信息可比性的影响。但是，进行 DID 检验需要满足平行趋势假设，因为只有当处理组和控制组在政策前足够相似才能够保证 DID 估计出的是政策的因果效应。从图 6-2 中可以看出，数字化转型对会计信息可比性影响的 DID 估计符合平行趋势假设。

在数字化转型对会计信息可比性影响的 DID 估计符合平行趋势假设的基础上，采用多期 DID 模型进一步检验数字化转型对会计信息可比性影响效应，具体模型如下：

$$Copm = \beta_1 Treat \times Post + \beta_2 Treat + \beta_3 Post + \beta_4 Controls \tag{6-5}$$

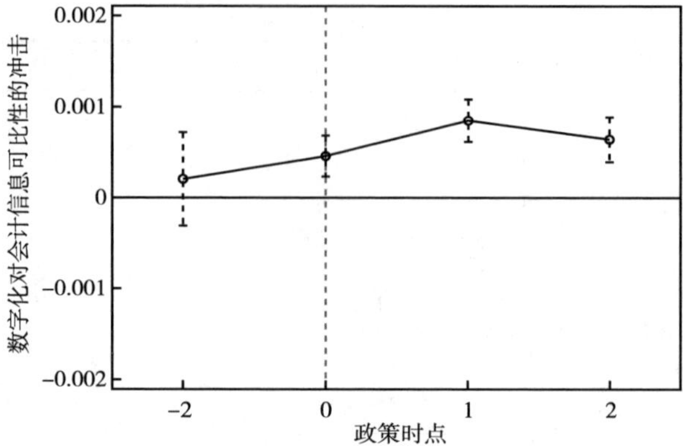

图 6-2　数字化转型对会计信息可比性影响的平行趋势检验图

其中，*Treat* 为处理组虚拟变量，实施数字化企业为处理组，取 1；未实施数字化企业为控制组，取 0。*Post* 为处理期虚拟变量，企业开始进行数字化转型后取 1，否则为 0。*Treat* 与 *Post* 的交乘项估计系数 β_1 为我们关心的处理效应。表 6-11 展示了多期 DID 回归后的结果，可以看出，匹配后重新进行的回归结果与主回归基本一致。说明在控制了遗漏变量可能产生的影响后，企业数字化转型对会计信息可比性的影响效应依然稳健，仍然为显著的正影响。

表 6-11　　　　　内生性检验——多时点 DID

	Comp
DID	0. 0010 *** (6. 75)
Size	-0. 0011 *** (-15. 58)
Lev	-0. 0040 *** (-9. 56)
ROA	0. 0250 *** (17. 85)
Cashflow	-0. 0090 *** (-9. 49)
Dual	0. 0000 (0. 34)

续表

	Comp
*Top*1	0.0003 (0.68)
TobinQ	-0.0000 (-1.29)
SOE	0.0000 (0.15)
FirmAge	-0.0004* (-1.94)
INST	0.0021*** (5.65)
Mshare	0.0031*** (8.10)
*Big*4	-0.0015*** (-5.18)
cons	0.0162*** (9.73)
行业	控制
年份	控制
N	11911
R^2_a	0.3819

6.3.6 稳健性检验

为了进一步验证基准检验的结论，本小节采用替换计量方法（使用面板固定效应）、滞后被解释变量法（会计信息可比性滞后一期）、重构被解释变量法（改变会计信息可比性的度量方法）、替换解释变量法（以无形资产占比代表数字化转型）等方法进行稳健性检验。

1. 替换计量方法——面板固定效应

为解决可能存在的内生性问题以及不随时间变化变量对回归结果的影响，本研究进一步采用面板固定效应模型进行检验。首先，从表 6-12 豪斯曼检验中可以发现，应该采用固定效应检验数字化转型（*DCG*）对会计信息可比性（*Comp*）的影响。

表 6－12　　随机效应与固定效应的豪斯曼检验

Ho：difference in coefficients not systematic
chi2(33) = (b－B)'[(V_b－V_B)^(－1)](b－B) =658.82 Prob > chi2 =0.0000 结论：拒绝随机效应模型（故采用固定效应模型）

其次，借鉴王晓亮等（2022）的研究思路，构建固定效应模型进行检验分析，进一步验证数字化转型的会计信息可比性提升效应。回归结果见表6－13，可以看出数字化转型（*DCG*）每提升一个单位，会计信息可比性（*Comp*）增长0.0002个单位，并在5%的水平上显著，基准检验依然成立。

表 6－13　　稳健性检验——面板固定效应

	Comp
DCG	0.0002** (2.42)
Size	0.0027*** (15.35)
Lev	－0.0083*** (－14.20)
ROA	0.0148*** (18.89)
Cashflow	－0.0049*** (－6.93)
Dual	0.0000 (0.03)
*Top*1	0.0014 (1.29)
TobinQ	－0.0001*** (－2.68)
SOE	－0.0010*** (－2.79)

续表

	Comp
FirmAge	0. 0019 (1. 33)
INST	0. 0018 *** (3. 39)
Mshare	0. 0041 *** (4. 89)
Big4	-0. 0005 (-1. 05)
cons	-0. 0624 *** (-9. 86)
行业	控制
年份	控制
N	12162
R^2_a	0. 2769

2. 滞后被解释变量——会计信息可比性滞后一期

借鉴张列柯等（2019），将会计信息可比性滞后一期进行回归，以进一步缓解研究结论的内生性，其回归结果见表 6 - 14。表 6 - 14 的结果显示，数字化转型的滞后一期（*L. DCG*）每提升一个单位，会计信息可比性（*Comp*）增长 0. 0005 个单位，并在 1% 的水平上显著。与前文的研究结论保持一致。

表 6 - 14　　　　*DCG* 稳健性检验——滞后一期

	Comp
L. DCG	0. 0005 *** (9. 03)
Size	-0. 0012 *** (-14. 69)
Lev	-0. 0035 *** (-7. 36)
ROA	0. 0252 *** (15. 03)

续表

	Comp
Cashflow	-0.0094*** (-8.86)
Dual	-0.0000 (-0.34)
*Top*1	0.0003 (0.61)
TobinQ	0.0001* (1.91)
SOE	0.0002 (1.00)
FirmAge	-0.0004 (-1.61)
INST	0.0020*** (4.65)
Mshare	0.0028*** (6.17)
*Big*4	-0.0012*** (-3.88)
cons	0.0184*** (9.70)
行业	控制
年份	控制
N	8989
R^2_a	0.4044

3. 重构被解释变量法——改变会计信息可比性的度量方法

前文基准检验部分，对会计信息可比性测度值是在排序的基础上取前 4 个值的平均值，记为 *Comp*4。为了进一步验证基准检验的结论，参照张焰朝和卜君（2023），重构被解释变量，在排序的基础上取前 10 个值的平均值作为会计信息可比性测度值，记为 *Comp*10。重新回归结果见表 6－15，可以发现数字化转型（*DCG*）每提升一个单位，会计信息可比性（*Comp*10）增加 0.0002 个单位，并在 1% 的水平上显著。与基准检验的研究结论基本一致。

表 6－15　　稳健性检验——用行业前 4 和前 10 可比性

	*Comp*10
DCG	0.0002*** (6.67)
Size	－0.0007*** (－13.31)
Lev	－0.0030*** (－9.29)
ROA	0.0184*** (16.52)
Cashflow	－0.0057*** (－8.02)
Dual	－0.0000 (－0.52)
*Top*1	0.0002 (0.78)
TobinQ	－0.0000 (－1.15)
SOE	0.0000 (0.40)
FirmAge	－0.0001 (－0.58)
INST	0.0014*** (4.99)
Mshare	0.0021*** (7.26)
*Big*4	－0.0009*** (－4.52)
cons	0.0104*** (8.80)
行业	控制

续表

	*Comp*10
年份	控制
N	12162
R^2_*a*	0. 2217

4. 替换解释变量法——以无形资产占比代表数字化转型

为了能获得可靠的研究结果，以无形资产占比代表数字化转型（何帆和刘红霞，2019；祁怀锦等，2020），对核心解释变量进行替换，重新进行回归。在表 6 - 16 估计结果，可以发现数字化无形资产每提升一个单位，会计信息可比性（*Comp*）增长 0. 0006 个单位，并在 10% 的水平上显著。进一步验证了基准检验的结论。

表 6 - 16　稳健性检验——无形资产代表数字化转型

	Comp
L. 数字化无形资产	0. 0006 * (1. 66)
Size	- 0. 0010 *** (- 13. 39)
Lev	- 0. 0044 *** (- 9. 51)
ROA	0. 0256 *** (17. 49)
Cashflow	- 0. 0101 *** (- 9. 47)
Dual	0. 0001 (0. 65)
*Top*1	0. 0004 (0. 94)
TobinQ	- 0. 0000 (- 0. 10)
SOE	0. 0000 (0. 05)

续表

	Comp
FirmAge	-0.0005** (-2.01)
INST	0.0020*** (5.09)
Mshare	0.0032*** (7.60)
Big4	-0.0012*** (-4.04)
cons	0.0158*** (8.83)
行业	控制
年份	控制
N	10678
R^2_a	0.3833

6.4　本章小结

本章基于 2015 ~2021 年中国 A 股上市公司的数据，通过一系列实证分析，检验了数字化转型对会计信息可比性的提升效应。首先，通过 OLS 实证检验数字化转型对会计信息可比性的影响效应，并验证了内部控制和信息不对称在数字化转型与会计信息可比性关系中发挥的调节作用。其次，在分别检验了不同数字化转型偏好的程度和不同行业竞争程度异质性影响的基础上，进行一系列内生性和稳健性检验，进一步验证假设 H6 -1 成立的可能性。

通过基准检验发现，数字化转型将有利于会计信息可比性的提升，假设 H6 -1 得以验证。调节效应检验表明，内部控制和信息不对称对数字化转型的会计信息可比性提升效应具有显著的调节作用，其中信息不对称的调节效应更为明显。异质性检验结果表明，相对非高科技企业来说，数字化转型对会计信息可比性的提升效应在高科技企业更为显著；相对高行业竞争的企业来说，数字化转型对会计信息可比性的提升效应在低行业竞争的企业的效果更为显著。

进一步地，考虑到基准回归模型中可能存在内生性问题，本研究采用倾向得分匹配法（PSM）、多时点 DID、Heckman MLE 检验内生性检验，并采用替换计量方法（使用面板固定效应）、滞后被解释变量法（会计信息可比性滞后一期）、重构被解释变量法（改变会计信息可比性的度量方法）、替换解释变量法（以无形资产占比代表数字化转型）等方法进行稳健性检验，均得到与基准检验较为一致的结果，上述一系列检验表明基准回归结果依然成立，说明数字化转型确实可以提升会计信息可比性。

第7章　会计信息可比性与企业高质量发展

7.1　理论分析

会计信息是企业用数字和文字反映出的关于企业财务状况、经营成果和现金流量的运营情况的信息，其对信息使用者的决策行为具有重要的参考价值。会计信息是一种产品或公共物品，其质量是指会计信息产品满足规定或相关需要的特性总和，会计信息的质量特征就是衡量会计信息质量的各种标准。会计信息可比性是会计信息质量的重要特征之一，可比性是指不同企业在同一时期的会计信息可比，以及同一企业在不同时期的会计信息可比（后者也称为会计信息一致性）。可比性能够帮助信息使用者识别出企业之间的相同和不同之处，便于信息使用者对不同企业之间的运营情况进行比较，提高决策的有用性。相对于其他质量特征的已较为成熟的研究，可比性问题虽然在学术界和实务界中被提出得较早，但由于会计信息可比性在定量测算上比较困难，导致关于这方面的研究尤其是实证研究显得较为缺乏。如何在实证上加强对会计信息可比性的研究，是会计学术研究领域的一个重点。

深入理解可比性在资本市场中的经济后果能够进一步发挥会计信息作为资本市场信息中介的作用，帮助投资者形成合理预期并实现外部性内部化，降低交易费用，降低不确定性风险，进而有利于企业高质量发展实现。具体而言，会计信息可比性对企业高质量发展的提升主要通过以下几个层次来实现。

第一，会计信息可比性可以通过创新的增加实现企业高质量发展。

Kim 等（2012）开展实证分析结果表明，公司的财务报告可比性对投资者的估值判断有一定支持作用，在降低融资成本方面也有重要意义。其在研究时参考了穆迪报告相关内容，然后进行适当的简化假设后，建立起一个可比性的测算方法，然后将采集的样本数据带入模型中进行实证分析，所得结果表明“财务报告的可比性有利于降低投资者的不确定性及信贷风险”，对金融市场的发展有一定促进作用。

在国内方面，张良武（1992）开展的实证分析结果表明，公司融资的主要渠道之一就是投资，而投资者在进行决策时需要重点依赖的信息之一就是会计信息，因而需要企业提供的会计信息质量高。高允斌（1994）研究发现会计信息可比性可为投资决策提供支持，相关债权人只有在详细深入地了解企业真实财务状况、经营水平的基础上，才可以做出正确的决策。孟凡利（2005）研究发现，资本市场中有大量的企业需要借款，债权人需要对这些企业的各方面状况进行对比，然后选择其中信用度高的企业进行投资。为满足这方面要求，就需要各企业的会计信息具备可比性。吴粒（2012）开展的实证分析结果表明，会计信息可比性对投资决策有重要意义，可帮助投资者深入对比分析各企业的财务状况、经营成果，在此基础上进行更合理的决策。韩国栋（2013）研究发现，可比性使财务报告的质量明显提高，从而真实准确地对比分析各企业经济业务状况和异同，从而进行更科学合理的决策。李鹏等（2014）研究表明，会计信息可比性可使得信息披露的质量明显提高，从而帮助投资者更好的决策，同时也促进资本市场的繁荣和可持续发展。

会计信息的可比性可反映出一定时间段内，企业经济事项对经济后果影响相关情况以及差异水平。可比性和信息透明度存在正相关关系，在同样的条件下可比性高，则信息不对称性程度低，为投资决策提供支持，让他们更容易理解财务报告，在更低的成本条件下比较信息，因而有多方面价值（De Franco et al.，2011），投资者对企业未来经济利益的期望也会因此而提高，这样企业也可以获得更多的融资。根据大量的经验发现，在其他因素相一致条件下，可比性低的财务报告容易出现误导问题（张良武，1992）导致信息使用者在做出决策时难以正确的判断（徐经长，2009）。在实证方面相关的研究也有很多，Fang 等（2013）对采集的美国股市上市企业数据进行回归分析，其所得结果表明会计信息可比性与私人贷款利差显著负相关，其可比性高则投资者获取信息更加便利，对投资活动提供支持。

会计信息可比性能让不同公司之间相同的项目看上去具有相似性、不同的项目看上去存在差异，这一特性有助于投资者将目标公司的财务状况、经营成果和现金流量与参照公司进行比较，从而更为深刻地解读会计数字所反映的经济业务的实质。围绕创新意愿及创新能力，这种改善企业信息环境、缓解信息不对称的作用使得会计信息可比性可能通过以下方式促进企业创新：首先，降低经理人的职业忧虑。在信息不对称的环境下，股东往往会将短期业绩的下滑归结为经理人的无能，这将引发其职业忧虑。Graham 等（2005）的调研表明，超过 3/4 的 CFO 承认为实现短期业绩目标以维护自身的职位、声誉，他们牺牲了公司的长期价值。由于创新项目在经济流入和成本支出的时间上具有不匹配性，通常会对企业的短期业绩造成不利影响。经理人出于维护私人利益的考虑将诱发其短视行为，抑制创新投资。He，J. 和 Tian，X（2013）倘若企业的财务报表具有较强的可比性，股东在对当期业绩进行评价时，不仅能从时间序列上对该公司自身的业绩进行比较，还能将公司业绩与可比公司业绩进行比较。通过纵向和横向的综合比较，股东能利用更充分的信息，更好地区分当期业绩的下降有多少归结于目标企业实施的积极创新活动，有多少归结于经理人的管理运营不善等。这种更客观的评价将使股东对企业的短期业绩不佳表现出更多包容和忍耐。而对短期“失败”的容忍恰恰是缓解经理人职业忧虑、促进企业创新的一大重要因素（Manso，2011）。其次，抑制经理人对安逸生活的追求。经理人对安逸生活的偏好而非努力为股东创造价值是股东与经理人代理冲突的另一个重要体现。而企业创新风险大、任务复杂属于非程序性决策，通常需要经理人投入更多的精力（Bertrand and Mullainathan，2003）。私人成本的增加使得经理人不愿意实施创新项目。在这种情况下，企业需要更多监督投入以确保创新活动的顺利展开。若不同企业之间的会计信息没有任何可比性，意味着股东缺乏评判经理人努力程度的比较基准，难以对其是否尽职做出判断并对追求安逸的经理人做出惩罚（Bernstein，2015）。相反，随着可比性的提高，企业可以更好地采用相对绩效评估法，基于标杆企业的业绩对经理人进行考核评价。更为明确、更具竞争性的业绩基准将增加经理人追求安逸生活的机会主义行为成本，使其更有动力通过开展创新活动等方式，形成并保持竞争优势，以战胜标杆企业，实现考核目标（Ozkan et al.，2012）。同时，相对绩效评估法有助于分离行业、宏观等经理人不可控因素对业绩考核造成的不利影响，提升经理人的风险承担意愿。如此，也有利于促进企业创新活动的展开（Holmstrom，1987）。最后，缓解企业的融资约束水平。在现实的资本市场中，由于信息不对称和代理问题等市场摩擦，导致企业外部融资成本增加，融资数额受限，引发融资约束问题。Myers 和 Majluf（1984）指出对于企业创新，一方面，其未来结果的不确定性较大且具有较高的调整成本，投资人难以评估创新项目为企业带来的经济流入；另一方面，研发支出较大的公司信息不对称程度通常更高，容易滋生道德风险和逆向选择问题，如虚夸创新收益、隐瞒创新风险或将筹集到的资金用于管理层个人消费，但在财务报表中体现为费用化的研究支出等。面对企业创新，投资者更容易通过提高必要报酬率或减少投入额的方式控制可能面临的潜在损失，使企业的创新活动承受更强的融资约束。而会计信息可比性的提高，既能降低市场参与者对企业未来经营状况感知的不确定性，又能提高对经理人的监督和激励效果（De Franco et al.，2011；DeFond et al.，2011），以保护投入资金的安全，从而减少投资者要求的风险溢价，使企业更容易从资本市场上获取资金（胥朝阳和刘睿智，2014；Ozkan et al.，2012），更好地发挥外源融资对企业创新的支持作用（Li，2010；Kim et al.，2013）。总之，会计信息可比性的提高将对企业创新产生积极的促进作用，进而有利于企业的高质量发展。

第二，会计信息可比性可以通过投资效率的提升实现企业高质量发展。

企业在投资时需要考虑到多方面的因素，主要是合适的投资规模，最佳的投资效率，这样才可以确保投资目标的实现。投资规模的扩大和投资效率的提高可取得更好的投资效果。在目前的经济社会快速发展背景下，很有必要深入研究中国上市公司的投资效率，为相关投资目标的实现提供支持和帮助。

对于投资效率，很多学者对投资效率从不同角度进行研究，并提出了相应的定义，不过目前还没有形成被广泛接受的定义。主要是应用非效率投资额来度量投资效率（Chen et al.，2011），其具体含义为企业实际投资额与预期最佳投资额的差值，此差值为正则对应于过度投资（OverInv），为负责对应投资不足（UnderInv）。一般情况下差值越大，则认为企业的投资效率越低。也有的学者在研究时为更好的描述投资效率，而引入了投资支出对自由现金流的敏感性这一指标（Vogt，1994），或者投资支出对投资机会反应的敏感性指标。

大量的研究结果表明，会计信息与企业投资效率的关系很密切。Myers（1984）对采集的数据进行回归分析，其所得结果表明，当外部信息使用者与企业的信息不对称很明显情况下，则投资者要求的资本溢价也会显著提高，这会导致企业在融资时产生的融资约束明显增加。因而出现投资不足的现象，这对市场的繁荣发展会产生不利影响。Ball（1989）研究表明，会计信息可准确地反映出企业的财务状况和经营成果，对资源的优化配置起到促进作用，为投资决策提供参考。Smith（2001）认为，会计信息影响企业资本配置的途径包括如下方面：（1）会计信息帮助决策者对比分析投资项目的优劣；（2）对企业管理层进行约束，促使其将资源投入效益较好的项目；（3）降低信息不对称程度，避免出现逆向选择行为。一些学者开展的实证分析结果表明，高质量的会计信息有利于强化契约机制和监督机制，企业的道德风险也会因此而明显降低。同时改善了公司治理机制和投资效率，表现出多方面的价值（Hilary，2006）。任春艳（2012）的研究结果表明，会计信息表现出较高的监督功能，可对企业管理层的行为进行监督，从而有效地缓解企业的代理冲突，抑制了过度投资；此外高质量的会计信息也可减少投资双方的信息不对称程度，使得企业获取资本的成本降低。

在实证研究方面，Wang（2003）选择美国上市公司 1967～2000 年的数据进行统计分析，将采集的数据进行适当的预处理后带入 Wurgler 模型中，其回归分析结果表明高会计信息质量显著提高了企业的投资效率，对金融市场的发展有一定促进作用。Verd（2006）的研究表明，较高质量的会计信息能减少信息不对称和逆向选择可能性，从而促进了投资行为，对解决投资不足问题有重要意义。McNichols（2008）的研究结果表明，会计信息可帮助决策者准确判断未来的收益，提高投资效率。Biddle 等

(2009)则针对上市企业的样本进行统计分析，结果发现高会计信息质量对过度投资有一定抑制作用。李青原（2009）在研究时，选择沪深股市上市公司 1999～2005 年的数据进行回归分析，其所得结果表明高会计信息质量对企业的过度投资有一定的抑制作用，同时也避免了投资不足，使得投资者可更准确地判断企业营运和发展状况。此外高质量的会计信息也有利于增强债务契约和薪酬契约，为提高投资效率打下良好的基础。张跃龙等（2011）在研究时深入分析了中国制造业上市公司投资效率的影响因素，其所得结果表明在信息不对称因素影响下企业的债权人获取公司治理的信息的难度明显增加，因而不容易发现企业的过度投资行为，这也导致过度投资的可能性明显增加。来明敏、裘莉莉（2013）的实证分析结果表明，高会计信息可比性能够显著抑制企业的投资不足，可很好地解决投资不足的问题，对资本市场的发展起到促进作用。但其与企业过度投资之间的关系还不是很明确，没有获得大量的证据来证明。会计信息可比性是投资决策时需要重点考虑的因素。投资者在做出决策前，相应深入全面地分析企业的财务状况、经营成果和前景，如企业的财务报告可比性高，则投资者做出正确与可靠，对市场的公平竞争也起到促进作用。这种情况下决策者也可以对不同企业的财务状况、经营成果和前景进行准确的对比分析，投资决策效率也会因此而显著提高（袁知柱、吴粒，2012）。从会计准则目标方面进行分析可知，可比性有利于投资者准确地判断企业经济状况，为他们做出科学合理的投资决策起到支持和促进作用（韩国栋，2013）。会计信息可比性在减少投资双方的信息不对称程度方面也有重要意义，有效地解决企业因融资约束造成的投资不足相关问题，促进企业的健康发展。

而高质量会计信息是缓解股东与管理者之间的代理问题和企业内外部之间的信息不对称的重要机制。基于此，Biddle 和 Hilary（2006）认为，高质量会计信息通过降低管理层与外部投资者之间的信息不对称程度提高投资效率，上述关系在融资提供方更依赖高质量会计信息时更显著。进一步地，Biddle 等（2009）发现，高质量会计信息导致更低的投资不足和投资过度，而且披露更高质量会计信息公司的投资行为更少地受到宏观经济波动冲击的影响。Chen 等（2011）以新兴资本市场的非上市公司为样本，同样发现财务信息质量越高，投资效率越高，说明会计信息质量与投资效率之间的关系也存在于非上市公司中。上述文献表明会计信息质量影响企业的投资资源配置效率，此外还有一些文献研究其他公司的会计信息对企业投资效率的影响。比如，Hail 等（2010）认为，公司披露较高的会计信息质量对其他公司具有正外部性。Chen 等（2013）研究欧洲国家强制实施 IFRS 对投资效率正外部性的影响，他们以目标公司和可比公司 ROA 的差异作为可比公司投资业绩的代理变量，结果发现在强制实施 IFRS 之后，目标公司相对国外可比公司的 ROA 差异（负向差异）对目标公司的投资效率具有溢出效应；而且，强制实施 IFRS 之后增加的信息披露数量对目标公司的投资效率也存在溢出效应。综上所述，现有文献关于会计信息质量在管理层投资决策中的作用得出相对一致的研究结论。但这些文献在研究会计信息质量与投资效率的关系时，更倚重于从盈余质量计量财务报告质量（Biddle and Hilary，2006）。事实上，会计信息质量的层次是非常丰富的，有多种表现形式，比如盈余的持续性、波动性、稳健性、透明度、可比性等。仅仅从盈余质量角度考虑会计报告质量，将限制我们对会计信息质量与投资效率之间关系的理解。可比性是会计信息最为重要的特征之一。

FASB 指出如果不能获取可比性的会计信息，那么涉及价值评估的投资和信贷决策就无法理性和有效地做出。尽管理论界与实务界很早就关注可比性的价值，但直到 De Franco 等（2011）才设计出有效的可比性计量指标。与其他会计信息质量特征相比，我们认为可比性能够更深刻地影响企业内部的资源配置效率，原因在于：首先，可比性提供了企业投资决策的参照信息。同行业其他公司披露的会计信息为本公司使用，有助于改善决策制定（Verrecchia，1983）。管理者在进行投资资源配置时会参照其他企业，特别是同行业或相似类型企业的投资情况（比如投资收益、投资成本、投资分布等情况），通过比较分析，能够更清晰地理解行业需求、成本以及竞争者战略选择（Durnev and Mangen，2009），进而有助于确定投资的相对比较价值和识别投资中的潜在风险。Chen 等（2018）研究了在并购业务中，目标公司可比性是否有利于并购方做出更好的并购决策。他们发现，当目标公司可比性越高时，一方面，并购方在并购事件日前后三天窗口期的市场反应更好，并购的协同效应及并购后的经营业绩也越好；另一方面，并购溢价、并购后的商誉损失以及并购后资产剥离发生的可能性越低。另外，会计信息是企业管理层薪酬契约的重要基础（Holmstrom，1979）。

如果企业在薪酬契约的制定时能够参照同行业、近似规模的企业情况，将有助于制定更适合企业发展的管理者薪酬，包括现金、股票、期权激励等。因此更可比的会计信息有助于股东与管理层签订更为合理和形成有效激励的薪酬契约，从而缓解股东与管理层的潜在代理问题，减少投资过度的现象（Jensen，1986）。已有研究发现可比性越高，相对业绩评价越被广泛采用（Ozkan et al.，2012）。为了避免相对业绩评价产生负面影响，管理层会参考可比公司的投资业绩调整自身的投资水平（Chen et al.，2013）。因此，可比性对薪酬契约的影响使得对管理层的约束与激励更为有效，从而提升管理层的投资效率。最后，对于企业外部投资者而言，管理层作为内部人拥有更多企业真实的信息，而外部投资者由于缺乏真实信息只能按照市场平均水平进行价值评估，从而产生“柠檬”效应，其根本原因在于企业内外部之间的信息不对称（Myer and Majluf，1984）。而更高的可比性使得外部投资者不仅可以透过单一企业的信息披露，而且可以通过同行业可比公司获取信息，因此更可比的会计信息能够降低投资者获取信息的成本、增加获取信息的渠道、获取更多有价值的信息（De Franco et al.，2011）。因此我们有理由认为更可比的会计信息有助于外部中小投资者了解企业的投资配置，在我国上市公司实行累计投票的背景下，中小投资者透过可比性的增量信息进行更为有效的投票，从而约束大股东和管理层的投资冲动，提升企业整体的投资效率。

综上所述，我们认为可比性可以从企业内部和外部两个维度降低企业的无效投资，从而提升企业整体的投资效率，最终有利于企业高质量发展的实现。

第三，会计信息可比性可以通过缓解融资约束实现企业高质量发展。

Modigliani 等（1958）指出，企业的内部与外部融资需要支付相同的成本，但由于信息不对称问题客观存在于现实之中，导致不同类型的资金需要支付不同的成本，融资成本在不同的企业之间存在明显差异。为了能让资本成本有所下降，企业会向投资者披露一定的信息，自身与投资者之间的信息不对称问题有所缓解。因此，怎样解决企业与投资者信息不对称的问题（Lambert et al.，2012），怎样解决不同投资者的信息不对称问题（Lambert and Verrechia，2015），使融资成本有所下降，这一课题引起学界与实务界的足够关注（Christensen et al.，2014）。

有学者指出，如果企业能保证会计信息质量，企业与投资者在获取信息方面的差距将有所缩小，有利于解决信息不对称问题（Barth et al.，2013），投资者在获得合理回报方面能更有把握。由此一来，投资者愿意将低价资本提供给企业，帮助企业降低权益资本成本。Lara 等（2011）指出，与收入确认相比，损失确认向稳健性的要求偏低，这种不对称情况的存在，能让坏消息的准确性有所提高，信息不确定性有所下降，权益资本成本因此而下降，也能让股票价格的波动幅度更大，对相关数据进行分析，进一步发现资本成本将因为会计稳健性而下降。企业的盈余质量体现在多个方面，包括稳健性、应计质量等，盈余质量与权益资本成本之间存在显著的负向关系（Francis et al.，2004）。Barth 等（2013）指出，盈余透明度越高，信息不对称问题能得到更好的解决，资本成本将因此而下降。Bhattacharya 等（2003）将研究时间段确定为 1983～1998 年，对 34 个国家的上市企业发展数据进行分析，在对不透明度进行分析时设定多项代理变量，包括盈余平滑、激进度等，了解到会计信息不透明度越高，资本成本就越高，而股票交易量将因此而下降。

也有学者指出，会计信息质量与权益资本成本之间并不存在必然联系。McInni（2010）对前三十年的数据进行分析，了解到盈余平滑度与平均股票回报之间不存在必然联系，即股东盈余波动幅度比较大，但回报却不理想，原因在于盈余趋于平滑，分析师会过于乐观地对企业未来长期现金流进行预测。Strobl（2013）指出，管理者希望不断提高薪酬，由此产生操纵盈余的意愿，市场也会积极回应这些漂亮的报告数字。Strobl（2013）指出，处于经济扩张期之内，企业的盈余与市场之间联系较为紧密，在经济萧条期这些企业有较强的动机对自身盈余进行高估。

有研究指出，可比的会计信息能让企业、利益相关者之间存在的信息不对称问题有所缓解。首先，可比的会计信息能让企业的信息环境得以优化（Neel，2017）。DKV（2011）指出，跟踪分析师的数量与会计信息可比性有必然联系，与预测精确度、分歧度之间分别存在正向与负向关系。Bradshow 等（2009）得出的结论与此较为相近。通过细致分析了解到，如果国家与国家之间会计信息可比性较高，海外分析师能得出一致的预测结论（Fang et al.，2015）。其次，可比的会计信息能让投资者以较低的成本获取信息，信息数量与质量都将提高（Kim et al.，2013）。Young 等（2015）指出，可比的会计信息能让信息使用者选择更为合理的参照企业。会计信息可比性能让信息使用者在多家企业之间进行合理分析，准确地把握住不同企业之间的经济异同，加深对经济事项的理解，深入分析如何才能将其转化为更高的业绩。同时，可比企业之间具备良好的对比条件，彼此之间转换信息难度较低，信息使用者在分析财务报告时效率更高。同时，会计信息可比性能让管理者与投资者的信息不对称问题有所缓解，管理者不会轻易隐瞒不利信息（Kim et al.，2016）。一旦隐瞒的不利信息被公之于众，通过这种不法行为获得的收益较低，而遭受的损失则比较重（Kothari et al.，2009），因此管理者会积极主动地披露不利信息。会计信息可比性能帮助管理者加深对行业内其他企业发展情况的了解，结合具体情况进行自我调整，股东在了解企业的运营情况后能适当地对薪酬制度进行调整，有针对性地采取有效措施实施监管，企业的经营效率因此提高。同时，会计信息可比性能让投资者与企业之间存在的信息不对称问题得到一定的缓解，投资报酬的确定性得以提升。由此可见，如果企业的会计信息可比性较高，往往能得到广大投资者的信任，投资者愿意用较低的价格为此类企业提供资金。

会计信息可比性的提高能够降低会计信息使用者解读企业信息的难度、减少分析信息的成本、降低被误导的可能性，有助于缓解企业信息不对称，提高决策效率。Li（2010）从股权融资角度提出，会计信息可比性的提高减少了投资者使用信息的成本，使投资者能够更加深入了解所投资企业，减少信息不对称和估值风险，从而在一定程度上降低融资成本。Kim 和 Kraf（2013）从债务融资角度提出，会计信息可比性可以降低债券市场参与者感知企业信贷风险的不确定性以及信息不对称导致更低的交易利差和信用利差，减少企业债务融资成本。因此，会计信息可比性的提高通过降低股权融资成本以及债务融资成本可以起到缓解企业融资约束的作用。本研究将从信息环境和代理问题两方面分析会计信息可比性对企业融资约束产生的影响。首先，会计信息可比性的提高可以改善企业的信息环境，降低企业与外部信息使用者间的信息不对称。会计信息可比性使不同企业间相似的项目看起来更相似，有差异的项目看起来更不同。Franco 等（2011）发现，会计信息可比性的提高有助于降低信息使用者解读企业财务信息的难度和获取企业财务信息的成本。Bhojraj 和 Lee（2002）从分析师视角展开研究发现，会计信息可比性的提高可以增加其预测精度，使其更好地发挥信息传递的作用，从信息获取的数量和质量上提高了企业整体的信息环境，降低了企业的信息不对称。而对于非知情投资者来说，会计信息可比性的提高能够使其进行简单、标准化且有效的财务分析，降低了信息不对称，从而提高决策效率。正如 Kim 和 Kraft（2013）提出，相比公共信息披露，会计信息可比性对于信息不对称的降低在一定程度上具有更直接的意义。Barth 等（2013）认为，倘若企业会计信息不具有可比性，则就为企业随意粉饰财务信息、经营业绩提供了便利，导致更严重的信息不对称，从而会加剧企业融资约束。其次，会计信息可比性的提高有助于外部信息使用者对企业管理者进行更有效的监督，缓解代理问题。一方面，会计信息可比性的提高能够使资金提供者了解企业的经营状况，降低对企业未来的不确定性风险（Franco et al.，2011；胥朝阳和刘睿智，2014；Defond et al.，2011）；另一方面，即使企业报告质量没有改变，但更可比的会计信息使外部信息使用者更容易在不同企业之间进行比较分析（Leuz and Wysocki，2016），降低了其搜集信息与分析信息的成本。此时，管理层实施机会主义行为的成本将显著增加。胥朝阳和刘睿智（2014）研究发现，更高的会计信息可比性使外部投资者更有效地监督企业管理层行为，抑制管理层的应计盈余管理行为。Ozkan 等（2012）提出，更高的会计信息可比性能够提高对企业管理层的监督和激励效果，从而保护投入资金的安全，降低投资者要求的风险溢价。更低的监督成本以及与行业中其他企业的参照比较加强了外部信息使用者对企业管理者实施有效监督的能力和意愿，从而缓解代理问题，进而有利于企业高质量发展的实现。

第四，会计信息可比性可以通过公司避税实现企业高质量发展。

高质量会计信息具有鉴别和治理功能（Bushman and Smith，2001）。鉴别功能帮助管理者、投资者识别投资项目的优劣，引导资源流向高价值项目。治理功能有利于降低信息不对称，实现对管理者机会主义行为的有效监督。更可比的公司会计信息相互提供了一定基准（Benchmark），促进了信息在公司间的传递，使投资者能更清晰地推断出它们在经济上的异同，降低分析师预测误差，提升分析师预测准确度（De Franco et al.，2011）。Fang 等（2017）发现可比的会计信息具有信息溢出效应，即可比信息能够互相补充，增加公司盈余的信息含量，为市场带来增量信息。Kim 等（2016）发现更可比的财务报表使投资者更容易理解和评价公司的业绩，降低了管理层隐藏负面消息的动机，降低股价崩盘风险。胥朝阳和刘睿智（2014）发现高会计信息可比性使公司信息环境更透明，增加管理层应计盈余管理成本，抑制管理层应计盈余管理行为。由此可见，会计信息可比性具有治理效应。避税活动通常涉及经济业务的构建和交易流程的重构，产生非常规交易。因而避税活动的增加会使公司报表与其他公司报表呈现较大差异。更可比的会计信息为外界提供了各公司的经济相似性和差异性信息，增强了外界对公司非常规业务的识别能力，使得避税活动难以隐藏，抑制管理层的避税能力。另外，当公司的盈余信息传递出其他公司的信息时降低了信息搜集和处理成本（De Franco et al.，2011；Brochet et al.，2013），降低公司内外部监督成本，提高监督效率，抑制管理层在避税活动掩盖下实施侵占公司资源的机会主义行为，抑制避税代理成本，阻隔避税反哺效应，降低管理层避税意愿，进而有利于企业高质量发展的实现。

综上所述，本研究提出假设 7 - 1。

H7 - 1：在其他条件不变的情况下，数字化转型通过会计信息可比性实现企业高质量发展。会计信息可比性在数字化转型与企业高质量发展之间承担中介路径的作用。

7.2 研究设计

7.2.1 数据来源和样本选择

数据来源与样本选择与第 5 章、第 6 章一致。选取 2015 ~ 2021 年中国

A 股上市公司为初始样本。在初始样本的基础上，参考已有文献的做法，依次剔除如下样本：（1）金融行业公司样本；（2）ST 公司样本；（3）前 16 个季度净利润和季度股票收益率缺失的样本；（4）其他相关数据缺失的样本。最后得到 10786 个公司年度观察值。本研究对所有连续变量在 1% 和 99% 水平上进行了 Winsorize 处理，以剔除极端值影响。利用 Python 进行文本挖掘的上市公司年报来源于巨潮资讯网，公司财务与治理数据来源于 CSMAR 和 CNRDS 数据库。

7.2.2　变量定义与说明

7.2.3　模型设计

本小节主要研究会计信息可比性对企业高质量发展的影响，为检验研究假设，建立如下模型：

$$lQUA_{i,t} = \alpha_0 + \alpha_1 Comp_{i,t} + \sum^{n} \alpha_j CVs_{i,t} + \sum \alpha_k Year + \sum \alpha_1 Firm + \varepsilon_{i,t} \tag{7-1}$$

会计可比性（$Comp_{i,t}$）的系数（α_1）是本研究关注的重点，衡量了会计信息可比性对企业高质量发展的影响。根据研究假设，本研究预期 α_1 显著为正，即企业会计信息可比性越强，越有利于企业高质量发展的实现。

7.3　实证分析

描述性统计见表 7－1。从表 7－1 中可以发现企业高质量发展（*lQUA*）的最大值为 2.90，最小值为 －2.66，均值为 0.731，中位数为 0.719，方差为 0.222，说明不同企业的企业高质量发展水平相差较大。企业创新（Patent）的最大值为 9.05，最小值为 0，均值为 2.66，中位数为 2.83，方差为 1.87，说明我国企业创新能力一般，而且不同公司之间差距较大。投资效率（AbsINV）的最大值为 1.02，最小值为 0，均值为 0.03，中位数为

0.02，方差为0.04，说明我国企业投资效率整体较低。融资约束（FC）的最大值为0.97，最小值为0，均值为0.40，中位数为0.39，方差为0.28，说明我国企业融资约束普遍存在。公司避税（BTA）的最大值为0.11，最小值为-0.07，均值为0，中位数为0，方差为0.03，说明我国企业避税能力一般。会计信息可比性（*Comp*）的最大值为0，最小值为-0.65，均值为-0.02，中位数为-0.009，方差为0.02。企业规模（*Size*）的最大值为28.648，最小值为17.954，均值为22.651，中位数为22.46，方差为1.36，表明我国企业整体的企业规模水平之间存在较大差距。资产负债率（*Lev*）的最大值为1.70，最小值为0.008，均值为0.440，中位数为0.434，方差为0.201，表明不同企业间的资产结构差别较大。总资产报酬率（*ROA*）的最大值为0.82，最小值为-0.93，均值为0.034，中位数为0.034，方差为0.075，说明本研究选取样本中企业间资产收益率的水平差距较小。现金流量（*Cashflow*）的最大值为0.652，最小值为-0.744，均值为0.050，中位数为0.049，方差为0.072，说明本研究选取样本中企业间现金流量的水平差距较大。两职合一（*Dual*）的最大值为1，最小值为0，均值为0.254，中位数为0，方差为0.435，说明两职合一的企业较少。第一大股东持股比例（*Top*1）的最大值为0.900，最小值为0.003，均值为0.326，中位数为0.303，方差为0.146，说明企业整体股权集中度偏高，而且不同企业间之间的股权结构存在差距。托宾Q（*TobinQ*）的最大值为48.27，最小值为0.64，均值为2.16，中位数为1.661，方差为1.96，说明本研究选取样本中企业间托宾Q的水平差距较大。是否国企（SOE）的最大值为1，最小值为0，均值为0.41，中位数为0，方差为0.484，说明民营企业较多。公司年龄（*FirmAge*）的最大值为4.007，最小值为1.792，均值为3.03，中位数为3.045。方差为0.274，说明公司年龄大多集中于2~3年，成立时间长的公司较少。机构持股比例（*INST*）的最大值为1.111，最小值为0，均值为0.43，中位数为0.45，方差为0.233，说明机构持股比例较少。管理层持股比例（*Mshare*）的最大值为1.694，最小值为0，均值为0.107，中位数为0.005，方差为0.168，说明管理层持股比例占比较少。是否四大审计（*Big*4）的最大值为1，最小值为0，均值为0.061，中位数为0，方差为0.26，说明采用四大会计师事务所审计的上市公司较少。

表 7 - 1 描述性统计

variable	N	max	min	mean	p50	sd
lQUA	11584	2. 90	- 2. 66	0. 73	0. 72	0. 22
Patent	9174	9. 05	0. 00	2. 66	2. 83	1. 87
AbsINV	11703	1. 02	0. 00	0. 03	0. 02	0. 04
FC	11262	0. 97	0. 00	0. 40	0. 39	0. 28
BTA	9463	0. 11	- 0. 07	0. 00	0. 00	0. 03
Comp	12344	0. 00	- 0. 65	- 0. 02	- 0. 01	0. 02
Size	11471	28. 64	17. 95	22. 65	22. 46	1. 36
Lev	11471	1. 70	0. 01	0. 44	0. 44	0. 20
ROA	11471	0. 82	- 0. 93	0. 04	0. 03	0. 07
Cashflow	11471	0. 65	- 0. 74	0. 05	0. 05	0. 07
Dual	11471	1. 00	0. 00	0. 25	0. 00	0. 43
*Top*1	11471	0. 89	0. 00	0. 33	0. 31	0. 15
TobinQ	11471	48. 27	0. 64	2. 16	1. 62	1. 96
SOE	11471	1. 00	0. 00	0. 41	0. 00	0. 49
FirmAge	11471	4. 01	1. 79	3. 03	3. 04	0. 27
INST	11471	1. 11	0. 00	0. 43	0. 45	0. 23
Mshare	11103	1. 69	0. 00	0. 10	0. 00	0. 17
*Big*4	11471	1. 00	0. 00	0. 07	0. 00	0. 26

7. 3. 2 初步检验

为了识别和检验会计信息可比性、企业创新与高质量发展之间的关系，本小节首先采用中介效应，实证检验会计信息可比性、企业创新与高质量发展的影响效应。从表 7 - 2 会计可比性（*Comp*）提升每一单位，对企业高质量发展（*lQUA*）的直接效应提升 2. 045 个单位，对企业创新（*FPatent*）的中介效应提升 21. 676 个单位，对企业高质量发展（*lQUA*）的综合效应提升 1. 965 个单位，都在 1% 的水平上显著。假设 H7 - 1 得以验证。

表 7-2 初步检验——会计信息可比性、企业创新与高质量发展

	第一步	第二步	第三步
	FIQUA	*FPatent*	*FIQUA*
Comp	2.045*** (3.49)	21.676*** (5.53)	1.965*** (3.35)
FPatent			0.004** (1.96)
Size	0.001 (0.37)	0.755*** (36.46)	-0.001 (-0.42)
Lev	0.013 (0.83)	-0.352*** (-3.17)	0.015 (0.91)
ROA	-0.014 (-0.33)	0.937*** (3.08)	-0.018 (-0.41)
Cashflow	-0.075 (-1.57)	-0.081 (-0.29)	-0.075 (-1.57)
Dual	-0.011* (-1.87)	-0.013 (-0.34)	-0.011* (-1.86)
Top1	-0.547*** (-22.96)	-0.799*** (-5.60)	-0.544*** (-22.64)
TobinQ	-0.002 (-1.08)	0.032** (2.21)	-0.002 (-1.14)
SOE	-0.031*** (-4.21)	0.015 (0.36)	-0.031*** (-4.22)
FirmAge	0.009 (0.80)	-0.194*** (-2.99)	0.010 (0.86)
INST	0.021 (1.29)	0.234** (2.03)	0.020 (1.24)
Mshare	0.000 (0.01)	0.815*** (6.06)	-0.003 (-0.13)
Big4	-0.072*** (-7.22)	0.003 (0.03)	-0.072*** (-7.20)
cons	0.931*** (9.89)	-14.339*** (-29.64)	0.983*** (10.37)
行业	控制	控制	控制

续表

	第一步	第二步	第三步
	FlQUA	*FPatent*	*FlQUA*
年份	控制	控制	控制
N	6899	6899	6899
R^2_a	0.166	0.502	0.167

为了识别和检验会计信息可比性、投资效率与高质量发展之间的关系，本小节首先采用中介效应，实证检验会计信息可比性、投资效率与高质量发展的影响效应。表 7－3 会计可比性（*Comp*）提升每一单位，对企业高质量发展（*lQUA*）的直接效应提升 0.830 个单位，对企业创新（*AbsINV*）的中介效应提升 0.120 个单位，对企业高质量发展（*lQUA*）的综合效应提升 0.789 个单位，分别在 5%、10%、5% 的水平上显著。

表 7－3　初步检验——会计信息可比性、投资效率与高质量发展

	第一步	第二步	第三步
	lQUA	*AbsINV*	*lQUA*
Comp	0.830** (2.35)	0.120* (1.88)	0.789** (2.23)
AbsINV			−0.344*** (−4.96)
Size	−0.001 (−0.41)	0.000 (0.75)	−0.001 (−0.36)
Lev	0.037*** (2.68)	−0.020*** (−6.56)	0.031** (2.22)
ROA	0.122*** (3.72)	−0.041*** (−4.92)	0.108*** (3.35)
Cashflow	−0.139*** (−3.69)	0.022*** (3.44)	−0.131*** (−3.52)
Dual	−0.010** (−2.46)	−0.002* (−1.86)	−0.011*** (−2.65)
*Top*1	−0.578*** (−27.96)	−0.001 (−0.22)	−0.579*** (−28.14)

续表

	第一步	第二步	第三步
	lQUA	*AbsINV*	*lQUA*
TobinQ	-0.004*** (-3.35)	-0.001*** (-3.22)	-0.004*** (-3.57)
SOE	-0.019*** (-3.63)	0.007*** (6.73)	-0.016*** (-3.19)
FirmAge	0.011 (1.29)	0.001 (0.39)	0.011 (1.33)
INST	0.013 (0.92)	0.001 (0.33)	0.014 (0.96)
Mshare	-0.017 (-1.09)	0.006 (1.57)	-0.015 (-0.97)
Big4	-0.064*** (-6.22)	0.005*** (2.64)	-0.063*** (-6.09)
cons	0.868*** (11.27)	-0.063*** (-5.14)	0.846*** (10.93)
行业	控制	控制	控制
年份	控制	控制	控制
N	11572	11572	11572
R^2_a	0.186	0.053	0.191

为了识别和检验会计信息可比性、融资约束与高质量发展之间的关系，本小节首先采用中介效应，实证检验会计信息可比性、融资约束与高质量发展的影响效应。表7-4会计可比性（*Comp*）提升每一单位，对企业高质量发展（*lQUA*）的直接效应提升0.830个单位，对融资约束（*FC*）的中介效应下降1.518个单位（融资约束是反向指标），对企业高质量发展（*lQUA*）的综合效应提升0.664个单位，分别在5%、1%、1%的水平上显著。

表7-4　初步检验——会计信息可比性、融资约束与高质量发展

	第一步	第二步	第三步
	lQUA	*FC*	*lQUA*
Comp	0.830** (2.41)	-1.518*** (-5.64)	0.664*** (2.94)

续表

	第一步	第二步	第三步
	lQUA	*FC*	*lQUA*
FC			-0.109*** (-5.07)
Size	-0.002 (-0.66)	-0.181*** (-93.05)	-0.022*** (-3.72)
Lev	0.039*** (2.82)	-0.221*** (-22.33)	0.015 (1.09)
ROA	0.116*** (3.54)	0.468*** (17.78)	0.167*** (4.61)
Cashflow	-0.102*** (-2.98)	-0.221*** (-9.79)	-0.126*** (-3.64)
Dual	-0.009** (-2.17)	0.007** (2.41)	-0.008** (-1.98)
*Top*1	-0.583*** (-30.38)	0.010 (0.93)	-0.582*** (-30.43)
TobinQ	-0.004*** (-3.31)	-0.023*** (-18.73)	-0.006*** (-4.75)
SOE	-0.019*** (-3.99)	0.004 (1.35)	-0.018*** (-3.90)
FirmAge	0.008 (1.04)	-0.030*** (-5.87)	0.005 (0.65)
INST	0.013 (0.92)	-0.052*** (-6.37)	0.008 (0.53)
Mshare	-0.021 (-1.33)	0.024** (2.43)	-0.019 (-1.17)
*Big*4	-0.059*** (-6.01)	0.066*** (9.55)	-0.052*** (-5.58)
cons	0.901*** (12.48)	4.709*** (103.62)	1.416*** (9.68)
行业	控制	控制	控制
年份	控制	控制	控制
N	11581	11581	11581
R^2_a	0.196	0.799	0.200

为了识别和检验会计信息可比性、公司避税与高质量发展之间的关

系，本小节首先采用中介效应，实证检验会计信息可比性、融资约束与高质量发展的影响效应。表 7－5 会计可比性（*Comp*）提升每一单位，对企业高质量发展（*lQUA*）的直接效应提升 0.951 个单位，对公司避税（BTA）的中介效应下降 0.226 个单位（融资约束是反向指标），对企业高质量发展（*lQUA*）的综合效应提升 0.916 个单位，分别在 5%、1%、5% 的水平上显著。

表 7－5　初步检验——会计信息可比性、企业避税与高质量发展

	第一步	第二步	第三步
	lQUA	*BTA*	*lQUA*
Comp	0.951** (2.13)	−0.226*** (−4.20)	0.916** (2.05)
BTA			−0.155* (−1.83)
Size	−0.005* (−1.93)	0.000 (0.30)	−0.005* (−1.92)
Lev	0.060*** (4.17)	−0.011*** (−6.15)	0.059*** (4.05)
ROA	0.205*** (3.64)	0.209*** (30.90)	0.237*** (4.03)
Cashflow	−0.100*** (−2.94)	−0.028*** (−6.83)	−0.104*** (−3.06)
Dual	−0.010* (−1.95)	0.000 (0.26)	−0.010* (−1.95)
*Top*1	−0.596*** (−33.97)	−0.006*** (−2.77)	−0.596*** (−34.01)
TobinQ	−0.005*** (−4.32)	−0.000 (−1.43)	−0.005*** (−4.35)
SOE	−0.019*** (−3.63)	0.002*** (2.72)	−0.019*** (−3.58)
FirmAge	0.006 (0.71)	0.003*** (3.43)	0.007 (0.77)

续表

	第一步	第二步	第三步
	lQUA	*BTA*	*lQUA*
INST	0.014 (0.98)	0.001 (0.85)	0.014 (1.00)
Mshare	-0.026 (-1.55)	-0.009*** (-4.49)	-0.027 (-1.64)
Big4	-0.067*** (-7.53)	-0.001 (-1.12)	-0.067*** (-7.55)
cons	0.965*** (16.08)	0.007 (1.04)	0.966*** (16.10)
行业	控制	控制	控制
年份	控制	控制	控制
N	9647	9647	9647
R^2_a	0.199	0.183	0.199

7.3.3　调节效应检验

1. 有调节的中介——研发投入

已有研究发现，会计信息可比性在数字化转型对企业高质量发展提升效应中承担中介效应的作用。本小节将进一步讨论研发投入是否能在提高会计信息可比性的中介效应中产生调节作用。因此，本小节借鉴程晨（2017）的思路，对研发投入在数字化转型、会计信息可比性与企业高质量发展之间有调节的中介关系进行实证检验。回归结果，见表 7-6。

从表 7-6 中的第一列发现，为数字化转型（*DCG*）* 研发投入（*RD*）对企业高质量发展（*lQUA*）的影响，数字化转型（*DCG*）* 研发投入（*RD*）提升每一单位，企业高质量发展（*lQUA*）提升 0.0010 个单位，在 1% 的水平上显著。第三列中，为对会计可比性（*Comp*）* 研发投入（*RD*）对企业高质量发展（*lQUA*）的影响，对会计可比性（*Comp*）* 研发投入（*RD*）提升每一单位，企业高质量发展（*lQUA*）提升 0.0578 个单位，并在 5% 的水平上显著。

表 7-6　　有调节的中介效应检验——研发投入

	第一步	第二步	第三步
	FIQUA	*FPatent*	*FIQUA*
Comp	1.558 ** (2.05)	37.346 *** (7.69)	2.119 *** (3.61)
RD	-0.088 (-0.33)	10.631 *** (5.40)	0.226 (0.68)
*RD * Comp*	42.991 (1.58)	1619.26 *** (-6.30)	
FPatent			0.009 *** (3.84)
*RD * FPatent*			-0.203 *** (-2.61)
Size	0.001 (0.38)	0.753 *** (38.31)	-0.003 (-0.79)
Lev	0.012 (0.72)	-0.282 *** (-2.66)	0.017 (1.08)
ROA	-0.022 (-0.50)	1.185 *** (3.80)	-0.009 (-0.21)
Cashflow	-0.063 (-1.31)	-0.685 *** (-2.66)	-0.065 (-1.37)
Dual	-0.010 * (-1.79)	-0.037 (-1.01)	-0.010 * (-1.77)
Top1	-0.551 *** (-23.12)	-0.587 *** (-4.29)	-0.548 *** (-23.00)
TobinQ	-0.002 (-0.93)	0.012 (1.02)	-0.001 (-0.84)
SOE	-0.031 *** (-4.30)	0.043 (1.12)	-0.030 *** (-4.21)
FirmAge	0.009 (0.74)	-0.144 ** (-2.33)	0.009 (0.78)
INST	0.024 (1.48)	0.069 (0.63)	0.023 (1.40)

续表

	第一步	第二步	第三步
	FlQUA	*FPatent*	*FlQUA*
Mshare	0.004 (0.20)	0.592*** (4.52)	-0.001 (-0.04)
Big4	-0.070*** (-7.03)	-0.091 (-1.31)	-0.070*** (-7.07)
cons	0.929*** (9.90)	-14.344*** (-31.18)	1.005*** (10.40)
行业	控制	控制	控制
年份	控制	控制	控制
N	6899	6899	6899
R^2_a	0.167	0.548	0.169

已有研究发现，会计信息可比性在数字化转型对企业高质量发展提升效应中承担中介效应的作用。本小节将进一步讨论研发投入是否能在提高会计信息可比性的中介效应中产生调节作用。因此，本小节借鉴程晨（2017）的思路，对研发投入在数字化转型、会计信息可比性与企业高质量发展之间有调节的中介关系进行实证检验。回归结果，见表 7-7。

从表 7-7 中的第一列发现，为数字化转型（*DCG*）* 研发投入（*RD*）对企业高质量发展（*lQUA*）的影响，数字化转型（*DCG*）* 研发投入（*RD*）提升每一单位，企业高质量发展（*lQUA*）提升 0.0010 个单位，在 1% 的水平上显著。第三列中，为对会计可比性（*Comp*）* 研发投入（*RD*）对企业高质量发展（*lQUA*）的影响，对会计可比性（*Comp*）* 研发投入（*RD*）提升每一单位，企业高质量发展（*lQUA*）提升 0.0578 个单位，并在 5% 的水平上显著。

表 7-7　　有调节的中介效应检验——研发投入

	第一步	第二步	第三步
	lQUA	*AbsINV*	*lQUA*
Comp	0.619 (1.09)	-0.218** (-2.18)	0.649 (1.52)
RD	-0.355* (-1.75)	0.150*** (3.84)	-0.171 (-0.69)

续表

	第一步	第二步	第三步
	lQUA	*AbsINV*	*lQUA*
*RD * Comp*	6.206 (0.29)	-0.393 (-0.10)	
AbsINV			-0.402*** (-3.34)
*RD * AbsINV*			4.260 (0.80)
Size	0.002 (0.52)	0.000 (0.11)	0.002 (0.56)
Lev	0.034** (2.23)	-0.018*** (-5.04)	0.028* (1.86)
ROA	0.119*** (3.08)	-0.040*** (-3.96)	0.106*** (2.75)
Cashflow	-0.142*** (-3.24)	0.014** (1.98)	-0.137*** (-3.16)
Dual	-0.012*** (-2.60)	-0.002* (-1.82)	-0.013*** (-2.78)
*Top*1	-0.592*** (-26.39)	0.003 (0.74)	-0.591*** (-26.30)
TobinQ	-0.003** (-2.34)	-0.001*** (-3.03)	-0.003** (-2.52)
SOE	-0.020*** (-3.33)	0.007*** (5.77)	-0.018*** (-2.97)
FirmAge	0.007 (0.74)	0.001 (0.31)	0.007 (0.74)
INST	0.024 (1.53)	0.000 (0.04)	0.024 (1.52)
Mshare	0.000 (0.02)	0.003 (0.58)	0.001 (0.08)
*Big*4	-0.072*** (-7.24)	0.005** (2.26)	-0.070*** (-7.16)

续表

	第一步	第二步	第三步
	lQUA	*AbsINV*	*lQUA*
cons	0.821 *** (9.71)	-0.057 *** (-4.05)	0.798 *** (9.33)
行业	控制	控制	控制
年份	控制	控制	控制
N	9174	9174	9174
R^2_*a*	0.195	0.055	0.200

已有研究发现，会计信息可比性在数字化转型对企业高质量发展提升效应中承担中介效应的作用。本小节将进一步讨论研发投入是否能在提高会计信息可比性的中介效应中产生调节作用。因此，本小节借鉴程晨（2017）的思路，对研发投入在数字化转型、会计信息可比性与企业高质量发展之间有调节的中介关系进行实证检验。回归结果，见表 7 - 8。

从表 7 - 8 中的第一列发现，为数字化转型（*DCG*）* 研发投入（*RD*）对企业高质量发展（*lQUA*）的影响，数字化转型（*DCG*）* 研发投入（*RD*）提升每一单位，企业高质量发展（*lQUA*）提升 0.0010 个单位，在 1% 的水平上显著。第三列中，为对会计可比性（*Comp*）* 研发投入（*RD*）对企业高质量发展（*lQUA*）的影响，对会计可比性（*Comp*）* 研发投入（*RD*）提升每一单位，企业高质量发展（*lQUA*）提升 0.0578 个单位，并在 5% 的水平上显著。

表 7 - 8　　有调节的中介效应检验——研发投入

	第一步	第二步	第三步
	lQUA	*FC*	*lQUA*
Comp	0.575 (1.05)	-2.558 *** (-5.78)	0.613 (1.46)
RD	-0.347 * (-1.72)	0.241 (1.63)	-0.680 *** (-2.87)
RD * *Comp*	15.866 (0.76)	20.026 (1.40)	
FC			-0.111 *** (-4.87)

续表

	第一步	第二步	第三步
	lQUA	*FC*	*lQUA*
RD * *FC*			0.519 (1.34)
Size	0.001 (0.41)	-0.180*** (-77.98)	-0.017*** (-3.06)
Lev	0.034** (2.27)	-0.251*** (-21.65)	0.008 (0.53)
ROA	0.104*** (2.75)	0.409*** (13.19)	0.148*** (3.66)
Cashflow	-0.094** (-2.38)	-0.173*** (-6.96)	-0.112*** (-2.83)
Dual	-0.011** (-2.29)	0.007** (2.08)	-0.010** (-2.15)
*Top*1	-0.598*** (-29.57)	0.020* (1.66)	-0.596*** (-29.62)
TobinQ	-0.003** (-2.27)	-0.025*** (-17.62)	-0.005*** (-3.72)
SOE	-0.020*** (-3.68)	0.004 (1.25)	-0.019*** (-3.60)
FirmAge	0.004 (0.44)	-0.026*** (-4.68)	0.001 (0.14)
INST	0.024 (1.53)	-0.045*** (-4.86)	0.020 (1.24)
Mshare	-0.003 (-0.15)	0.056*** (4.97)	0.001 (0.08)
*Big*4	-0.064*** (-7.03)	0.065*** (8.48)	-0.058*** (-6.65)
cons	0.857*** (11.19)	4.677*** (86.85)	1.333*** (9.64)
行业	控制	控制	控制
年份	控制	控制	控制
N	9148	9148	9148
R^2_*a*	0.209	0.796	0.213

已有研究发现，会计信息可比性在数字化转型对企业高质量发展提升

效应中承担中介效应的作用。本节将进一步讨论研发投入是否能在提高会计信息可比性的中介效应中产生调节作用。因此，本小节借鉴程晨（2017）的思路，对研发投入在数字化转型、会计信息可比性与企业高质量发展之间有调节的中介关系进行实证检验。回归结果，见表 7 - 9。

从表 7 - 9 中的第一列发现，为数字化转型（*DCG*）* 研发投入（*RD*）对企业高质量发展（*lQUA*）的影响，数字化转型（*DCG*）* 研发投入（*RD*）提升每一单位，企业高质量发展（*lQUA*）提升 0.0010 个单位，在 1% 的水平上显著。第三列中，为对会计可比性（*Comp*）* 研发投入（*RD*）对企业高质量发展（*lQUA*）的影响，对会计可比性（*Comp*）* 研发投入（*RD*）提升每一单位，企业高质量发展（*lQUA*）提升 0.0578 个单位，并在 5% 的水平上显著。

表 7 - 9　　有调节的中介效应检验——研发投入

	第一步	第二步	第三步
	lQUA	*BTA*	*lQUA*
Comp	0.361 (0.46)	-0.195** (-2.52)	1.188* (1.90)
RD	-0.093 (-0.42)	0.039 (1.23)	-0.518*** (-3.87)
RD * *Comp*	59.918** (2.23)	-10.629*** (-3.10)	
BTA			-0.099 (-0.86)
RD * *BTA*			0.174 (0.05)
Size	-0.002 (-0.64)	0.000 (0.27)	-0.002 (-0.57)
Lev	0.058*** (3.11)	-0.010*** (-4.96)	0.056*** (3.03)
ROA	0.256*** (3.95)	0.197*** (15.02)	0.271*** (4.12)
Cashflow	-0.090** (-2.31)	-0.031*** (-5.46)	-0.094** (-2.41)

续表

	第一步	第二步	第三步
	lQUA	*BTA*	*lQUA*
Dual	-0.009 * (-1.74)	-0.000 (-0.15)	-0.009 * (-1.78)
*Top*1	-0.611 *** (-27.02)	-0.004 (-1.49)	-0.612 *** (-27.02)
TobinQ	-0.005 *** (-4.00)	-0.000 (-0.91)	-0.005 *** (-3.92)
SOE	-0.019 *** (-3.28)	0.001 ** (2.08)	-0.019 *** (-3.24)
FirmAge	-0.001 (-0.09)	0.004 *** (3.50)	-0.001 (-0.12)
INST	0.027 (1.54)	0.001 (0.38)	0.027 (1.52)
Mshare	-0.015 (-0.70)	-0.011 *** (-3.99)	-0.015 (-0.71)
*Big*4	-0.066 *** (-6.65)	-0.002 (-1.40)	-0.067 *** (-6.71)
cons	0.939 *** (10.24)	0.008 (0.94)	0.943 *** (10.25)
行业	控制	控制	控制
年份	控制	控制	控制
N	7809	7809	7809
R^2_a	0.208	0.182	0.207

2. 调节效应——高管财务背景

已有研究发现，会计信息可比性在数字化转型对企业高质量发展提升效应中承担中介效应的作用。本小节将进一步讨论高管财务背景是否能在提高会计信息可比性的中介效应中产生调节作用。因此，参考石贝贝等（2019）的研究思路，对高管财务背景比例在数字化转型、会计信息可比性与企业高质量发展之间有调节的中介关系进行实证检验。回归结果，见表7-10。

从表 7-10 的第一列中显示，为数字化转型（*DCG*）* 财务背景的高管比例（*FN*）对企业高质量发展（*lQUA*）的影响，数字化转型（*DCG*）* 财务背景的高管比例（*FN*）提升每一单位，企业高质量发展（*lQUA*）提升 0.0256 个单位，在 5% 的水平上显著。第三列中，为对会计可比性（*Comp*）* 财务背景的高管比例（*FN*）对企业高质量发展（*lQUA*）的影响。会计可比性（*Comp*）* 财务背景的高管比例（*FN*）提升每一单位，企业高质量发展（*lQUA*）提升 5.0999 个单位，并在 5% 的水平上显著。

表 7-10　　有调节的中介效应检验——高管财务背景

	第一步	第二步	第三步
	FlQUA	*FPatent*	*FlQUA*
Comp	0.531 (0.34)	36.265*** (3.59)	2.021*** (3.46)
FN	0.071 (1.41)	-0.624* (-1.94)	0.095** (2.45)
*FN * Comp*	5.232 (1.02)	-50.207 (-1.62)	
FPatent			0.009*** (3.23)
*FN * FPatent*			-0.026*** (-2.80)
Size	0.001 (0.42)	0.753*** (36.38)	0.000 (0.01)
Lev	0.012 (0.75)	-0.342*** (-3.07)	0.013 (0.77)
ROA	-0.013 (-0.29)	0.919*** (3.01)	-0.022 (-0.50)
Cashflow	-0.076 (-1.58)	-0.071 (-0.26)	-0.074 (-1.55)
Dual	-0.010* (-1.83)	-0.015 (-0.39)	-0.011* (-1.90)
*Top*1	-0.547*** (-22.75)	-0.798*** (-5.58)	-0.546*** (-22.53)

续表

	第一步	第二步	第三步
	FlQUA	*FPatent*	*FlQUA*
TobinQ	-0.002 (-1.11)	0.032** (2.25)	-0.002 (-1.25)
SOE	-0.031*** (-4.29)	0.018 (0.43)	-0.031*** (-4.32)
FirmAge	0.009 (0.75)	-0.189*** (-2.91)	0.009 (0.80)
INST	0.021 (1.29)	0.236** (2.04)	0.022 (1.32)
Mshare	0.002 (0.08)	0.805*** (5.97)	0.000 (0.01)
Big4	-0.072*** (-7.33)	0.004 (0.06)	-0.072*** (-7.27)
cons	0.909*** (9.76)	-14.148*** (-28.57)	0.926*** (10.07)
行业	控制	控制	控制
年份	控制	控制	控制
N	6899	6899	6899
R^2_a	0.166	0.502	0.168

已有研究发现，会计信息可比性在数字化转型对企业高质量发展提升效应中承担中介效应的作用。本小节将进一步讨论高管财务背景是否能在提高会计信息可比性的中介效应中产生调节作用。因此，参考石贝贝等（2019）的研究思路，对高管财务背景比例在数字化转型、会计信息可比性与企业高质量发展之间有调节的中介关系进行实证检验。回归结果，见表7-11。

从表7-11的第一列中显示，为数字化转型（*DCG*）*财务背景的高管比例（*FN*）对企业高质量发展（*lQUA*）的影响，数字化转型（*DCG*）*财务背景的高管比例（*FN*）提升每一单位，企业高质量发展（*lQUA*）提升0.0256个单位，在5%的水平上显著。第三列中，为对会计可比性（*Comp*）*财务背景的高管比例（*FN*）对企业高质量发展（*lQUA*）的影响。

会计可比性（*Comp*）* 财务背景的高管比例（*FN*）提升每一单位，企业高质量发展（*lQUA*）提升 5.0999 个单位，并在 5% 的水平上显著。

表 7－11　有调节的中介效应检验——高管财务背景

	第一步	第二步	第三步
	lQUA	*AbsINV*	*lQUA*
Comp	0.314 (0.38)	－0.094 (－0.57)	0.806** (2.29)
FN	0.042 (1.22)	－0.014* (－1.84)	0.010 (0.29)
FNComp	1.790 (0.67)	－0.129 (－0.26)	
AbsINV			－0.300 (－1.62)
FN * *AbsINV*			－0.160 (－0.25)
Size	－0.001 (－0.37)	0.000 (0.63)	－0.001 (－0.34)
Lev	0.037*** (2.64)	－0.019*** (－6.49)	0.030** (2.20)
ROA	0.123*** (3.75)	－0.041*** (－4.88)	0.108*** (3.34)
Cashflow	－0.139*** (－3.68)	0.021*** (3.35)	－0.130*** (－3.49)
Dual	－0.010** (－2.43)	－0.002* (－1.91)	－0.010*** (－2.63)
*Top*1	－0.579*** (－27.64)	－0.000 (－0.08)	－0.579*** (－27.88)
TobinQ	－0.004*** (－3.36)	－0.001*** (－3.17)	－0.004*** (－3.58)
SOE	－0.019*** (－3.71)	0.007*** (6.91)	－0.017*** (－3.25)

续表

	第一步	第二步	第三步
	lQUA	*AbsINV*	*lQUA*
FirmAge	0.010 (1.22)	0.001 (0.56)	0.011 (1.27)
INST	0.014 (0.94)	0.001 (0.26)	0.014 (0.98)
Mshare	-0.016 (-0.98)	0.005 (1.32)	-0.014 (-0.89)
Big4	-0.065*** (-6.26)	0.005*** (2.79)	-0.063*** (-6.13)
cons	0.855*** (11.05)	-0.059*** (-4.68)	0.843*** (11.10)
行业	控制	控制	控制
年份	控制	控制	控制
N	11572	11572	11572
R^2_a	0.186	0.054	0.190

已有研究发现，会计信息可比性在数字化转型对企业高质量发展提升效应中承担中介效应的作用。本小节将进一步讨论高管财务背景是否能在提高会计信息可比性的中介效应中产生调节作用。因此，参考石贝贝等（2019）的研究思路，对高管财务背景比例在数字化转型、会计信息可比性与企业高质量发展之间有调节的中介关系进行实证检验。回归结果，见表 7-12。

从表 7-12 的第一列中显示，为数字化转型（*DCG*）* 财务背景的高管比例（*FN*）对企业高质量发展（*lQUA*）的影响，数字化转型（*DCG*）* 财务背景的高管比例（*FN*）提升每一单位，企业高质量发展（*lQUA*）提升 0.0256 个单位，在 5% 的水平上显著。第三列中，为对会计可比性（*Comp*）* 财务背景的高管比例（*FN*）对企业高质量发展（*lQUA*）的影响。会计可比性（*Comp*）* 财务背景的高管比例（*FN*）提升每一单位，企业高质量发展（*lQUA*）提升 5.0999 个单位，并在 5% 的水平上显著。

表 7-12　　有调节的中介效应检验——高管财务背景

	第一步	第二步	第三步
	lQUA	*FC*	*lQUA*
Comp	0.042 (0.05)	0.731 (1.11)	0.698** (2.05)
FN	0.046 (1.37)	-0.067*** (-2.60)	0.096*** (2.74)
FN * *Comp*	2.682 (1.00)	-7.450*** (-3.52)	
FC			-0.061** (-2.41)
FN * *FC*			-0.187*** (-2.76)
Size	-0.002 (-0.63)	-0.181*** (-93.22)	-0.022*** (-3.79)
Lev	0.038*** (2.78)	-0.221*** (-22.31)	0.013 (1.01)
ROA	0.117*** (3.57)	0.466*** (17.66)	0.169*** (4.65)
Cashflow	-0.102*** (-3.00)	-0.218*** (-9.67)	-0.125*** (-3.62)
Dual	-0.009** (-2.15)	0.007** (2.38)	-0.008** (-1.98)
*Top*1	-0.583*** (-30.11)	0.008 (0.75)	-0.584*** (-30.23)
TobinQ	-0.004*** (-3.32)	-0.023*** (-18.80)	-0.006*** (-4.81)
SOE	-0.019*** (-4.05)	0.004 (1.43)	-0.018*** (-3.91)
FirmAge	0.008 (0.99)	-0.030*** (-5.90)	0.005 (0.64)
INST	0.013 (0.93)	-0.051*** (-6.30)	0.008 (0.54)

续表

	第一步	第二步	第三步
	lQUA	*FC*	*lQUA*
Mshare	-0.020 (-1.24)	0.025** (2.50)	-0.020 (-1.27)
Big4	-0.059*** (-6.02)	0.065*** (9.48)	-0.053*** (-5.70)
cons	0.887*** (12.15)	4.731*** (103.21)	1.407*** (9.71)
行业	控制	控制	控制
年份	控制	控制	控制
N	11581	11581	11581
R^2_a	0.196	0.800	0.201

已有研究发现，会计信息可比性在数字化转型对企业高质量发展提升效应中承担中介效应的作用。本小节将进一步讨论高管财务背景是否能在提高会计信息可比性的中介效应中产生调节作用。因此，参考石贝贝等（2019）研究思路，对高管财务背景比例在数字化转型、会计信息可比性与企业高质量发展之间有调节的中介关系进行实证检验。回归结果，见表 7-13。

从表 7-13 的第一列中显示，为数字化转型（*DCG*）* 财务背景的高管比例（*FN*）对企业高质量发展（*lQUA*）的影响，数字化转型（*DCG*）* 财务背景的高管比例（*FN*）提升每一单位，企业高质量发展（*lQUA*）提升 0.0256 个单位，在 5% 的水平上显著。第三列中，为对会计可比性（*Comp*）* 财务背景的高管比例（*FN*）对企业高质量发展（*lQUA*）的影响。会计可比性（*Comp*）* 财务背景的高管比例（*FN*）提升每一单位，企业高质量发展（*lQUA*）提升 5.0999 个单位，并在 5% 的水平上显著。

表 7-13　　有调节的中介效应检验——高管财务背景

	第一步	第二步	第三步
	lQUA	*BTA*	*lQUA*
Comp	0.712 (0.59)	-0.411*** (-2.98)	0.968* (1.79)

续表

	第一步	第二步	第三步
	lQUA	*BTA*	*lQUA*
FN	0.055 (1.29)	0.005 (0.99)	0.045 ** (2.13)
FN * *Comp*	0.983 (0.26)	0.608 (1.49)	
BTA			-0.014 (-0.07)
FN * *BTA*			-0.504 (-0.75)
Size	-0.004 (-1.28)	0.000 (0.30)	-0.004 (-1.28)
Lev	0.059 *** (3.42)	-0.011 *** (-5.68)	0.058 *** (3.34)
ROA	0.206 *** (3.51)	0.209 *** (17.88)	0.238 *** (3.91)
Cashflow	-0.099 *** (-2.79)	-0.028 *** (-5.31)	-0.103 *** (-2.92)
Dual	-0.009 ** (-2.13)	0.000 (0.26)	-0.009 ** (-2.13)
*Top*1	-0.597 *** (-27.23)	-0.006 ** (-2.54)	-0.599 *** (-27.38)
TobinQ	-0.005 *** (-4.58)	-0.000 (-0.72)	-0.005 *** (-4.61)
SOE	-0.020 *** (-3.76)	0.002 *** (2.72)	-0.019 *** (-3.71)
FirmAge	0.005 (0.54)	0.003 *** (3.50)	0.006 (0.62)
INST	0.015 (0.91)	0.001 (0.73)	0.015 (0.93)
Mshare	-0.023 (-1.28)	-0.009 *** (-3.83)	-0.024 (-1.35)

续表

	第一步	第二步	第三步
	lQUA	*BTA*	*lQUA*
Big4	-0.067*** (-6.56)	-0.001 (-0.94)	-0.068*** (-6.60)
cons	0.948*** (10.82)	0.006 (0.76)	0.952*** (11.19)
行业	控制	控制	控制
年份	控制	控制	控制
N	9647	9647	9647
R^2_a	0.199	0.183	0.199

7.3.4 异质性检验

1. 分组检验——国企非国企

国企非国企分组检验已证明不同产权性质企业数字化转型与企业高质量发展的影响存在显著差异。本节将进一步讨论不同产权性质背景下，数字化转型、会计信息可比性对企业高质量发展提升作用的影响差异性。回归结果，见表7-14。

首先，表7-14最后一列报告了不同产权性质背景下，数字化转型、会计信息可比性对企业高质量发展提升作用影响的组间差异情况，第三步组间系数差异检验P值为0.0437小于0.05，在5%水平的显著性检验，结果说明不同产权性质背景下，数字化转型、会计信息可比性对企业高质量发展的提升作用存在显著差异。

其次，从表7-14可以发现，在国企组内数字化转型（*DCG*）提升每一单位，对企业高质量发展（*lQUA*）的直接效应提升0.0060个单位，对会计可比性（*Comp*）的中介效应提升0.0005个单位，对企业高质量发展（*lQUA*）的综合效应提升0.0054个单位，综合效应不显著。值得关注的是，综合效应虽然不显著，但是t值为1.39，比较接近t值10%水平的显著性（t值10%水平为1.645）。在非国企组内，数字化转型（*DCG*）提升每一单位，对企业高质量发展（*lQUA*）的直接效应提升0.0066个单位，对会计可比性（*Comp*）的中介效应提升 0.0004 个单位，对企业高质量发展（*lQUA*）的综合效应提升 0.0063 个单位，都在 1% 的水平上显著。

表 7 - 14　　　　分组检验——国企非国企

	国企			非国企		
	第一步	第二步	第三步	第一步	第二步	第三步
	FlQUA	*FPatent*	*FlQUA*	*FlQUA*	*FPatent*	*FlQUA*
Comp	2.619*** (3.24)	28.339*** (5.04)	2.598*** (3.18)	1.195** (2.18)	13.278** (2.28)	0.618 (0.77)
FPatent			0.001 (0.27)			0.006** (2.15)
Size	0.001 (0.20)	0.815*** (25.84)	0.000 (0.08)	0.007* (1.87)	0.716*** (25.16)	-0.004 (-0.76)
Lev	-0.024 (-0.94)	-0.602*** (-3.36)	-0.023 (-0.93)	0.011 (0.58)	-0.285* (-1.94)	0.038* (1.70)
ROA	-0.174* (-1.88)	-0.043 (-0.06)	-0.174* (-1.88)	0.054 (1.14)	1.193*** (3.33)	0.041 (0.76)
Cashflow	0.004 (0.08)	-0.554 (-1.34)	0.005 (0.08)	-0.131** (-2.50)	0.231 (0.66)	-0.129* (-1.79)
Dual	-0.004 (-0.50)	-0.071 (-0.83)	-0.004 (-0.50)	-0.012** (-2.06)	0.023 (0.53)	-0.012* (-1.69)
*Top*1	-0.599*** (-18.93)	-0.304 (-1.36)	-0.599*** (-18.93)	-0.569*** (-21.01)	-1.111*** (-5.88)	-0.501*** (-14.17)
TobinQ	-0.001 (-0.31)	0.089*** (3.78)	-0.001 (-0.33)	-0.004*** (-2.91)	0.007 (0.51)	-0.002 (-1.06)
FirmAge	0.020 (0.94)	-0.071 (-0.64)	0.020 (0.95)	-0.012 (-1.00)	-0.222*** (-2.81)	0.002 (0.17)
INST	0.041 (1.60)	-0.261 (-1.26)	0.041 (1.61)	-0.005 (-0.27)	0.410*** (2.96)	0.012 (0.56)
Mshare	0.008 (0.07)	1.745** (1.96)	0.007 (0.06)	-0.040** (-2.18)	0.919*** (6.34)	-0.007 (-0.33)
*Big*4	-0.060*** (-4.58)	0.053 (0.54)	-0.060*** (-4.58)	-0.063*** (-4.53)	-0.005 (-0.04)	-0.088*** (-6.00)

续表

	国企			非国企		
	第一步	第二步	第三步	第一步	第二步	第三步
	FlQUA	*FPatent*	*FlQUA*	*FlQUA*	*FPatent*	*FlQUA*
cons	0.884*** (7.01)	-16.066*** (-22.26)	0.895*** (6.63)	0.758*** -8.19	-13.361*** (-20.01)	1.036*** (7.96)
行业	控制	控制	控制	控制	控制	控制
年份	控制	控制	控制	控制	控制	控制
N	2779	2779	2779	4040	4114	4114
R^2_a	0.217	0.589	0.217	0.193	0.428	0.109
组间系数差异检验	第一步		第二步		第三步	
	0.0622		0.0521		0.0570	

国企非国企分组检验已证明不同产权性质企业数字化转型与企业高质量发展的影响存在显著差异。本小节将进一步讨论不同产权性质背景下，数字化转型、会计信息可比性对企业高质量发展提升作用的影响差异性。回归结果，见表7-15。

首先，表7-15最后一列报告了不同产权性质背景下，数字化转型、会计信息可比性对企业高质量发展提升作用影响的组间差异情况，第三步组间系数差异检验P值为0.0437小于0.05，在5%水平的显著性检验，结果说明不同产权性质背景下，数字化转型、会计信息可比性对企业高质量发展的提升作用存在显著差异。

其次，从表7-15可以发现，在国企组内数字化转型（*DCG*）提升每一单位，对企业高质量发展（*lQUA*）的直接效应提升0.0060个单位，对会计可比性（*Comp*）的中介效应提升0.0005个单位，对企业高质量发展（*lQUA*）的综合效应提升0.0054个单位，综合效应不显著。值得关注的是，综合效应虽然不显著，但是t值为1.39，比较接近t值10%水平的显著性（t值10%水平为1.645）。在非国企组内，数字化转型（*DCG*）提升每一单位，对企业高质量发展（*lQUA*）的直接效应提升0.0066个单位，对会计可比性（*Comp*）的中介效应提升0.0004个单位，对企业高质量发展（*lQUA*）的综合效应提升0.0063个单位，都在1%的水平上显著。

表 7 - 15　　分组检验——国企非国企

	国企			非国企		
	第一步	第二步	第三步	第一步	第二步	第三步
	lQUA	*AbsINV*	*lQUA*	*lQUA*	*AbsINV*	*lQUA*
Comp	0. 572 (0. 68)	0. 099 (0. 76)	1. 094 * (1. 92)	1. 205 * (1. 67)	0. 167 (0. 99)	1. 273 * (1. 77)
AbsINV			- 0. 163 (- 1. 26)			- 0. 408 *** (- 5. 05)
Size	- 0. 009 * (- 1. 67)	0. 002 *** (2. 74)	- 0. 008 (- 1. 38)	0. 006 * (1. 91)	- 0. 001 (- 1. 37)	0. 005 * (1. 78)
Lev	0. 053 ** (2. 18)	- 0. 014 *** (- 3. 53)	0. 056 ** (2. 28)	0. 024 (1. 49)	- 0. 021 *** (- 5. 08)	0. 015 (0. 97)
ROA	0. 160 ** (2. 08)	- 0. 058 *** (- 4. 33)	0. 137 * (1. 78)	0. 103 *** (2. 94)	- 0. 038 *** (- 3. 68)	0. 087 ** (2. 56)
Cashflow	- 0. 139 ** (- 2. 35)	0. 022 *** (2. 89)	- 0. 127 ** (- 2. 14)	- 0. 143 *** (- 2. 95)	0. 025 *** (2. 81)	- 0. 133 *** (- 2. 77)
Dual	- 0. 009 (- 1. 21)	0. 002 (0. 81)	- 0. 009 (- 1. 21)	- 0. 009 * (- 1. 87)	- 0. 003 ** (- 2. 15)	- 0. 010 ** (- 2. 13)
*Top*1	- 0. 599 *** (- 16. 62)	- 0. 009 (- 1. 44)	- 0. 600 *** (- 16. 77)	- 0. 540 *** (- 21. 22)	0. 000 (0. 07)	- 0. 540 *** (- 21. 26)
TobinQ	- 0. 004 (- 1. 47)	- 0. 000 (- 0. 69)	- 0. 004 (- 1. 45)	- 0. 003 *** (- 2. 73)	- 0. 001 *** (- 3. 89)	- 0. 004 *** (- 3. 13)
FirmAge	0. 023 (1. 43)	0. 004 (1. 42)	0. 024 (1. 47)	- 0. 001 (- 0. 06)	- 0. 000 (- 0. 13)	- 0. 001 (- 0. 08)
INST	0. 013 (0. 40)	0. 015 *** (2. 79)	0. 013 (0. 40)	0. 009 (0. 57)	- 0. 003 (- 0. 73)	0. 008 (0. 50)
Mshare	0. 168 (1. 58)	0. 030 ** (2. 26)	0. 172 (1. 61)	- 0. 019 (- 1. 13)	0. 001 (0. 13)	- 0. 019 (- 1. 13)
*Big*4	- 0. 068 *** (- 4. 97)	0. 003 * (1. 69)	- 0. 066 *** (- 4. 82)	- 0. 052 *** (- 3. 54)	0. 004 (1. 27)	- 0. 050 *** (- 3. 48)
cons	0. 981 *** (7. 24)	- 0. 097 *** (- 5. 81)	0. 945 *** (6. 70)	0. 736 *** (9. 12)	- 0. 028 (- 1. 53)	0. 724 *** (9. 01)

续表

	国企			非国企		
	第一步	第二步	第三步	第一步	第二步	第三步
	lQUA	*AbsINV*	*lQUA*	*lQUA*	*AbsINV*	*lQUA*
行业	控制	控制	控制	控制	控制	控制
年份	控制	控制	控制	控制	控制	控制
N	4339	4339	4339	7233	7233	7233
R^2_a	0.213	0.076	0.214	0.148	0.045	0.157
组间系数差异检验	第一步		第二步		第三步	
	0.5674		0.7470		0.5358	

国企非国企分组检验已证明不同产权性质企业数字化转型与企业高质量发展的影响存在显著差异。本小节将进一步讨论不同产权性质背景下，数字化转型、会计信息可比性对企业高质量发展提升作用的影响差异性。回归结果，见表 7-16。

首先，表 7-16 最后一列报告了不同产权性质背景下，数字化转型、会计信息可比性对企业高质量发展提升作用影响的组间差异情况，第三步组间系数差异检验 P 值为 0.0437 小于 0.05，在 5% 水平的显著性检验，结果说明不同产权性质背景下，数字化转型、会计信息可比性对企业高质量发展的提升作用存在显著差异。

其次，从表 7-16 可以发现，在国企组内数字化转型（*DCG*）提升每一单位，对企业高质量发展（*lQUA*）的直接效应提升 0.0060 个单位，对会计可比性（*Comp*）的中介效应提升 0.0005 个单位，对企业高质量发展（*lQUA*）的综合效应提升 0.0054 个单位，综合效应不显著。值得关注的是，综合效应虽然不显著，但是 t 值为 1.39，比较接近 t 值 10% 水平的显著性（t 值 10% 水平为 1.645）。在非国企组内，数字化转型（*DCG*）提升每一单位，对企业高质量发展（*lQUA*）的直接效应提升 0.0066 个单位，对会计可比性（*Comp*）的中介效应提升 0.0004 个单位，对企业高质量发展（*lQUA*）的综合效应提升 0.0063 个单位，都在 1% 的水平上显著。

表7-16 分组检验——国企非国企

	国企			非国企		
	第一步	第二步	第三步	第一步	第二步	第三步
	lQUA	*FC*	*lQUA*	*lQUA*	*FC*	*lQUA*
Comp	-0.080 (-0.19)	-0.606* (-1.72)	-0.099 (-0.24)	1.398** (2.54)	-1.443*** (-4.08)	1.115** (2.03)
FC			-0.030* (-1.66)			-0.196*** (-4.81)
Size	-0.007 (-1.38)	-0.152*** (-54.46)	-0.037*** (-3.68)	0.004 (1.28)	-0.209*** (-81.02)	-0.003 (-0.61)
Lev	0.055** (2.36)	-0.257*** (-16.50)	0.005 (0.22)	0.030* (1.87)	-0.171*** (-13.59)	0.025 (1.47)
ROA	0.120 (1.62)	0.331*** (6.24)	0.185** (2.29)	0.122*** (3.45)	0.551*** (18.22)	0.138*** (3.85)
Cashflow	-0.083* (-1.65)	-0.125*** (-3.69)	-0.107** (-2.12)	-0.115** (-2.52)	-0.263*** (-8.81)	-0.123*** (-2.64)
Dual	-0.005 (-0.64)	-0.003 (-0.47)	-0.005 (-0.72)	-0.008* (-1.75)	0.008** (2.46)	-0.008* (-1.70)
Top1	-0.593*** (-16.97)	0.018 (1.11)	-0.589*** (-16.95)	-0.554*** (-24.92)	-0.036*** (-2.63)	-0.555*** (-24.95)
TobinQ	-0.003 (-1.21)	-0.017*** (-8.68)	-0.007** (-2.35)	-0.003*** (-2.92)	-0.028*** (-16.40)	-0.004*** (-3.40)
FirmAge	0.020 (1.31)	-0.057*** (-6.47)	0.009 (0.58)	-0.002 (-0.25)	-0.009* (-1.71)	-0.003 (-0.28)
INST	0.012 (0.38)	-0.080*** (-5.48)	-0.004 (-0.12)	0.012 (0.76)	-0.028*** (-2.98)	0.011 (0.71)
Mshare	0.172 (1.64)	0.020 (0.32)	0.176 (1.64)	-0.021 (-1.23)	0.011 (1.10)	-0.020 (-1.21)
Big4	-0.062*** (-4.75)	0.060*** (7.68)	-0.050*** (-4.13)	-0.048*** (-3.35)	0.044*** (4.00)	-0.047*** (-3.27)
cons	0.961*** (7.33)	4.174*** (64.18)	1.780*** (6.87)	0.801*** (11.03)	5.274*** (85.29)	0.961*** (8.13)

续表

	国企			非国企		
	第一步	第二步	第三步	第一步	第二步	第三步
	lQUA	*FC*	*lQUA*	*lQUA*	*FC*	*lQUA*
行业	控制	控制	控制	控制	控制	控制
年份	控制	控制	控制	控制	控制	控制
N	4407	4407	4407	7174	7174	7174
R^2_a	0. 218	0. 783	0. 229	0. 162	0. 797	0. 162
组间系数差异检验	第一步		第二步		第三步	
	0. 0316		0. 0928		0. 0775	

国企非国企分组检验已证明不同产权性质企业数字化转型与企业高质量发展的影响存在显著差异。本小节将进一步讨论不同产权性质背景下，数字化转型、会计信息可比性对企业高质量发展提升作用的影响差异性。回归结果，见表 7 – 17。

首先，表 7 – 17 最后一列报告了不同产权性质背景下，数字化转型、会计信息可比性对企业高质量发展提升作用影响的组间差异情况，第三步组间系数差异检验 P 值为 0. 0437 小于 0. 05，在 5% 水平的显著性检验，结果说明不同产权性质背景下，数字化转型、会计信息可比性对企业高质量发展的提升作用存在显著差异。

其次，从表 7 – 17 可以发现，在国企组内数字化转型（*DCG*）提升每一单位，对企业高质量发展（*lQUA*）的直接效应提升 0. 0060 个单位，对会计可比性（*Comp*）的中介效应提升 0. 0005 个单位，对企业高质量发展（*lQUA*）的综合效应提升 0. 0054 个单位，综合效应不显著。值得关注的是，综合效应虽然不显著，但是 t 值为 1. 39，比较接近 t 值 10% 水平的显著性（t 值 10% 水平为 1. 645）。在非国企组内，数字化转型（*DCG*）提升每一单位，对企业高质量发展（*lQUA*）的直接效应提升 0. 0066 个单位，对会计可比性（*Comp*）的中介效应提升 0. 0004 个单位，对企业高质量发展（*lQUA*）的综合效应提升 0. 0063 个单位，都在 1% 的水平上显著。

表 7－17　　分组检验——国企非国企

	国企			非国企		
	第一步	第二步	第三步	第一步	第二步	第三步
	lQUA	*BTA*	*lQUA*	*lQUA*	*BTA*	*lQUA*
Comp	1. 508 (1. 13)	－0. 180 ** (－2. 40)	1. 461 (1. 02)	1. 296 ** (2. 09)	－0. 306 *** (－3. 55)	1. 281 ** (2. 07)
BTA			－0. 261 * (－1. 87)			－0. 049 (－0. 53)
Size	－0. 012 (－1. 03)	－0. 000 (－0. 70)	－0. 012 * (－1. 85)	0. 004 (1. 32)	0. 000 (0. 82)	0. 004 (1. 32)
Lev	0. 079 * (1. 82)	－0. 012 *** (－4. 26)	0. 076 *** (2. 66)	0. 027 (1. 52)	－0. 011 *** (－4. 41)	0. 026 (1. 49)
ROA	0. 298 * (1. 90)	0. 232 *** (10. 90)	0. 358 *** (2. 90)	0. 152 ** (2. 43)	0. 195 *** (22. 44)	0. 161 ** (2. 48)
Cashflow	－0. 096 (－1. 51)	－0. 038 *** (－5. 38)	－0. 106 * (－1. 87)	－0. 110 *** (－2. 72)	－0. 020 *** (－3. 58)	－0. 111 *** (－2. 75)
Dual	0. 001 (0. 09)	－0. 003 ** (－2. 55)	0. 000 (0. 00)	－0. 009 * (－1. 73)	0. 001 (1. 31)	－0. 009 * (－1. 72)
*Top*1	－0. 619 *** (－11. 12)	－0. 006 * (－1. 65)	－0. 620 *** (－15. 38)	－0. 561 *** (－26. 86)	－0. 008 *** (－2. 81)	－0. 561 *** (－26. 86)
TobinQ	－0. 008 *** (－2. 71)	0. 000 (0. 22)	－0. 008 *** (－3. 17)	－0. 004 *** (－2. 82)	－0. 000 (－1. 30)	－0. 004 *** (－2. 83)
FirmAge	0. 015 (0. 62)	0. 004 ** (2. 32)	0. 016 (0. 91)	－0. 001 (－0. 08)	0. 003 ** (2. 36)	－0. 001 (－0. 06)
INST	0. 010 (0. 24)	0. 001 (0. 40)	0. 011 (0. 29)	0. 010 (0. 68)	0. 002 (0. 93)	0. 011 (0. 68)
Mshare	0. 110 (0. 81)	－0. 029 *** (－2. 64)	0. 103 (0. 87)	－0. 015 (－0. 89)	－0. 008 *** (－3. 32)	－0. 015 (－0. 91)
*Big*4	－0. 066 *** (－2. 75)	－0. 003 ** (－2. 04)	－0. 066 *** (－4. 42)	－0. 053 *** (－4. 35)	0. 001 (0. 53)	－0. 053 *** (－4. 34)
cons	1. 079 *** (4. 06)	0. 017 (1. 64)	1. 083 *** (6. 90)	0. 805 *** (10. 59)	0. 003 (0. 27)	0. 805 *** (10. 59)

续表

	国企			非国企		
	第一步	第二步	第三步	第一步	第二步	第三步
	lQUA	*BTA*	*lQUA*	*lQUA*	*BTA*	*lQUA*
行业	控制	控制	控制	控制	控制	控制
年份	控制	控制	控制	控制	控制	控制
N	3638	3638	3638	5984	5984	5984
R^2_a	0.223	0.239	0.212	0.176	0.168	0.174
组间系数差异检验	第一步		第二步		第三步	
	0.8258		0.2939		0.8521	

2. 分组检验——省份数字化程度

7.3.4 小节中按省份数字化程度高低分组检验结果显示，数字化程度高低不同省份的数字化转型与企业高质量发展的影响存在显著差异。本节将进一步讨论在数字化程度高低不同的省份，数字化转型、会计信息可比性对企业高质量发展提升作用的影响差异性。回归结果，见表 7-18。

首先，表 7-18 最后一列报告了在数字化程度高低不同的省份，数字化转型、会计信息可比性对企业高质量发展提升作用影响的组间差异情况，第三步组间系数差异检验 P 值为 0.0237，小于 0.05，在 5% 水平的显著性检验，结果说明在数字化程度高低不同的省份，数字化转型、会计信息可比性对企业高质量发展的提升作用存在显著差异。

其次，从表 7-18 中发现，在数字化程度较低的省份，数字化转型（*DCG*）提升每一单位，对企业高质量发展（*lQUA*）的直接效应提升 0.0039 个单位，对会计可比性（*Comp*）的中介效应提升 0.0005 个单位，对企业高质量发展（*lQUA*）的综合效应提升 0.0043 个单位，综合效应不显著。但是进一步观察发现，虽然综合效应的 t 值为 1.61，十分接近 t 值 10% 水平的显著性（t 值 10% 水平为 1.645）。在数字化程度较高的省份，数字化转型（*DCG*）提升每一单位，对企业高质量发展（*lQUA*）的直接效应提升 0.0079 个单位，对会计可比性（*Comp*）的中介效应提升 0.0004 个单位，对企业高质量发展（*lQUA*）的综合效应提升 0.0071 个单位，都在 1% 的水平上显著。

表 7 - 18　　分组检验——省份数字化程度

	高省份数字化			低省份数字化		
	第一步	第二步	第三步	第一步	第二步	第三步
	FIQUA	*FPatent*	*FIQUA*	*FIQUA*	*FPatent*	*FIQUA*
Comp	2. 151 ** (2. 51)	15. 189 *** (2. 86)	2. 109 ** (2. 47)	1. 771 ** (2. 28)	25. 210 *** (4. 47)	1. 665 ** (2. 11)
FPatent			0. 003 (0. 99)			0. 004 * (1. 67)
Size	0. 000 (0. 02)	0. 770 *** (25. 54)	-0. 002 (-0. 35)	0. 005 (1. 14)	0. 720 *** (24. 71)	0. 002 (0. 38)
Lev	0. 024 (1. 04)	0. 003 (0. 02)	0. 024 (1. 04)	0. 003 (0. 11)	-0. 550 *** (-3. 38)	0. 005 (0. 22)
ROA	0. 015 (0. 26)	0. 768 ** (2. 03)	0. 013 (0. 22)	-0. 078 (-1. 10)	1. 067 ** (2. 12)	-0. 082 (-1. 16)
Cashflow	-0. 056 (-0. 86)	0. 353 (0. 90)	-0. 057 (-0. 88)	-0. 092 (-1. 30)	-0. 417 (-1. 08)	-0. 091 (-1. 28)
Dual	-0. 008 (-1. 00)	-0. 043 (-0. 88)	-0. 007 (-0. 99)	-0. 014 (-1. 57)	0. 026 (0. 42)	-0. 014 (-1. 58)
*Top*1	-0. 556 *** (-15. 16)	-0. 571 *** (-2. 95)	-0. 554 *** (-14. 99)	-0. 545 *** (-17. 82)	-0. 941 *** (-4. 55)	-0. 541 *** (-17. 64)
TobinQ	-0. 003 (-1. 33)	0. 032 (1. 61)	-0. 003 (-1. 36)	0. 001 (0. 50)	0. 027 (1. 41)	0. 001 (0. 45)
SOE	-0. 030 ** (-2. 39)	0. 082 (1. 35)	-0. 030 ** (-2. 40)	-0. 029 *** (-3. 38)	0. 063 (1. 05)	-0. 029 *** (-3. 41)
FirmAge	0. 026 (1. 58)	-0. 129 (-1. 55)	0. 026 (1. 61)	-0. 014 (-0. 84)	-0. 170 * (-1. 66)	-0. 013 (-0. 80)
INST	0. 045 ** (2. 08)	0. 337 ** (2. 17)	0. 044 ** (2. 03)	-0. 008 (-0. 32)	0. 066 (0. 39)	-0. 008 (-0. 33)
Mshare	-0. 011 (-0. 43)	0. 796 *** (4. 59)	-0. 013 (-0. 52)	0. 023 (0. 64)	0. 767 *** (3. 49)	0. 019 (0. 55)
*Big*4	-0. 114 *** (-6. 89)	-0. 147 (-1. 42)	-0. 114 *** (-6. 86)	-0. 029 ** (-2. 38)	0. 102 (0. 96)	-0. 029 ** (-2. 41)
cons	0. 897 *** (5. 65)	-15. 247 *** (-21. 17)	0. 939 *** (6. 02)	0. 931 *** (8. 30)	-13. 441 *** (-19. 85)	0. 987 *** (8. 45)

续表

	高省份数字化			低省份数字化		
	第一步	第二步	第三步	第一步	第二步	第三步
	FlQUA	*FPatent*	*FlQUA*	*FlQUA*	*FPatent*	*FlQUA*
行业	控制	控制	控制	控制	控制	控制
年份	控制	控制	控制	控制	控制	控制
N	3497	3497	3497	3402	3402	3402
R^2_a	0. 169	0. 546	0. 169	0. 168	0. 467	0. 169
组间系数差异检验	第一步		第二步		第三步	
	0. 7411		0. 1932		0. 7009	

7. 3. 4 小节中按省份数字化程度高低分组检验结果显示，数字化程度高低不同省份的数字化转型与企业高质量发展的影响存在显著差异。本节将进一步讨论在数字化程度高低不同的省份，数字化转型、会计信息可比性对企业高质量发展提升作用的影响差异性。回归结果，见表 7 - 19。

首先，表 7 - 19 最后一列报告了在数字化程度高低不同的省份，数字化转型、会计信息可比性对企业高质量发展提升作用影响的组间差异情况，第三步组间系数差异检验 P 值为 0. 0237，小于 0. 05，在 5% 水平的显著性检验，结果说明在数字化程度高低不同的省份，数字化转型、会计信息可比性对企业高质量发展的提升作用存在显著差异。

其次，从表 7 - 19 中发现，在数字化程度较低的省份，数字化转型（*DCG*）提升每一单位，对企业高质量发展（*lQUA*）的直接效应提升 0. 0039 个单位，对会计可比性（*Comp*）的中介效应提升 0. 0005 个单位，对企业高质量发展（*lQUA*）的综合效应提升 0. 0043 个单位，综合效应不显著。但是进一步观察发现，虽然综合效应的 t 值为 1. 61，十分接近 t 值 10% 水平的显著性（t 值 10% 水平为 1. 645）。在数字化程度较高的省份，数字化转型（*DCG*）提升每一单位，对企业高质量发展（*lQUA*）的直接效应提升 0. 0079 个单位，对会计可比性（*Comp*）的中介效应提升 0. 0004 个单位，对企业高质量发展（*lQUA*）的综合效应提升 0. 0071 个单位，都在 1% 的水平上显著。

表 7 - 19　　分组检验——省份数字化程度

	高省份数字化			低省份数字化		
	第一步	第二步	第三步	第一步	第二步	第三步
	lQUA	*AbsINV*	*lQUA*	*lQUA*	*AbsINV*	*lQUA*
Comp	1.455 ** (2.48)	-0.129 (-1.41)	1.404 ** (2.39)	0.118 (0.28)	-0.103 (-1.15)	0.086 (0.20)
AbsINV			-0.390 *** (-4.36)			-0.307 *** (-2.86)
Size	-0.006 (-1.28)	-0.001 (-1.22)	-0.007 (-1.35)	0.006 ** (2.02)	0.002 ** (2.05)	0.007 ** (2.17)
Lev	0.052 ** (2.49)	-0.016 *** (-3.78)	0.046 ** (2.20)	0.015 (0.88)	-0.023 *** (-5.38)	0.008 (0.47)
ROA	0.110 ** (2.24)	-0.031 ** (-2.49)	0.098 ** (2.05)	0.111 *** (2.73)	-0.053 *** (-4.83)	0.095 ** (2.34)
Cashflow	-0.135 ** (-2.40)	0.018 * (1.88)	-0.128 ** (-2.30)	-0.146 *** (-2.84)	0.027 *** (3.19)	-0.138 *** (-2.69)
Dual	-0.009 (-1.57)	-0.001 (-0.57)	-0.009 (-1.64)	-0.012 * (-1.92)	-0.003 ** (-2.01)	-0.013 ** (-2.10)
Top1	-0.608 *** (-19.70)	0.000 (0.02)	-0.608 *** (-19.67)	-0.556 *** (-20.66)	-0.002 (-0.31)	-0.556 *** (-20.93)
TobinQ	-0.005 *** (-3.23)	-0.001 *** (-3.15)	-0.006 *** (-3.48)	-0.002 (-1.24)	-0.001 (-1.63)	-0.002 (-1.38)
SOE	-0.019 ** (-2.11)	0.008 *** (5.51)	-0.016 * (-1.75)	-0.016 ** (-2.47)	0.006 *** (4.14)	-0.014 ** (-2.22)
FirmAge	0.029 ** (2.45)	0.001 (0.45)	0.029 ** (2.50)	-0.015 (-1.29)	-0.000 (-0.09)	-0.015 (-1.30)
INST	0.046 ** (2.34)	0.004 (0.94)	0.047 ** (2.42)	-0.023 (-1.08)	-0.002 (-0.41)	-0.024 (-1.12)
Mshare	-0.023 (-1.26)	0.008 * (1.75)	-0.020 (-1.11)	-0.004 (-0.14)	0.003 (0.45)	-0.003 (-0.11)
Big4	-0.099 *** (-5.90)	0.005 * (1.78)	-0.098 *** (-5.80)	-0.025 ** (-2.19)	0.005 ** (2.26)	-0.023 ** (-2.06)
cons	0.952 *** (7.16)	-0.037 ** (-2.03)	0.937 *** (7.03)	0.775 *** (9.25)	-0.083 *** (-4.70)	0.749 *** (8.85)

续表

	高省份数字化			低省份数字化		
	第一步	第二步	第三步	第一步	第二步	第三步
	lQUA	*AbsINV*	*lQUA*	*lQUA*	*AbsINV*	*lQUA*
行业	控制	控制	控制	控制	控制	控制
年份	控制	控制	控制	控制	控制	控制
N	5782	5782	5782	5790	5790	5790
R^2_a	0.191	0.054	0.196	0.193	0.053	0.197
组间系数差异检验	第一步		第二步		第三步	
	0.0640		0.8381		0.0676	

7.3.4小节中按省份数字化程度高低分组检验结果显示，数字化程度高低不同省份的数字化转型与企业高质量发展的影响存在显著差异。本小节将进一步讨论在数字化程度高低不同的省份，数字化转型、会计信息可比性对企业高质量发展提升作用的影响差异性。回归结果，见表7－20。

首先，表7－20最后一列报告了在数字化程度高低不同的省份，数字化转型、会计信息可比性对企业高质量发展提升作用影响的组间差异情况，第三步组间系数差异检验P值为0.0237，小于0.05，在5%水平的显著性检验，结果说明在数字化程度高低不同的省份，数字化转型、会计信息可比性对企业高质量发展的提升作用存在显著差异。

其次，从表7－20中发现，在数字化程度较低的省份，数字化转型（*DCG*）提升每一单位，对企业高质量发展（*lQUA*）的直接效应提升0.0039个单位，对会计可比性（*Comp*）的中介效应提升0.0005个单位，对企业高质量发展（*lQUA*）的综合效应提升0.0043个单位，综合效应不显著。但是进一步观察发现，虽然综合效应的t值为1.61，十分接近t值10%水平的显著性（t值10%水平为1.645）。在数字化程度较高的省份，数字化转型（*DCG*）提升每一单位，对企业高质量发展（*lQUA*）的直接效应提升0.0079个单位，对会计可比性（*Comp*）的中介效应提升0.0004个单位，对企业高质量发展（*lQUA*）的综合效应提升0.0071个单位，都在1%的水平上显著。

表 7-20　　　　分组检验——省份数字化程度

	高数字化			低数字化		
	第一步	第二步	第三步	第一步	第二步	第三步
	lQUA	*FC*	*lQUA*	*lQUA*	*FC*	*lQUA*
Comp	1.223 ** (2.05)	-2.519 *** (-5.57)	0.805 (1.35)	0.257 (0.65)	-0.672 ** (-2.13)	0.236 (0.60)
FC			-0.166 *** (-5.40)			-0.031 (-1.35)
Size	-0.008 * (-1.71)	-0.185 *** (-68.17)	-0.038 *** (-4.37)	0.005 * (1.81)	-0.182 *** (-70.84)	-0.000 (-0.04)
Lev	0.054 *** (2.58)	-0.194 *** (-14.98)	0.021 (1.08)	0.019 (1.14)	-0.226 *** (-15.75)	0.012 (0.67)
ROA	0.107 ** (2.21)	0.471 *** (13.35)	0.185 *** (3.45)	0.109 *** (2.73)	0.494 *** (12.85)	0.125 *** (3.02)
Cashflow	-0.093 * (-1.76)	-0.252 *** (-7.77)	-0.135 ** (-2.51)	-0.110 ** (-2.50)	-0.193 *** (-6.09)	-0.116 *** (-2.63)
Dual	-0.009 (-1.58)	0.008 ** (2.04)	-0.007 (-1.34)	-0.009 (-1.53)	0.008 * (1.81)	-0.009 (-1.49)
*Top*1	-0.613 *** (-22.18)	0.033 ** (2.07)	-0.607 *** (-22.24)	-0.560 *** (-20.99)	-0.010 (-0.73)	-0.561 *** (-20.98)
TobinQ	-0.005 *** (-3.43)	-0.022 *** (-10.59)	-0.009 *** (-5.03)	-0.002 (-1.11)	-0.025 *** (-14.80)	-0.002 (-1.49)
SOE	-0.013 * (-1.78)	0.017 *** (3.67)	-0.010 (-1.41)	-0.018 *** (-2.88)	-0.002 (-0.40)	-0.018 *** (-2.89)
FirmAge	0.029 *** (2.62)	-0.025 *** (-3.70)	0.025 ** (2.26)	-0.020 * (-1.70)	-0.032 *** (-4.48)	-0.021 * (-1.79)
INST	0.042 ** (2.14)	-0.061 *** (-5.32)	0.032 (1.64)	-0.020 (-0.92)	-0.039 *** (-3.32)	-0.021 (-0.98)
Mshare	-0.029 (-1.58)	0.030 ** (2.46)	-0.024 (-1.30)	-0.007 (-0.24)	0.019 (1.15)	-0.006 (-0.22)
*Big*4	-0.088 *** (-5.39)	0.108 *** (10.06)	-0.070 *** (-4.57)	-0.026 ** (-2.50)	0.020 ** (2.56)	-0.026 ** (-2.46)
cons	0.995 *** (8.15)	4.754 *** (62.72)	1.785 *** (8.10)	0.818 *** (9.74)	4.745 *** (80.35)	0.967 *** (6.40)

续表

	高数字化			低数字化		
	第一步	第二步	第三步	第一步	第二步	第三步
	lQUA	*FC*	*lQUA*	*lQUA*	*FC*	*lQUA*
行业	控制	控制	控制	控制	控制	控制
年份	控制	控制	控制	控制	控制	控制
N	5845	5845	5845	5736	5736	5736
R^2_a	0. 199	0. 786	0. 207	0. 204	0. 819	0. 204
组间系数差异检验	第一步		第二步		第三步	
	0. 1762		0. 0008		0. 4244	

7. 3. 4 小节中按省份数字化程度高低分组检验结果显示，数字化程度高低不同省份的数字化转型与企业高质量发展的影响存在显著差异。本小节将进一步讨论在数字化程度高低不同的省份，数字化转型、会计信息可比性对企业高质量发展提升作用的影响差异性。回归结果，见表 7 - 21。

首先，表 7 - 21 最后一列报告了在数字化程度高低不同的省份，数字化转型、会计信息可比性对企业高质量发展提升作用影响的组间差异情况，第三步组间系数差异检验 P 值为 0. 0237，小于 0. 05，在 5% 水平的显著性检验，结果说明在数字化程度高低不同的省份，数字化转型、会计信息可比性对企业高质量发展的提升作用存在显著差异。

其次，从表 7 - 21 中发现，在数字化程度较低的省份，数字化转型（*DCG*）提升每一单位，对企业高质量发展（*lQUA*）的直接效应提升 0. 0039 个单位，对会计可比性（*Comp*）的中介效应提升 0. 0005 个单位，对企业高质量发展（*lQUA*）的综合效应提升 0. 0043 个单位，综合效应不显著。但是进一步观察发现，虽然综合效应的 t 值为 1. 61，十分接近 t 值 10% 水平的显著性（t 值 10% 水平为 1. 645）。在数字化程度较高的省份，数字化转型（*DCG*）提升每一单位，对企业高质量发展（*lQUA*）的直接效应提升 0. 0079 个单位，对会计可比性（*Comp*）的中介效应提升 0. 0004 个单位，对企业高质量发展（*lQUA*）的综合效应提升 0. 0071 个单位，都在 1% 的水平上显著。

表 7－21　　　　分组检验——省份数字化程度

	高数字化			低数字化		
	第一步	第二步	第三步	第一步	第二步	第三步
	lQUA	*BTA*	*lQUA*	*lQUA*	*BTA*	*lQUA*
Comp	1.198 * (1.75)	－0.175 ** (－2.23)	1.159 (1.29)	0.431 (0.68)	－0.251 *** (－2.98)	0.426 (0.67)
FC			－0.226 ** (－2.17)			－0.020 (－0.18)
Size	－0.010 *** (－2.78)	0.001 ** (2.06)	－0.010 * (－1.84)	0.004 (1.20)	－0.001 * (－1.94)	0.004 (1.19)
Lev	0.082 *** (3.69)	－0.012 *** (－4.81)	0.079 *** (3.10)	0.027 (1.28)	－0.010 *** (－3.52)	0.027 (1.28)
ROA	0.211 *** (2.61)	0.212 *** (22.88)	0.259 *** (2.89)	0.137 * (1.92)	0.206 *** (11.25)	0.141 * (1.91)
Cashflow	－0.070 (－1.34)	－0.031 *** (－5.15)	－0.077 (－1.47)	－0.115 ** (－2.37)	－0.024 *** (－3.52)	－0.116 ** (－2.39)
Dual	－0.014 ** (－2.06)	0.001 (1.26)	－0.014 ** (－2.39)	－0.005 (－0.74)	－0.001 (－1.33)	－0.005 (－0.75)
*Top*1	－0.632 *** (－23.94)	－0.006 ** (－2.00)	－0.633 *** (－20.54)	－0.560 *** (－18.60)	－0.006 ** (－1.99)	－0.560 *** (－18.61)
TobinQ	－0.006 *** (－3.38)	－0.000 (－0.18)	－0.006 *** (－3.26)	－0.003 *** (－3.29)	－0.000 (－0.94)	－0.003 *** (－3.31)
SOE	－0.018 ** (－2.19)	0.001 (0.94)	－0.018 ** (－2.27)	－0.015 ** (－2.12)	0.002 ** (2.54)	－0.015 ** (－2.11)
FirmAge	0.026 ** (2.22)	0.002 (1.52)	0.027 ** (2.18)	－0.021 (－1.61)	0.005 *** (3.44)	－0.021 (－1.61)
INST	0.049 ** (2.39)	－0.002 (－1.00)	0.049 ** (2.18)	－0.028 (－1.21)	0.007 ** (2.57)	－0.028 (－1.20)
Mshare	－0.028 (－1.23)	－0.010 *** (－4.03)	－0.030 (－1.48)	－0.013 (－0.39)	－0.008 ** (－2.06)	－0.013 (－0.39)
*Big*4	－0.099 *** (－7.36)	－0.001 (－0.38)	－0.099 *** (－6.33)	－0.028 ** (－2.34)	－0.002 (－1.21)	－0.028 ** (－2.34)
cons	0.999 *** (9.70)	0.001 (0.07)	0.999 *** (8.09)	0.867 *** (9.11)	0.020 * (1.91)	0.868 *** (9.10)

续表

	高数字化			低数字化		
	第一步	第二步	第三步	第一步	第二步	第三步
	lQUA	*BTA*	*lQUA*	*lQUA*	*BTA*	*lQUA*
行业	控制	控制	控制	控制	控制	控制
年份	控制	控制	控制	控制	控制	控制
N	4899	4899	4899	4748	4748	4748
R^2_a	0.211	0.189	0.212	0.199	0.188	0.199
组间系数差异检验	第一步		第二步		第三步	
	0.4831		0.5127		0.5029	

7.3.5 稳健性检验

1. 稳健性检验——替换解释变量

本小节将企业高质量发展进行回归，以进一步缓解研究结论的内生性，其回归结果如表 7-22 所示。结果显示，L. 数字化转型（*L. DCG*）提升每一单位，对企业高质量发展（*lQUA*）的直接效应提升 0.0078 个单位，对会计可比性（*Comp*）的中介效应提升 0.0005 个单位，对企业高质量发展（*lQUA*）的综合效应提升 0.0074 个单位，都在 1% 的水平上显著。这也进一步验证本章初步检验的结论，与前文的研究结果基本保持一致。

表 7-22　稳健性检验——替换解释变量

	第一步	第二步	第三步
	FlQUA	*FPatent*	*FlQUA*
Comp4	2.080** (2.15)	26.367*** (4.14)	1.977** (2.04)
FPatent			0.004** (2.08)
Size	0.000 (0.01)	0.744*** (36.32)	-0.003 (-0.81)
Lev	0.013 (0.80)	-0.354*** (-3.18)	0.014 (0.89)

续表

	第一步	第二步	第三步
	FIQUA	*FPatent*	*FIQUA*
ROA	0.000 (0.01)	1.048*** (3.47)	-0.004 (-0.08)
Cashflow	-0.084* (-1.77)	-0.163 (-0.59)	-0.084* (-1.77)
Dual	-0.011* (-1.87)	-0.013 (-0.35)	-0.011* (-1.87)
Top1	-0.548*** (-22.97)	-0.809*** (-5.67)	-0.545*** (-22.64)
TobinQ	-0.002 (-1.09)	0.032** (2.19)	-0.002 (-1.16)
SOE	-0.031*** (-4.25)	0.011 (0.27)	-0.031*** (-4.25)
FirmAge	0.008 (0.72)	-0.204*** (-3.14)	0.009 (0.79)
INST	0.022 (1.37)	0.245** (2.12)	0.021 (1.31)
Mshare	0.002 (0.11)	0.831*** (6.16)	-0.001 (-0.05)
Big4	-0.075*** (-7.42)	-0.023 (-0.30)	-0.075*** (-7.40)
cons	0.949*** (10.11)	-14.182*** (-29.41)	1.004*** (10.62)
行业	控制	控制	控制
年份	控制	控制	控制
N	6899	6899	6899
R^2_a	0.165	0.501	0.166

本小节将企业高质量发展进行回归，以进一步缓解研究结论的内生性，其回归结果如表 7-23 所示。结果显示，L. 数字化转型（*L. DCG*）提升每一单位，对企业高质量发展（*lQUA*）的直接效应提升 0.0078 个单位，对会计可比性（*Comp*）的中介效应提升 0.0005 个单位，对企业高质量发

展（*lQUA*）的综合效应提升0.0074个单位，都在1%的水平上显著。这也进一步验证本章初步检验的结论，与前文的研究结果基本保持一致。

表7-23 稳健性检验——替换解释变量

	第一步	第二步	第三步
	lQUA	*AbsINV*	*lQUA*
Comp4	1.418** (2.44)	-0.195** (-2.09)	1.356** (2.33)
AbsINV			-0.316*** (-4.61)
Size	-0.001 (-0.44)	0.001 (1.44)	-0.001 (-0.37)
Lev	0.032** (2.35)	-0.019*** (-6.53)	0.026* (1.92)
ROA	0.125*** (3.88)	-0.041*** (-5.99)	0.113*** (3.49)
Cashflow	-0.155*** (-4.21)	0.026*** (4.67)	-0.147*** (-4.00)
Dual	-0.010** (-2.49)	-0.002 (-1.55)	-0.010*** (-2.63)
Top1	-0.580*** (-28.10)	-0.000 (-0.02)	-0.580*** (-28.23)
TobinQ	-0.004*** (-3.41)	-0.001*** (-3.08)	-0.004*** (-3.59)
SOE	-0.018*** (-3.53)	0.007*** (6.45)	-0.016*** (-3.15)
FirmAge	0.010 (1.21)	0.001 (0.70)	0.011 (1.26)
INST	0.013 (0.89)	-0.000 (-0.05)	0.013 (0.89)
Mshare	-0.017 (-1.04)	0.005 (1.25)	-0.015 (-0.96)
Big4	-0.064*** (-6.16)	0.004** (2.54)	-0.063*** (-6.06)

续表

	第一步	第二步	第三步
	lQUA	*AbsINV*	*lQUA*
cons	0. 873 *** (11. 38)	-0. 068 *** (-5. 66)	0. 852 *** (11. 04)
行业	控制	控制	控制
年份	控制	控制	控制
N	11534	11534	11534
R^2_*a*	0. 188	0. 054	0. 191

本小节将对企业高质量发展进行回归，以进一步缓解研究结论的内生性，其回归结果如表 7 - 24 所示。结果显示，L. 数字化转型（*L. DCG*）提升每一单位，对企业高质量发展（*lQUA*）的直接效应提升 0. 0078 个单位，对会计可比性（*Comp*）的中介效应提升 0. 0005 个单位，对企业高质量发展（*lQUA*）的综合效应提升 0. 0074 个单位，都在 1% 的水平上显著。这也进一步验证本章初步检验的结论，与前文的研究结果基本保持一致。

表 7 - 24　　稳健性检验——替换解释变量

	第一步	第二步	第三步
	lQUA	*FC*	*lQUA*
Comp4	1. 210 ** (2. 25)	-0. 987 ** (-2. 32)	1. 101 ** (2. 04)
FC			-0. 111 *** (-5. 13)
Size	-0. 002 (-0. 78)	-0. 180 *** (-91. 69)	-0. 022 *** (-3. 79)
Lev	0. 038 *** (2. 80)	-0. 218 *** (-21. 98)	0. 014 (1. 07)
ROA	0. 119 *** (3. 59)	0. 446 *** (17. 14)	0. 168 *** (4. 60)
Cashflow	-0. 104 *** (-3. 08)	-0. 211 *** (-9. 44)	-0. 128 *** (-3. 73)

续表

	第一步	第二步	第三步
	lQUA	*FC*	*lQUA*
Dual	-0.009** (-2.16)	0.007** (2.39)	-0.008** (-1.97)
Top1	-0.583*** (-30.41)	0.010 (0.94)	-0.582*** (-30.47)
TobinQ	-0.004*** (-3.32)	-0.023*** (-18.75)	-0.006*** (-4.78)
SOE	-0.019*** (-4.01)	0.004 (1.38)	-0.018*** (-3.91)
FirmAge	0.008 (1.01)	-0.029*** (-5.74)	0.005 (0.62)
INST	0.014 (0.95)	-0.054*** (-6.60)	0.008 (0.54)
Mshare	-0.021 (-1.30)	0.021** (2.14)	-0.018 (-1.15)
Big4	-0.060*** (-6.07)	0.067*** (9.71)	-0.052*** (-5.62)
cons	0.906*** (12.53)	4.692*** (102.60)	1.425*** (9.75)
行业	控制	控制	控制
年份	控制	控制	控制
N	11581	11581	11581
R^2_a	0.196	0.799	0.200

本小节将对企业高质量发展进行回归，以进一步缓解研究结论的内生性，其回归结果如表 7-25 所示。结果显示，L. 数字化转型（*L. DCG*）提升每一单位，对企业高质量发展（*lQUA*）的直接效应提升 0.0078 个单位，对会计可比性（*Comp*）的中介效应提升 0.0005 个单位，对企业高质量发展（*lQUA*）的综合效应提升 0.0074 个单位，都在 1% 的水平上显著。这也进一步验证本章初步检验的结论，与前文的研究结果基本保持一致。

表 7-25 稳健性检验——替换解释变量

	第一步	第二步	第三步
	lQUA	*BTA*	*lQUA*
Comp4	1.240 ** (2.04)	-0.374 *** (-5.11)	1.182 * (1.94)
BTA			-0.154 * (-1.81)
Size	-0.005 ** (-2.08)	0.000 (0.38)	-0.005 ** (-2.07)
Lev	0.060 *** (4.16)	-0.011 *** (-6.23)	0.059 *** (4.04)
ROA	0.201 *** (3.58)	0.210 *** (31.07)	0.233 *** (3.96)
Cashflow	-0.100 *** (-2.95)	-0.028 *** (-6.85)	-0.105 *** (-3.07)
Dual	-0.010 * (-1.95)	0.000 (0.24)	-0.010 * (-1.94)
Top1	-0.596 *** (-33.97)	-0.006 *** (-2.79)	-0.596 *** (-34.01)
TobinQ	-0.005 *** (-4.30)	-0.000 (-1.41)	-0.005 *** (-4.33)
SOE	-0.019 *** (-3.65)	0.002 *** (2.73)	-0.019 *** (-3.60)
FirmAge	0.006 (0.68)	0.004 *** (3.45)	0.006 (0.75)
INST	0.014 (1.01)	0.001 (0.86)	0.015 (1.03)
Mshare	-0.026 (-1.55)	-0.009 *** (-4.40)	-0.027 (-1.63)
Big4	-0.067 *** (-7.56)	-0.001 (-1.14)	-0.067 *** (-7.58)
cons	0.969 *** (16.21)	0.007 (1.03)	0.970 *** (16.23)
行业	控制	控制	控制

续表

	第一步	第二步	第三步
	lQUA	*BTA*	*lQUA*
年份	控制	控制	控制
N	9647	9647	9647
R^2_a	0.199	0.184	0.197

2. 稳健性检验——替换中介变量

为了能获得可靠的研究结果，对核心解释变量进行替换，进一步验证数字化转型、会计信息可比性对企业高质量发展的影响。回归结果，见表7-26。

从表7-26中可以发现，数字无形资产（*L.* 数字无形资产）每提升每一单位，对企业高质量发展（*lQUA*）的直接效应提升0.0242个单位（在5%的水平上显著），对会计可比性（*Comp*）的中介效应提升0.0006个单位（在5%的水平上显著），对企业高质量发展（*lQUA*）的综合效应提升0.0238个单位，在10%的水平上显著。与初步检验的研究结论基本一致。

表7-26 稳健性检验——替换中介变量

	第一步	第二步	第三步
	FlQUA	*FAward*	*FlQUA*
Comp	2.045*** (3.49)	28.959*** (6.55)	1.920*** (3.28)
FAward			0.004*** (2.62)
Size	0.001 (0.37)	0.848*** (36.04)	-0.002 (-0.68)
Lev	0.013 (0.83)	-0.456*** (-3.54)	0.015 (0.95)
ROA	-0.014 (-0.33)	0.830** (2.36)	-0.018 (-0.41)
Cashflow	-0.075 (-1.57)	-0.021 (-0.07)	-0.075 (-1.57)
Dual	-0.011* (-1.87)	-0.021 (-0.48)	-0.010* (-1.86)

续表

	第一步	第二步	第三步
	FIQUA	*FAward*	*FIQUA*
*Top*1	-0.547*** (-22.96)	-0.897*** (-5.50)	-0.543*** (-22.58)
TobinQ	-0.002 (-1.08)	0.031* (1.85)	-0.002 (-1.15)
SOE	-0.031*** (-4.21)	0.000 (0.01)	-0.031*** (-4.22)
FirmAge	0.009 (0.80)	-0.233*** (-3.15)	0.010 (0.89)
INST	0.021 (1.29)	0.202 (1.53)	0.020 (1.24)
Mshare	0.000 (0.01)	0.857*** (5.57)	-0.003 (-0.17)
*Big*4	-0.072*** (-7.22)	-0.037 (-0.44)	-0.072*** (-7.19)
cons	0.931*** (9.89)	-15.681*** (-28.35)	0.998*** (10.68)
行业	控制	控制	控制
年份	控制	控制	控制
N	6899	6899	6899
R^2_a	0.166	0.497	0.167

为了能获得可靠的研究结果，对核心解释变量进行替换，进一步验证数字化转型、会计信息可比性对企业高质量发展的影响。回归结果见表 7-27。

从表 7-27 中可以发现，数字无形资产（*L.* 数字无形资产）每提升每一单位，对企业高质量发展（*lQUA*）的直接效应提升 0.0242 个单位（在 5% 的水平上显著），对会计可比性（*Comp*）的中介效应提升 0.0006 个单位（在 5% 的水平上显著），对企业高质量发展（*lQUA*）的综合效应提升 0.0238 个单位，在 10% 的水平上显著。与初步检验的研究结论基本一致。

表 7－27　　稳健性检验——替换中介变量

	第一步	第二步	第三步
	lQUA	*BAbsINV*	*lQUA*
Comp	0.749 ** (2.11)	-0.047 * (-1.74)	0.731 ** (2.06)
BAbsINV			-0.369 *** (-5.05)
Size	-0.002 (-0.69)	0.001 ** (2.29)	-0.002 (-0.54)
Lev	0.045 *** (3.18)	-0.011 *** (-3.38)	0.041 *** (2.92)
ROA	0.135 *** (4.01)	-0.031 *** (-3.37)	0.123 *** (3.75)
Cashflow	-0.139 *** (-3.67)	0.015 * (1.94)	-0.134 *** (-3.57)
Dual	-0.008 ** (-2.10)	-0.004 *** (-3.05)	-0.010 ** (-2.46)
Top1	-0.583 *** (-28.71)	-0.003 (-0.58)	-0.584 *** (-28.92)
TobinQ	-0.004 *** (-3.33)	-0.000 (-0.88)	-0.004 *** (-3.43)
SOE	-0.021 *** (-4.10)	0.012 *** (9.22)	-0.017 *** (-3.29)
FirmAge	0.009 (1.12)	0.003 (1.31)	0.010 (1.25)
INST	0.018 (1.26)	-0.004 (-1.08)	0.016 (1.17)
Mshare	-0.022 (-1.41)	-0.002 (-0.44)	-0.023 (-1.47)
Big4	-0.064 *** (-6.28)	0.000 (0.21)	-0.064 *** (-6.32)
cons	0.898 *** (11.59)	-0.081 *** (-6.08)	0.868 *** (11.16)
行业	控制	控制	控制

续表

	第一步	第二步	第三步
	lQUA	*BAbsINV*	*lQUA*
年份	控制	控制	控制
N	11726	11726	11726
R^2_a	0. 188	0. 053	0. 194

为了能获得可靠的研究结果，对核心解释变量进行替换，进一步验证数字化转型、会计信息可比性对企业高质量发展的影响。回归结果，见表 7 – 28。

从表 7 – 28 中可以发现，数字无形资产（*L.* 数字无形资产）每提升每一单位，对企业高质量发展（*lQUA*）的直接效应提升 0. 0242 个单位（在 5% 的水平上显著），对会计可比性（*Comp*）的中介效应提升 0. 0006 个单位（在 5% 的水平上显著），对企业高质量发展（*lQUA*）的综合效应提升 0. 0238 个单位，在 10% 的水平上显著。与初步检验的研究结论基本一致。

表 7 – 28　　　　稳健性检验——替换中介变量

	第一步	第二步	第三步
	lQUA	*SA*	*lQUA*
Comp	0. 830 ** (2. 41)	– 2. 963 *** (– 9. 44)	0. 134 (0. 38)
SA			– 0. 235 *** (– 6. 72)
Size	– 0. 002 (– 0. 66)	0. 065 *** (27. 68)	0. 013 *** (5. 79)
Lev	0. 039 *** (2. 82)	– 0. 072 *** (– 8. 47)	0. 022 * (1. 73)
ROA	0. 116 *** (3. 54)	– 0. 206 *** (– 9. 41)	0. 068 ** (2. 21)
Cashflow	– 0. 102 *** (– 2. 98)	– 0. 061 *** (– 3. 41)	– 0. 116 *** (– 3. 43)
Dual	– 0. 009 ** (– 2. 17)	0. 006 *** (2. 64)	– 0. 007 * (– 1. 79)

续表

	第一步	第二步	第三步
	lQUA	*SA*	*lQUA*
*Top*1	-0.583 *** (-30.38)	0.063 *** (5.96)	-0.568 *** (-30.54)
TobinQ	-0.004 *** (-3.31)	0.021 *** (18.05)	0.001 (0.98)
SOE	-0.019 *** (-3.99)	0.010 *** (3.77)	-0.016 *** (-3.51)
FirmAge	0.008 (1.04)	-0.780 *** (129.81)	-0.175 *** (-6.22)
INST	0.013 (0.92)	-0.032 *** (-4.23)	0.006 (0.39)
Mshare	-0.021 (-1.33)	0.036 *** (4.45)	-0.013 (-0.81)
*Big*4	-0.059 *** (-6.01)	0.104 *** (13.37)	-0.035 *** (-3.94)
cons	0.901 *** (12.48)	-3.056 *** (-56.90)	0.183 * (1.88)
行业	控制	控制	控制
年份	控制	控制	控制
N	11581	11581	11581
R^2_a	0.196	0.800	0.211

为了能获得可靠的研究结果，对核心解释变量进行替换，进一步验证数字化转型、会计信息可比性对企业高质量发展的影响。回归结果，见表 7-29。

从表 7-29 中可以发现，数字无形资产（*L.* 数字无形资产）每提升每一单位，对企业高质量发展（*lQUA*）的直接效应提升 0.0242 个单位（在 5% 的水平上显著），对会计可比性（*Comp*）的中介效应提升 0.0006 个单位（在 5% 的水平上显著），对企业高质量发展（*lQUA*）的综合效应提升 0.0238 个单位，在 10% 的水平上显著。与初步检验的研究结论基本一致。

表 7-29　　稳健性检验——替换中介变量

	第一步	第二步	第三步
	lQUA	*AdjBTA*	*lQUA*
Comp	0.968 ** (2.17)	-0.181 *** (-3.33)	0.943 ** (2.12)
AdjBTA			-0.159 * (-1.90)
Size	-0.004 * (-1.82)	0.000 (0.02)	-0.004 * (-1.83)
Lev	0.058 *** (4.02)	-0.009 *** (-4.99)	0.057 *** (3.92)
ROA	0.205 *** (3.65)	0.143 *** (20.87)	0.228 *** (3.97)
Cashflow	-0.102 *** (-3.02)	0.010 ** (2.47)	-0.102 *** (-2.99)
Dual	-0.009 * (-1.87)	0.000 (0.15)	-0.009 * (-1.88)
*Top*1	-0.598 *** (-34.19)	-0.008 *** (-3.83)	-0.600 *** (-34.24)
TobinQ	-0.005 *** (-4.32)	-0.000 (-1.07)	-0.005 *** (-4.34)
SOE	-0.019 *** (-3.53)	0.001 ** (2.17)	-0.018 *** (-3.50)
FirmAge	0.007 (0.83)	0.002 ** (2.03)	0.007 (0.88)
INST	0.015 (1.09)	0.005 *** (2.89)	0.016 (1.14)
Mshare	-0.024 (-1.45)	-0.007 *** (-3.40)	-0.025 (-1.54)
*Big*4	-0.067 *** (-7.55)	-0.000 (-0.34)	-0.067 *** (-7.55)
cons	0.957 *** (15.98)	0.014 * (1.86)	0.960 *** (16.02)
行业	控制	控制	控制

续表

	第一步	第二步	第三步
	lQUA	*AdjBTA*	*lQUA*
年份	控制	控制	控制
N	9645	9644	9644
R^2_a	0. 200	0. 140	0. 196

7.4　本章小结

本章在第五章、第六章实证检验的基础上，基于 2015 ~ 2021 年中国 A 股上市公司的数据，进一步检验会计信息可比性与企业高质量发展之间的关系。首先通过中介检验（企业创新、投资效率、融资约束和企业避税）初步检验会计信息可比性对企业高质量发展的影响效应，并验证了研发投入和高管财务背景在数字化转型、会计信息可比性与企业高质量发展关系中发挥的调节作用。随后在分别检验了不同企业产权性质和不同省份数字化程度异质性影响的基础上，进行一系列稳健性检验，进一步验证假设成立的可能性。

为了进一步验证会计信息可比性都会对企业高质量发展的影响考虑，本研究采用滞后解释变量法（数字化转型滞后一期）、重构解释变量法（以无形资产占比代表数字化转型）等方法进行稳健性检验，均得到与初步检验较为一致的结果，说明会计可比性提升有利于企业高质量发展的提升，企业创新、投资效率、融资约束和企业避税在数字化转型对企业高质量发展提升效应中承担中介效应的作用。

通过研究发现，会计信息可比性改善有利于企业高质量发展的实现。企业创新、投资效率、融资约束与企业避税在会计信息可比性对企业高质量发展提升效应中承担中介效应的作用。有调节的中介效应检验表明，会计信息可比性通过、投资效率、融资约束与企业避税对企业高质量发展产生影响的中介模型中，研发投入和高管财务背景可以分别对其直接效应和中介效应产生调节作用。异质性检验结果表明，相对国有企业来说，会计信息可比性对企业高质量发展提升作用在非国企效果更为显著；相对数字化程度低的省份来说，会计信息可比性对企业高质量发展的提升效应在数字化程度高的省份效果更为显著。为了进一步验证数字化转型、会计信息可比性都会对企业高质量发展的影响考虑，本研究采用滞后解释变量法（数字化转型滞后一期）、重构解释变量法（以无形资产占比代表数字化转型）等方法进行稳健性检验，均得到与初步检验较为一致的结果，说明会计信息可比性有利于企业高质量发展的提升。

第 8 章　数字化转型、会计信息可比性与企业高质量发展

8.1　理论分析

企业数字化转型会重塑企业战略思维、业务流程、组织结构和商业模式，颠覆企业价值创造过程，不仅深刻影响企业生产经营管理活动，而且还会影响会计信息可比性，进而有利于企业的高质量发展。

第一，数字化转型会增强企业内部控制质量，为提高会计信息可比性提供内部基础条件，从而推动企业高质量发展。内部控制是企业重要的内部监督机制，其目标是确保财务报告的可靠性，而财务报告可靠性是会计信息可比性的基础。因此，良好的内部控制能够提高会计信息的可比性（梅丹，2017）。随着企业数字化转型进程的稳步推进，企业内部控制质量也会随之发生改变。在内部环境方面，数字化技术嵌入企业生产经营管理过程，会打破传统组织的边界，改变企业内外联结的方式，实现生产经营管理以及设备、产品、资源和决策体系的系统互通、数据互联，催生以智能合约管理企业的新组织架构（陈冬梅，2020），进而形成良好的内部治理环境。在信息与沟通方面，数字化转型促使企业层次式信息结构向网络式信息结构转变，通过网络信息系统传递企业内部信息，这种信息传递方式不仅能够提高企业数据处理能力，而且还能提升信息的及时性和准确性，进而增强信息传递和沟通的效率。在控制活动方面，传统企业借助数字化技术实现业务流程自动化、经营管理智能化，促使企业内部人员结构发生改变，支持决策和管理的复合型人才比例增大，可有效提升企业内部管理效率。在风险评估方面，云计算、大数据和人工智能等信息技术可以

帮助企业聚集、融合和分析企业内外部海量数据，实现智能决策，精准洞察企业业务痛点、客户需求以及外部环境的变化，通过建立预测模型判断未来风险发生概率以及严重程度，进而实现风险事前管控，尽早调整业务方向。在内部监督方面，数字化转型促使企业组织结构向网络化和扁平化发展（戚聿东和肖旭，2020），减少组织管理结构的层级化约束，强化了企业日常监督。同时，依托数字技术收集和分析企业的数据，可以对企业日常生产经营活动形成有效监督。因此，数字化转型可以从内部控制五要素方面增强企业内部控制质量，为其会计信息可比性的提升奠定坚实的内部基础条件。

而高质量会计信息是缓解股东与管理者之间的代理问题和企业内外部之间的信息不对称的重要机制。仅从盈余质量角度考虑会计报告质量，将限制我们对会计信息质量与投资效率之间关系的理解。可比性是会计信息最为重要的特征之一。FASB 指出如果不能获取可比的会计信息，那么涉及价值评估的投资和信贷决策就无法理性和有效地做出。尽管理论界与实务界很早就关注可比性的价值，但直到 De Franco 等（2011）才设计出有效的可比性计量指标。与其他会计信息质量特征相比，我们认为可比性能够更深刻地影响企业内部的资源配置效率，原因在于：首先，可比性提供了企业投资决策的参照信息。同行业其他公司披露的会计信息为本公司使用，有助于改善决策制定。管理者在进行投资资源配置时会参照其他企业，特别是同行业或相似类型企业的投资情况（如投资收益、投资成本、投资分布等情况），通过比较分析，能够更清晰地理解行业需求、成本以及竞争者战略选择，进而有助于确定投资的相对比较价值和识别投资中的潜在风险。因此更可比的会计信息有助于股东与管理层签订更为合理和形成有效激励的薪酬契约，从而缓解股东与管理层的潜在代理问题，减少投资过度的现象。因此，可比性对薪酬契约的影响使对管理层的约束与激励更为有效，从而提升管理层的投资效率。其次，对于企业外部投资者而言，管理层作为内部人拥有更多企业真实的信息，而外部投资者由于缺乏真实信息只能按照市场平均水平进行价值评估，从而产生“柠檬”效应，其根本原因在于企业内外部之间的信息不对称（Myer and Majluf，1984）。而更高的可比性使得外部投资者不仅可以透过单一企业的信息披露，而且可以通过同行业可比公司获取信息，因此更可比的会计信息能够降低投资者获取信息的成本、增加获取信息的渠道、获取更多有价值的信息（De Franco et al.，2011）。因此我们有理由认为更可比的会计信息有助于外部中小投资者了解企业的投资配置，在我国上市公司实行累计投票的背景下，中小投资者透过可比性的增量信息进行更为有效的投票，从而约束大股东和管理层的投资冲动，提升企业整体的投资效率。综上所述，我们认为可比性可以从企业内部和外部两个维度降低企业的无效投资，从而提升企业整体的投资效率，最终有利于推动企业高质量发展。

第二，数字化转型可以抑制企业盈余管理行为，为提高会计信息可比性提供监督管理保障，进而推动企业高质量发展。随着数字经济的快速发展，传统企业面临激烈的市场竞争环境，容易受到资金风险和流动性风险的影响，进而产生较强的盈余压力（Hou and Robinson，2006）。为了应对这种盈余压力，进行盈余操纵的企业可能会选择不合理的会计政策调高会计利润，致使其与未进行盈余操纵的企业在核算相同经济业务时采用的会计程序和会计方法存在显著差异，进而降低会计信息可比性（袁知柱等，2017）。企业进行数字化转型则可以有效减少管理层在会计政策选择方面的盈余操纵行为（罗进辉和巫奕龙，2021），进而提高会计信息可比性。一方面，在企业进行数字化转型过程中，数字技术的应用可以将生产经营管理过程中产生的业务数据信息化和数字化，通过以数字技术为基础的会计信息系统形成标准的财务信息。这种数字技术赋能信息生产的过程不仅可以直接分析和比较企业的经营业绩信息，而且还可以提升管理层在会计估计和会计政策方面的透明度，便于外部投资者及时了解企业会计政策的选择，无形中会增加管理层在会计估计和会计政策选择方面的谨慎性，从而保证企业会计政策选择的一致性，进而提高会计信息可比性。另一方面，在企业进行数字化转型过程中，大数据技术可以形成基于业务数据的实时监控机制，极大地削弱管理层在会计政策选择方面的自由裁量权。而人工智能、云计算和区块链等数字技术的应用则可以强化企业内部各职能部门之间的数据共享和任务协作，强化企业对各职能部门和人员的监督，降低企业管理层与其他各职能人员相互配合而操纵财务报表数字的行为。此外，企业通过数字技术构建的数字平台还可以将企业内部各部门之间的业务信息可视化，增加管理层随意变更会计政策行为被发现的可能性，从而限制管理层在会计政策方面的灵活性，进而可以提高企业会计信息可比性。

而可比性是一个重要的会计信息质量属性，能够帮助信息使用者比较不同项目的异同，从而引导资源的优化配置（FASB，1980、2010）。可比性是会计信息的一个重要属性，有助于用户识别和理解相关项目，即可比性使得同样的项目看起来相似，不同的项目看起来不同（Barth et al.，2013）。已有研究发现，可比性不高的公司，其信息的不确定性也高。如 Gong et al.（2013）发现，当公司与行业内其他公司的盈余同步性较低时，管理层倾向披露更多的盈余预测信息。他们认为，当公司与行业内其他公司的盈余同步性较低时，公司层面的特定信息比行业层面的共性信息对盈余的贡献更大。由于公司层面特定信息比行业层面共性信息更难以理解，必然导致外部投资者信息处理成本的增加，降低管理者与外部投资者之间的信息相关度。因此，管理者为降低信息不确定性会增加盈余预测信息的披露。De Franco 等（2011）发现，会计信息可比性能够提高分析师的一致预期，增加其盈利预测的准确度。这说明会计信息可比性为分析师等外部信息使用者提供了更多高质量的会计信息，进而改善公司的信息环境。在会计信息可比性较强的情形下，管理者进行应计盈余操纵，容易被投资者识别而受到惩罚。由此可见，会计信息可比性的提高增加了管理者实施应计盈余管理的成本。

此外，根据 Kimbrough 等（2013）的研究，当公司的盈余与行业的盈余同步变化时，投资者往往将好的财务绩效归因于外部环境的改善，而并非管理者能力的体现，管理者报告更好的财务绩效并不能获得更多的私有收益。同理，管理者报告较差的财务绩效也不会受到惩罚，因为此时投资者更倾向于将差的财务绩效归因于外部环境恶化所致，并非管理者无能。即随着会计信息可比性的提高，公司报告的绩效的好与差均会被投资者做出相应的归因，应计盈余管理并不能显著增加管理层的私有收益，采用应计方式操纵盈余的动机进一步减弱。随着会计信息可比性的提高，公司会计信息环境对外部投资者变得更透明，管理者采取应计盈余管理的成本增加，而相应的收益并未增加，这会抑制管理层的应计盈余管理行为。所以，数字化转型有利于提升会计信息可比性，可比性的提升可以进一步抑制盈余管理，从而有利于推动企业高质量发展。

第三，数字化转型可以改善企业信息不对称，为提高会计信息可比性营造良好的信息环境，从而实现企业的高质量发展。会计信息可比性是信息使用者决策的重要信息来源（Barth et al.，2013），可比的会计信息能够降低信息使用者收集和处理信息的成本，提高决策的有用性，进而保护自身合法利益。但在实践中，由于信息生产方和使用方之间存在信息不对称，导致信息生产方凭借信息优势和在执行会计准则上的自由裁量权，干扰会计信息的生产和披露，进而降低会计信息可比性。周冬华和杨小康（2018）研究发现拥有信息优势的内部人基于隐藏内部交易行为会降低会计信息可比性，DeFranco（2011）也发现企业信息环境越透明，会计信息可比性也越高。由此可见，改善企业信息环境有助于提高会计信息可比性。而企业凭借人工智能、区块链、云计算和大数据等数字技术进行数字化转型，可以改变企业信息传递方式和传递效率，改善企业信息环境，进而提高会计信息可比性。一方面，数字化转型增强了企业处理和分析数据的能力。企业借助数字技术可以将生产经营管理过程中产生的大量数据转化为结构化、标准化的信息（吴非等，2021），并将这些信息用于自身生产经营管理决策。同时，这些信息又可以进一步优化企业经营管理流程，改善企业内部信息环境，以增强信息传递的及时性和准确性，确保生产高质量的会计信息。另一方面，数字技术的应用加强了企业和市场参与者之间的沟通联系（Min，2010），在生产有效信息的情况下，数字技术的应用可以有效减少对外输出信息过程中的损耗，提高企业信息环境的透明度。

而良好的企业信息环境的透明度有利于提升会计信息可比性。会计信息可比性能让不同公司之间相同的项目看上去具有相似性、不同的项目看上去存在差异，这一特性有助于投资者将目标公司的财务状况、经营成果和现金流量与参照公司进行比较，从而更为深刻地解读会计数字所反映的经济业务的实质。围绕创新意愿及创新能力，这种改善企业信息环境、缓解信息不对称的作用使会计信息可比性可能通过以下方式促进企业创新：一是降低经理人的职业忧虑。二是抑制经理人对安逸生活的追求。三是缓解企业的融资约束水平。当然，会计信息可比性除了能为企业创新活动提供直接的资源支持，还能为其提供间接的资源支持。例如，可比性的提高让投资者愿意以更低的成本为企业的传统投资项目提供更多的融资，可以将更多的内部资金用于创新支出，促进企业创新活动的开展。当然，会计信息可比性的提高也可能存在削弱企业创新的作用。例如，某一企业的会计信息可比性较高，意味着投资者能够将其业绩在更广的范围内与同行公司比较。这可能增强公司面临的会计业绩竞争压力，加剧经理人削减创新投资、维护短期业绩的短视行为。与创新相比，如果投资者更为关注企业的有形资产投资、政商关系建立等经济活动，那么在可比性提高、投资者能更多地发现同类企业在上述方面的表现时，目标企业的经理人可能会更侧重对此类经济活动的投入。但企业的资源和经理人的精力往往是有限的，其他经济活动投入的增加可能对企业的创新投资产生“挤出”效应。但可比性的重要作用并不在于促进投资者简单、直接地比较不同企业的会计业绩；而在于利用会计信息更好地揭示企业之间经济业务的异同，使投资者通过比较相关企业的会计信息，深入认识会计数字背后的经济实质，分析会计业绩等指标发生变化的原因，进而对企业价值做出更合理、准确的评价。同时，创新是企业可持续性竞争优势的重要来源（Barth，2013），必然也是投资者重点关注的众多重要企业的经济活动之一（Porter，1992），进而确保外部投资者收到高质量的会计信息，最终有利于推动企业高质量发展。

第四，数字化转型通过缓解代理问题减少了管理层相机选择会计政策与会计方法的动机，进而有利于企业的高质量发展。由于管理层与股东间的利益并不总是完全一致，代理冲突使得管理层有较高的机会主义动机以及较低的遵守会计准则的动机。管理层会选择有利于实现其自利行为的会计政策和会计方法，并操纵相关会计信息的披露，而忽视企业与行业中其他企业会计处理的差异，这导致了企业的会计信息可比性受到削弱。数字化转型的目标和路径可以有效地降低企业内外部的信息不对称水平，从而降低交易成本与代理成本（Goldfarb，A. and Tucker，C，2019）。首先，数字技术的发展有利于实现企业内部管理过程、研发过程、生产流程、财务控制等重要活动的实时化和透明化（曾建光和王立彦，2015），提高企业信息透明度，降低管理层盈余管理倾向和抑制内部机会主义倾向（肖红军等，2021）。也就是说，数字化转型能够通过改善企业的信息环境降低代理成本，使管理层和股东的利益趋于一致，从而促使管理层按照行业标准进行会计政策与会计方法的选择，企业的会计信息可比性得到提升。其次，数字化转型可以将工作场景信息化，企业所有经营活动的数据都被存储，有效降低了外部监督成本和审查成本（罗进辉和巫奕龙，2021）。也就是说，企业数字化转型使生产经营等过程数字化，各项业务流程数据都可以生成信息资源提供给利益相关方，为会计信息使用者理解管理层的决策行为提供有效的工具。企业数字化转型后管理层的信息优势被削弱，代理问题得到缓解（袁知柱等，2017）。最后，企业数字化转型能提高公司治理水平，良好的公司治理能够缓解股东与管理层间的代理冲突，约束管理层的机会主义行为，促使管理层遵循相关准则和行业惯例选择会计政策与会计方法，进而提高会计信息可比性。因此，企业数字化转型能够缓解管理层与股东之间的代理冲突，削弱管理层相机选择会计政策与会计方法的动机，使管理层在影响企业的会计信息系统时降低机会主义行为，提升企业的会计信息可比性。

高质量的会计信息对于资本市场功能的有效发挥具有非常重要的作用（Bushman et al.，2001；Healy et al.，2001）。Bushman 等（2001）指出，高质量的会计信息具有鉴别功能和治理功能。鉴别功能帮助管理者、投资者等信息使用者识别投资项目的优劣，引导资源从不能创造价值的项目流向能创造价值的项目。治理功能有利于投资者更好地监督管理者的机会主义行为，因为投资者不论是通过“用手投票”，还是通过“用脚投票”的形式参与公司治理，其重要依据之一便是公司披露的会计信息。FASB（2010）将会计信息质量特征划分为基本质量特征和增进质量特征，基本质量特征是会计信息决策有用性的前提，而增进性质量特征则进一步增强基本质量特征的有用性。可比性作为一项增进性质量特征，可以进一步强化会计信息基本质量特征，即相关性和如实陈述（faithfully represented），使会计信息的鉴别功能和治理功能得到更有效的发挥。

具体而言，可比性可以通过以下方式增强会计信息的有用性。首先，就相关性特征而言，会计信息必须具有预测价值和验证（反馈）价值，可比性可以进一步增强预测价值和验证价值，帮助投资者更好地使用会计信息。DeFranco 等（2011）发现，会计信息可比性提升了卖方分析师对公司盈余的预测能力，增加了分析师盈余预测的准确性，表明可比性增加了会计信息的预测价值。同样，可比性也能够增加会计信息的验证价值。例如，投资者根据公司披露的信息对当初的投资决策进行事后判断，以决定继续投资还是终止投资时，不仅要考察公司本身的信息，而且还要和行业内其他企业的信息进行比较。这种比较有助于投资者做出正确的决策，表明可比性增进了会计信息的验证价值。其次，就如实陈述而言，会计信息必须是完整、中立、没有错误的。如果主并企业的会计信息存在瑕疵，其会计信息和行业内其他公司的会计信息必然不具可比性。此时，投资者根据会计信息对管理层进行监管的难度加大。反过来，如果公司会计信息的可比性较高，投资者通过比较可以进一步确定公司会计信息是否如实陈述，因而有助于降低投资者对管理层进行监督与管理的成本，最终有利于推动企业高质量发展。

第五，数字化转型通过提高信息透明度、降低信息不对称水平减少了管理层相机选择会计政策与会计方法的机会，从而有利于企业实现高质量发展。信息不对称的存在一方面增加了股东等利益相关者监督管理层的成本，另一方面削弱了内部治理机制对管理层行为的约束能力，这使管理层相机选择会计政策和会计方法的机会加大，从而对企业会计信息可比性的提升造成不利影响。而数字化转型基于数字技术融入企业生产经营各个环节带来的优势，可以有效降低信息不对称，提高内外部监督能力，进而减少管理层相机选择会计政策和会计方法的机会，促使企业与行业内其他企业的会计信息更加趋同、可比。首先，数字化转型通过数字技术能够将数据输出成标准化、结构化信息，提升信息可利用度，企业经营中的各个环节都可以用数据实现还原，整个业务流程日趋透明，企业的信息透明度得以提高（祁怀锦等，2020）。这在一定程度上提升了企业的内部沟通质量，在此背景下企业内部控制等治理机制得到充分发挥，为监督和约束管理层相机选择会计政策与会计方法的行为提供了良好的内部信息环境。已有研究发现，企业内部信息传递质量能够直接影响外部的信息披露质量（Chen，C. et al.，2018）。因而，数字化转型通过推动内部信息环境建设、降低信息不对称水平进而有助于提高企业的会计信息可比性。其次，数字化转型下企业的各项流程更加透明，容易被投资者所观察，数字化转型下的信息结构也更加完整有序，为企业内外部利益相关者关注企业的生产经营状况提供了便利（吴非等，2021）。这一方面有助于促进企业高质量、快速地将内部信息传递给投资者，降低外部利益相关者的信息获取及处理成本。另一方面也为外部利益相关者观察和监督管理层的会计处理行为提供了更多的信息集。因此，数字化转型能够为投资者提供更好的监督管理层行为的外部信息环境，从而减少管理层相机选择会计政策与会计方法的机会，促使企业的会计处理与行业内其他企业保持一致，会计信息可比性得以提高。最后，数字化转型得到国家政策的大力支持。数字化转型中的企业可以向资本市场投资者传递一种积极的信号，使投资者更加看好企业未来的发展前景，同时也会吸引监管机构、新闻媒体等的关注（吴非等，2021）。这会压缩管理层利用复杂隐蔽的手段进行会计信息系统操纵的空间，最终使得管理层选择更规范的会计政策和会计方法。由此可见，企业数字化转型通过提高信息透明度、降低信息不对称水平，提高了会计信息使用者对管理层行为的监督能力，从而有助于约束管理层降低企业会计信息可比性的行为。

已有研究发现，高质量会计信息具有鉴别和治理功能（Bushman and Smith，2001）。鉴别功能帮助管理者、投资者识别投资项目的优劣，引导资源流向高价值项目。治理功能有利于降低信息不对称，实现对管理者机会主义行为的有效监督。更可比的公司会计信息相互提供了一定基准（Benchmark），促进了信息在公司间的传递，使投资者能更清晰地推断出它们在经济上的异同，降低分析师预测误差，提升分析师预测准确度（De Franco et al.，2011）。Fang 等（2017）发现可比的会计信息具有信息溢出效应，即可比信息能够互相补充，增加公司盈余的信息含量，为市场带来增量信息。Kim 等（2016）发现更可比的财务报表使投资者更容易理解和评价公司的业绩，降低了管理层隐藏负面消息的动机，降低股价崩盘风险。胥朝阳和刘睿智（2014）发现高会计信息可比性使公司信息环境更透明，增加管理层应计盈余管理成本，抑制管理层应计盈余管理行为。由此可见，会计信息可比性具有治理效应。避税活动通常涉及经济业务的构建和交易流程的重构，产生非常规交易。因而避税活动的增加会使公司报表与其他公司报表呈现较大差异。更可比的会计信息为外界提供了各公司的经济相似性和差异性信息，增强了外界对公司非常规业务的识别能力，使避税活动难以隐藏，抑制管理层的避税能力。另一方面，当公司的盈余信息传递出其他公司的信息时降低了信息搜集和处理成本（De Franco et al.，2011；Brochet et al.，2013），降低公司内外部监督成本，提高监督效率，抑制管理层在避税活动掩盖下实施侵占公司资源的机会主义行为，抑制避税代理成本，阻隔避税反哺效应，降低管理层避税意愿。

最终有利于推动企业高质量发展。

综上所述，本研究提出假设 8－1。

H8－1：在其他条件不变的情况下，数字化转型通过会计信息可比性实现企业高质量发展。会计信息可比性在数字化转型与企业高质量发展之间承担中介路径的作用。

8.2　研究设计

8.2.1　数据来源和样本选择

与前文一样，本研究选取 2015～2021 年中国 A 股上市公司为初始样本。在初始样本的基础上，参考已有文献的做法，依次剔除如下样本：（1）金融行业公司样本；（2）ST 公司样本；（3）前 16 个季度净利润和季度股票收益率缺失的样本；（4）其他相关数据缺失的样本。最后得到 10786 个公司年度观察值。本研究对所有连续变量在 1% 和 99% 水平上进行了 Winsorize 处理，以剔除极端值影响。利用 Python 进行文本挖掘的上市公司年报来源于巨潮资讯网，公司财务与治理数据来源于 CSMAR 和 CNRDS 数据库。

8.2.2　变量定义与说明

变量定义与说明与第四章、第五章和第六章一致。

各种变量的具体测算方法，见表8－1。

表8－1　　变量名称与测算方法

变量名称	英文名称	测算方法
企业高质量发展	*lQUA*	根据第四章的测度结果而来
数字化转型程度	*DCG*	采用文本分析法刻画企业的数字化转型程度（吴非等，2021；赵宸宇等，2021）
会计可比性	*Comp*	6.2.2小节
企业规模	*Size*	年末总资产的自然对数
资产负债率	*Lev*	年末总负债/年末总资产
总资产报酬率	*ROA*	净利润/总资产平均余额
现金流量	*Cashflow*	经营活动产生的现金流量净额/总资产
两职合一	*Dual*	董事长与总经理是同一个人为1，否则为0
第一大股东持股比例	*Top*1	第一大股东持股数量/总股数
托宾Q	*TobinQ*	(流通股市值＋非流通股股份数×每股净资产＋负债账面值)/总资产
是否国企	*SOE*	国有控股企业取值为1，其他为0
公司年龄	*FirmAge*	ln（当年年份－公司成立年份＋1）
机构持股比例	*INST*	机构投资者持股总数除以流通股本
管理层持股比例	*Mshare*	管理层持股数据/总股本
是否四大审计	*Big*4	公司经由四大（普华永道、德勤、毕马威、安永）审计为1，否则为0

8.2.3　模型设定

为了检验数字化对企业高质量发展的影响效应，本章参考戚聿东和蔡呈伟（2020）做法构建了直接效应检验模型，如下所示：

$$lQUA_{i,t} = \alpha_0 + \alpha_1 Dcg_{i,t} + \sum_{j=2}^{n} \alpha_j CVs_{i,t} + \sum \alpha_k Year + \sum \alpha_1 Firm + \varepsilon_{i,t} \tag{8-1}$$

其中，被解释变量是企业高质量发展（*lQUA*）。核心解释变量是数字化转型指数（*Dcg*），表征企业数字化转型程度。*CVs*表示控制变量集，是影响企业高质量发展的其他因素，包括：企业规模（*Size*）、资产负债率

（*Lev*）、总资产报酬率（*ROA*）、现金流量（*Cashflow*）、两职合一（*Dual*）、第一大股东持股比例（*Top*1）、托宾Q（*TobinQ*）、是否国企（*SOE*）、公司年龄（*FirmAge*）、机构持股比例（*INST*）、管理层持股比例（*Mshare*）、是否四大审计（*Big*4）等。进一步地，为了削弱内生性扰动，本章在模型中引入年份（*Year*）和企业（*Firm*）的虚拟变量，以尽可能吸收年份、企业层面不可观测因素的影响。i 代表具体上市企业唯一识别的 id，即证券代码，t 代表业务数据统计的年份，ε 是模型的随机误差项。

此外，在数字化影响企业高质量发展的直接效应检验中，本章对直接效应发生可能存在的地区、行业、所有制的异质性影响进行了检验，以此判断直接效应的作用边界。但是直接效应的检验尚未开启数字化转型对企业高质量发展提升的机制黑箱。由此，本章进一步通过中介效应模型进行机制识别检验，模型设定如下：

$$lQUA_{i,t+1} = \beta_0 + \beta_1 Dcg_{i,t} + \sum \beta_j CVs_{i,t} + \sum \beta_k Year + \sum \beta_l Firm + \varepsilon_{i,t} \tag{8-2}$$

$$Comp_{i,t} = \gamma_0 + \gamma_1 Dcg_{i,t} + \sum \gamma_j CVs_{i,t} + \sum \gamma_k Year + \sum \gamma_l Firm + \varepsilon_{i,t} \tag{8-3}$$

$$lQUA_{i,t+1} = \eta_0 + \eta_1 Comp_{i,t} + \eta_2 Dcg_{i,t} + \sum \eta_j CVs_{i,t} + \sum \eta_k Year + \sum \eta_l Firm + \varepsilon_{i,t} \tag{8-4}$$

其中，*Comp* 表示中介变量，在中介变量的考量上，主要选取了会计可比性作为路径机制变量。中介效应检验常用的方法有三步回归法、Sobel 法和 Bootstrap 法，其中 Bootstrap 法是目前统计效率最高、应用最为前沿的方法（温忠麟等，2004）。故本章采用 Bootstrap 法进行中介效应检验。

8.3 实证分析

8.3.1 描述性统计

描述性统计见表8－2。从表8－2中可以发现企业高质量发展（*lQUA*）

的最大值为4.562，最小值为-2.655，均值为0.731，中位数为0.719，方差为0.222，说明不同企业的企业高质量发展水平相差较大。数字化转型（*DCG*）的最大值为6.301，最小值为0，均值为1.636，中位数为1.386，方差为1.415，说明不同企业的数字化转型程度相差很大，并且企业数字化转型发展呈上升趋势，充分体现了目前企业数字化转型中的数字技术应用发展趋势较好。会计信息可比性（*Comp*）的最大值为0，最小值为-0.079，均值为-0.011，中位数为-0.009，方差为0.007。企业规模（*Size*）的最大值为28.548，最小值为17.954，均值为22.561，中位数为22.371，方差为1.318，表明我国企业整体的企业规模水平之间存在较大差距。资产负债率（*Lev*）的最大值为1.957，最小值为0.008，均值为0.440，中位数为0.434，方差为0.201，表明不同企业间的资产结构差别较大。总资产报酬率（*ROA*）的最大值为0.675，最小值为-0.894，均值为0.034，中位数为0.034，方差为0.075，说明本研究选取样本中企业间资产收益率的水平差距较小。现金流量（*Cashflow*）的最大值为0.652，最小值为-0.744，均值为0.050，中位数为0.049，方差为0.072，说明本研究选取样本中企业间现金流量的水平差距较大。两职合一（*Dual*）的最大值为1，最小值为0，均值为0.254，中位数为0，方差为0.435，说明两职合一的企业较少。第一大股东持股比例（*Top*1）的最大值为0.900，最小值为0.003，均值为0.326，中位数为0.303，方差为0.146，说明企业整体股权集中度偏高，而且不同企业间之间的股权结构存在差距。托宾Q（*TobinQ*）的最大值为56.813，最小值为0.685，均值为2.192，中位数为1.661，方差为2.027，说明本研究选取样本中企业间托宾Q的水平差距较大。是否国企（SOE）的最大值为1，最小值为0，均值为0.375，中位数为0，方差为0.484，说明民营企业较多。公司年龄（*FirmAge*）的最大值为4.007，最小值为1.792，均值为3.014，中位数为3.045。方差为0.274，说明公司年龄大多集中于2~3年，成立时间长的公司较少。机构持股比例（*INST*）的最大值为1.111，最小值为0，均值为0.419，中位数为0.434，方差为0.233，说明机构持股比例较少。管理层持股比例（*Mshare*）的最大值为1.694，最小值为0，均值为0.107，中位数为0.005，方差为0.168，说明管理层持股比例占比较少。是否四大审计（*Big*4）的最大值为1，最小值为 0，均值为 0.061，中位数为 0，方差为 0.239，说明采用四大会计师事务所审计的上市公司较少。

表 8－2　描述性统计

符号	变量名	N	max	min	mean	p50	sd
lQUA	高质量发展	11901	4.562	－2.655	0.731	0.719	0.222
DCG	数字化转型程度	11901	6.301	0.000	1.636	1.386	1.415
Comp	会计信息可比性	11901	0.000	－0.079	－0.011	－0.009	0.007
Size	企业规模	11901	28.548	17.954	22.561	22.371	1.318
Lev	资产负债率	11901	1.957	0.008	0.440	0.434	0.201
ROA	总资产报酬率	11901	0.675	－0.894	0.034	0.034	0.075
Cashflow	现金流量	11901	0.652	－0.744	0.050	0.049	0.072
Dual	两职合一	11901	1.000	0.000	0.254	0.000	0.435
*Top*1	第一大股东持股比例	11901	0.900	0.003	0.326	0.303	0.146
TobinQ	托宾 Q	11901	56.813	0.685	2.192	1.661	2.027
SOE	是否国企	11901	1.000	0.000	0.375	0.000	0.484
FirmAge	公司年龄	11901	4.007	1.792	3.014	3.045	0.274
INST	机构持股比例	11901	1.111	0.000	0.419	0.434	0.233
Mshare	管理层持股比例	11901	1.694	0.000	0.107	0.005	0.168
*Big*4	是否四大审计	11901	1.000	0.000	0.061	0.000	0.239

8.3.2　初步检验

为了识别和检验数字化转型、会计信息可比性与企业高质量发展之间的关系，本小节首先采用中介效应，实证检验数字化转型、会计信息可比性对企业高质量发展的影响效应。

从表 8－3 可知，数字化转型（*DCG*）提升每一单位，对企业高质量发展（*lQUA*）的直接效应提升 0.0067 个单位，对会计可比性（*Comp*）的中介效应提升 0.0005 个单位，对企业高质量发展（*lQUA*）的综合效应提升 0.0063 个单位，都在 1% 的水平上显著。原因是：第一，数字化转型会增强企业内部控制质量，为提高会计信息可比性提供内部基础条件，从而推动企业高质量发展。第二，数字化转型可以抑制企业盈余管理行为，为提高会计信息可比性提供监督管理保障，进而推动企业高质量发展。第三，数字化转型可以改善企业信息不对称，为提高会计信息可比性营造良好的信息环境，从而实现企业的高质量发展。第四，数字化转型通过缓解代理问题减少了管理层相机选择会计政策与会计方法的动机，进而有利于企业的高质量发展。第五，数字化转型通过提高信息透明度、降低信息不对称水平减少了管理层相机选择会计政策与会计方法的机会，从而有利于企业实现高质量发展。总之，数字化转型有利于企业高质量发展的提升，会计信息可比性在数字化转型对企业高质量发展提升效应中承担中介效应的作用。H8－1 得到验证。

表 8－3　　初步检验

	第一步	第二步	第三步
	lQUA	*Comp*	*lQUA*
DCG	0.0067*** (3.87)	0.0005*** (10.85)	0.0063*** (3.64)
Comp			0.6815** (1.96)
Size	－0.0035 (－1.17)	－0.0011*** (－16.17)	－0.0028 (－0.90)
Lev	0.0371*** (2.67)	－0.0039*** (－9.59)	0.0398*** (2.88)
ROA	0.1530*** (5.05)	0.0249*** (17.92)	0.1361*** (4.21)
Cashflow	－0.1422*** (－3.87)	－0.0087*** (－9.31)	－0.1362*** (－3.68)
Dual	－0.0109*** (－2.73)	－0.0000 (－0.36)	－0.0108*** (－2.73)
Top1	－0.5761*** (－28.59)	0.0004 (1.02)	－0.5764*** (－28.62)
TobinQ	－0.0039*** (－3.48)	－0.0000 (－0.97)	－0.0039*** (－3.46)
SOE	－0.0183*** (－3.55)	0.0001 (0.83)	－0.0183*** (－3.57)

续表

	第一步	第二步	第三步
	lQUA	*Comp*	*lQUA*
FirmAge	0.0099 (1.21)	-0.0005** (-2.12)	0.0102 (1.25)
INST	0.0161 (1.14)	0.0020*** (5.47)	0.0148 (1.04)
Mshare	-0.0202 (-1.29)	0.0029*** (7.49)	-0.0221 (-1.41)
Big4	-0.0640*** (-6.38)	-0.0014*** (-5.01)	-0.0631*** (-6.28)
cons	0.9052*** (12.11)	0.0169*** (10.32)	0.8937*** (11.80)
行业	控制	控制	控制
年份	控制	控制	控制
N	11901	11901	11901
R^2_a	0.1871	0.3913	0.1873

8.3.3　调节效应检验

1. 有调节的中介——研发投入

7.3.2 小节已证明会计信息可比性在数字化转型对企业高质量发展提升效应中承担中介效应的作用。本节将进一步讨论研发投入是否能在提高会计信息可比性的中介效应中产生调节作用。因此，本小节借鉴程晨（2017）的思路，对研发投入在数字化转型、会计信息可比性与企业高质量发展之间有调节的中介关系进行实证检验。回归结果，见表 8-4。

从表 8-4 中的第一列发现，为数字化转型（*DCG*）* 研发投入（*RD*）对企业高质量发展（*lQUA*）的影响，数字化转型（*DCG*）* 研发投入（*RD*）提升每一单位，企业高质量发展（*lQUA*）提升 0.0010 个单位，在 1% 的水平上显著。第三列中，为对会计可比性（*Comp*）* 研发投入（*RD*）对企业高质量发展（*lQUA*）的影响，对会计可比性（*Comp*）* 研发投入（*RD*）提升每一单位，企业高质量发展（*lQUA*）提升 0.0578 个单位，并在5%的水平上显著。

这是因为，由于研发投入作为重要的影响因素可以对企业产生积极影响（程晨，2017）。因此，研发投入在数字化转型的直接效应和会计信息可比性的中介效应中发挥调节作用。一方面研发投入可以正向调节数字化转型与企业高质量发展的直接效应，帮助企业应对急剧变化的外部环境，及时调整战略决策，进一步放大数字化转型的人力资本提升效应（张骞等，2019）和生产成本降低效应（闫德利等，2019）。另一方面，研发投入可以正向调节会计信息可比性的中介效应，与数字化转型形成资源互补促进企业的高质量发展；帮助企业应对在数字化转型过程出现的突发情况，提高组织实施探索性行为的能力和行为自由度，提高资源运作能力与风险偏好，进一步释放会计信息可比性的中介作用。

会计信息可比性能让不同公司之间相同的项目看上去具有相似性、不同的项目看上去存在差异，这一特性有助于投资者将目标公司的财务状况、经营成果和现金流量与参照公司进行比较，从而更为深刻地解读会计数字所反映的经济业务的实质。围绕创新意愿及创新能力，这种改善企业信息环境、缓解信息不对称的作用使得会计信息可比性可能通过以下方式促进企业创新：第一，降低经理人的职业忧虑。在信息不对称的环境下，股东往往会将短期业绩的下滑归结为经理人的无能，这将引发其职业忧虑。Graham 等（2005）的调研表明，超过3/4的CFO承认为实现短期业绩目标以维护自身的职位、声誉，他们牺牲了公司的长期价值。由于创新项目在经济流入和成本支出的时间上具有不匹配性，通常会对企业的短期业绩造成不利影响。经理人出于维护私人利益的考虑将诱发其短视行为，抑制创新投资。He，J. 和 Tian，X（2013）倘若企业的财务报表具有较强的可比性，股东在对当期业绩进行评价时，不仅能从时间序列上对该公司自身的业绩进行比较，还能将公司业绩与可比公司业绩进行比较。通过纵向和横向的综合比较，股东能利用更充分的信息，更好地区分当期业绩的下降有多少归结于目标企业实施的积极创新活动，有多少归结于经理人的管理运营不善等。这种更客观的评价将使股东对企业的短期业绩不佳表现出更多包容和忍耐。而对短期“失败”的容忍恰恰是缓解经理人职业忧虑、促进企业创新的一大重要因素（Manso，2011）。第二，抑制经理人对安逸生活的追求。经理人对安逸生活的偏好而非努力为股东创造价值是股东与经理人代理冲突的另一个重要体现。而企业创新风险大、任务复杂属于非程序性决策，通常需要经理人投入更多的精力（Bertrand and Mullainathan，2003）。私人成本的增加使得经理人不愿意实施创新项目。在这种情况下，企业需要更多监督投入以确保创新活动的顺利展开。若不同企业之间的会计信息没有任何可比性，意味着股东缺乏评判经理人努力程度的比较基准，难以对其是否尽职做出判断并对追求安逸的经理人做出惩罚（Bernstein，2015）。相反，随着可比性的提高，企业可以更好地采用相对绩效评估法，基于标杆企业的业绩对经理人进行考核评价。更为明确、更具竞争性的业绩基准将增加经理人追求安逸生活的机会主义行为成本，使其更有动力通过开展创新活动等方式，形成并保持竞争优势，以战胜标杆企业，实现考核目标（Ozkan et al.，2012）。同时，相对绩效评估法有助于分离行业、宏观等经理人不可控因素对业绩考核造成的不利影响，提升经理人的风险承担意愿。如此，也有利于促进企业创新活动的展开（Holmstrom，1987）。第三，缓解企业的融资约束水平。在现实的资本市场中，由于信息不对称和代理问题等市场摩擦，导致企业外部融资成本增加，融资数额受限，引发融资约束问题。Myers 和 Majluf（1984）指出对于企业创新，一方面，其未来结果的不确定性较大且具有较高的调整成本，投资人难以评估创新项目为企业带来的经济流入；另一方面，研发支出较大的公司信息不对称程度通常更高，容易滋生道德风险和逆向选择问题，如虚夸创新收益、隐瞒创新风险或将筹集到的资金用于管理层个人消费，但在财务报表中体现为费用化的研究支出等。面对企业创新，投资者更容易通过提高必要报酬率或减少投入额的方式控制可能面临的潜在损失，使企业的创新活动承受更强的融资约束。而会计信息可比性的提高，既能降低市场参与者对企业未来经营状况感知的不确定性，又能提高对经理人的监督和激励效果（De Franco et al.，2011；DeFond et al.，2011），以保护投入资金的安全，从而减少投资者要求的风险溢价，使企业更容易从资本市场上获取资金（胥朝阳和刘睿智，2014；Ozkan et al.，2012），更好地发挥外源融资对企业创新的支持作用（Li，2010；Kim et al.，2013）。

综上，可以发现在数字化转型通过会计信息可比性对企业高质量发展产生影响的中介模型中，研发投入可以分别对其直接效应和中介效应产生调节作用。

表 8-4　　有调节的中介效应检验——研发投入

	第一步	第二步	第三步
	lQUA	*Comp*	*lQUA*
DCG	0.0055 *** (3.01)	0.0005 *** (9.88)	0.0083 *** (4.86)
Rdspend	-0.0075 *** (-8.96)	-0.0001 *** (-3.94)	-0.0042 *** (-4.68)
*DCG * Rd*	0.0010 *** (3.15)	0.0000 ** (2.49)	
Comp			-0.1127 (-0.38)
*Comp * Rd*			0.0578 ** (2.52)
Size	0.0218 *** (9.03)	-0.0010 *** (-13.07)	0.0203 *** (7.87)
Lev	0.0020 (0.16)	-0.0041 *** (-10.02)	0.0041 (0.33)
ROA	0.0911 *** (3.27)	0.0245 *** (17.65)	0.0999 *** (3.43)
Cashflow	-0.1437 *** (-3.94)	-0.0088 *** (-9.36)	-0.1457 *** (-3.99)
Dual	-0.0085 ** (-2.16)	-0.0000 (-0.23)	-0.0085 ** (-2.15)
Top1	-0.5505 *** (-29.28)	0.0006 (1.35)	-0.5548 *** (-29.23)
TobinQ	-0.0002 (-0.19)	-0.0000 (-0.29)	-0.0004 (-0.36)
SOE	-0.0133 *** (-2.63)	0.0002 (1.11)	-0.0136 *** (-2.68)
FirmAge	-0.0063 (-0.79)	-0.0006 *** (-2.69)	-0.0044 (-0.56)

续表

	第一步	第二步	第三步
	lQUA	*Comp*	*lQUA*
INST	-0.0001 (-0.01)	0.0019*** (5.28)	-0.0015 (-0.11)
Mshare	-0.0215 (-1.37)	0.0029*** (7.53)	-0.0244 (-1.55)
Big4	-0.0081 (-0.99)	-0.0011*** (-3.98)	-0.0071 (-0.85)
cons	0.3923*** (6.22)	0.0141*** (8.05)	0.4173*** (6.30)
行业	控制	控制	控制
年份	控制	控制	控制
N	11899	11899	11899
R^2_a	0.2470	0.3946	0.2436

2. 有调节的中介——高管财务比例

7.3.2 小节已证明会计信息可比性在数字化转型对企业高质量发展提升效应中承担中介效应的作用。本小节将进一步讨论高管财务背景是否能在提高会计信息可比性的中介效应中产生调节作用。因此，参考石贝贝等（2019）的研究思路，对高管财务背景比例在数字化转型、会计信息可比性与企业高质量发展之间有调节的中介关系进行实证检验。回归结果，见表 8-5。

从表 8-5 的第一列中显示，为数字化转型（*DCG*）* 财务背景的高管比例（*FN*）对企业高质量发展（*lQUA*）的影响，数字化转型（*DCG*）* 财务背景的高管比例（*FN*）提升每一单位，企业高质量发展（*lQUA*）提升 0.0256 个单位，在 5% 的水平上显著。第三列中，为对会计可比性（*Comp*）* 财务背景的高管比例（*FN*）对企业高质量发展（*lQUA*）的影响。会计可比性（*Comp*）* 财务背景的高管比例（*FN*）提升每一单位，企业高质量发展（*lQUA*）提升 5.0999 个单位，并在 5% 的水平上显著。

由于高管的个人特征会直接影响高管的各项投资决策（于蔚等，2012）。因此，高管的财务背景在数字化转型的直接效应和会计信息可比性的中介效应中发挥调节作用。一方面高管的财务背景可以正向调节数字化转型与企业高质量发展的直接效应，帮助企业在数字化转型过程中获得国家在政策和财政等方面的支持，从而享受更加优惠的融资资金，降低外源融资难度，进一步放大数字化转型的融资约束缓解效应（刘家悦等，2020）。另一方面，高管的财务背景可以正向调节会计信息可比性的中介效应，帮助企业弱化数字化转型过程中内外部信息不对称问题，持续提升信息透明度，从而吸引更多外部投资者，为企业高质量发展的实现提供资金支持，从而实现价值最大化（俞杰和万陈梦，2022）。

会计信息可比性的提高能够降低会计信息使用者解读企业信息的难度、减少分析信息的成本、降低被误导的可能性，有助于缓解企业信息不对称，提高决策效率；更少的监督成本以及与行业中其他企业的参照比较加强了外部信息使用者对企业管理者实施有效监督的能力和意愿，从而缓解代理问题（胥朝阳和刘睿智，2014）。

综上，可以发现在数字化转型通过会计信息可比性对企业高质量发展产生影响的中介模型中，高管财务背景比例可以分别对其直接效应和中介效应产生调节作用。

表 8－5　　有调节的中介效应检验——高管财务比例

	第一步	第二步	第三步
	lQUA	*Comp*	*lQUA*
DCG	－0.0006 （－0.19）	0.0004*** （3.65）	0.0058*** （3.50）
FN	－0.0294 （－1.17）	－0.0039*** （－4.87）	0.0716** （2.27）
DCG * *FN*	0.0256** （2.16）	0.0005 （1.31）	
Comp			－0.7415 （－0.94）
Comp * *FN*			5.0999** （2.10）

续表

	第一步	第二步	第三步
	lQUA	Comp	lQUA
Size	-0.0024 (-0.87)	-0.0011*** (-16.34)	-0.0015 (-0.54)
Lev	0.0308** (2.40)	-0.0039*** (-9.38)	0.0339*** (2.64)
ROA	0.1358*** (4.68)	0.0249*** (17.93)	0.1195*** (3.89)
Cashflow	-0.1212*** (-3.51)	-0.0088*** (-9.45)	-0.1151*** (-3.30)
Dual	-0.0097** (-2.48)	-0.0000 (-0.38)	-0.0095** (-2.45)
Top1	-0.5671*** (-29.08)	0.0006 (1.32)	-0.5671*** (-29.05)
TobinQ	-0.0036*** (-3.31)	-0.0000 (-0.79)	-0.0036*** (-3.31)
SOE	-0.0176*** (-3.54)	0.0002 (1.17)	-0.0179*** (-3.59)
FirmAge	0.0085 (1.06)	-0.0004* (-1.72)	0.0084 (1.05)
INST	0.0140 (1.01)	0.0019*** (5.20)	0.0127 (0.91)
Mshare	-0.0196 (-1.26)	0.0026*** (6.89)	-0.0217 (-1.40)
Big4	-0.0645*** (-6.81)	-0.0014*** (-4.83)	-0.0632*** (-6.68)
cons	0.8800*** (13.24)	0.0181*** (10.90)	0.8380*** (12.23)
行业	控制	控制	控制
年份	控制	控制	控制
N	11874	11874	11874
R^2_a	0.1926	0.3931	0.1930

8.3.4 分组检验

为了更好地了解在不同情境下数字化转型、会计信息可比性对企业高质量发展提升作用的影响差异。本部分将分别设置虚拟变量对不同产权性质的企业、不同省份数字化程度进行分组，以进行异质性检验。

1. 国企非国企

7.3.4 小节中国企非国企分组检验已证明不同产权性质企业数字化转型与企业高质量发展的影响存在显著差异。本节将进一步讨论不同产权性质背景下，数字化转型、会计信息可比性对企业高质量发展提升作用的影响差异性。回归结果，见表 8－6。

首先，表 8－6 最后一列报告了不同产权性质背景下，数字化转型、会计信息可比性对企业高质量发展提升作用影响的组间差异情况，第三步组间系数差异检验 P 值为 0.0437 小于 0.05，在 5% 水平的显著性检验，结果说明不同产权性质背景下，数字化转型、会计信息可比性对企业高质量发展的提升作用存在显著差异。

其次，从表 8－6 可以发现，在国企组内数字化转型（*DCG*）提升每一单位，对企业高质量发展（*lQUA*）的直接效应提升 0.0060 个单位，对会计可比性（*Comp*）的中介效应提升 0.0005 个单位，对企业高质量发展（*lQUA*）的综合效应提升 0.0054 个单位，综合效应不显著。值得关注的是，综合效应虽然不显著，但是 t 值为 1.39，比较接近 t 值 10% 水平的显著性（t 值 10% 水平为 1.645）。在非国企组内，数字化转型（*DCG*）提升每一单位，对企业高质量发展（*lQUA*）的直接效应提升 0.0066 个单位，对会计可比性（*Comp*）的中介效应提升 0.0004 个单位，对企业高质量发展（*lQUA*）的综合效应提升 0.0063 个单位，都在 1% 的水平上显著。

由于组织中雇员和所有者的成本收益函数不同，国有企业和私有企业的经营者行为存在差异，并且国有企业过多的委托代理环节以及所有者缺位等缺陷，使得国有企业具有不同于非国有企业的激励、监督和约束机制（方军雄，2007）。相比非国有企业而言，国有企业直接或间接地为政府控制，他们追求的不是经济利益的最大化，而是社会福利最大化，这导致国有企业投资行为不是完全基于有用信息的决策行为。同时，这也意味着对于国有企业而言，更高的可比性信息所拥有的决策有用性优势难以充分发挥。国有企业高管薪酬方面的管制（陈冬华等，2005）使企业管理层业绩薪酬的敏感性降低，进而导致他们缺乏挖掘优质投资项目的激励，更可能无视可比性所包含的决策价值。另外，国有企业的管理层存在政治晋升的隐形激励（Cao et al.，2013），为了实现政治晋升，有很强的激励建设形象工程（郑志刚等，2012）、产生更多政治锦标赛引致的重复投资（周黎安，2004）等，这使过度投资情况屡屡在国有企业上出现。显然，有意为之的过度投资是不需要依赖决策有用的信息。尽管近年来国有企业改革提升了生产效率，但是无法解决剩余索取权与剩余控制权匹配的问题，使得国有企业创新效率损失大于生产效率损失（吴延兵，2012）。由此可见，相对非国有企业，纯粹市场化的会计信息在国有企业的投资决策中发挥的作用更小，而非市场化的政治目标在国有企业投资决策中发挥了更为重要的作用，因此可比性在国有企业投资决策的作用被弱化了。总而言之，国有企业机制设计上的内在局限性使得其投资行为中包含过多非市场因素的影响，这使得更可比的会计信息有助于提高投资效率的逻辑路径在国有企业中的作用大大降低。

表 8-6 的结果充分说明，在数字化经济快速发展的趋势下，无论国企还是非国企都会利用数字化转型推动企业的高质量发展，相对国有企业来说，数字化转型、会计信息可比性对企业高质量发展提升作用在非国企效果更为显著。这也进一步验证了 7.3.4 小节中国企非国企分组检验的结论。

表 8-6　　分组检验——国企非国企

	国企			非国企		
	第一步	第二步	第三步	第一步	第二步	第三步
	lQUA	*Comp*	*lQUA*	*lQUA*	*Comp*	*lQUA*
DCG	0.0060 (1.59)	0.0005*** (3.29)	0.0054 (1.39)	0.0066*** (3.34)	0.0004*** (9.28)	0.0063*** (3.17)
Comp			1.0497 (1.22)			0.6892** (2.10)

续表

	国企			非国企		
	第一步	第二步	第三步	第一步	第二步	第三步
	lQUA	*Comp*	*lQUA*	*lQUA*	*Comp*	*lQUA*
Size	-0.0107 (-1.17)	-0.0015*** (-7.29)	-0.0091 (-0.94)	0.0017 (0.63)	-0.0007*** (-8.37)	0.0022 (0.80)
Lev	0.0522 (1.39)	-0.0057*** (-5.49)	0.0582 (1.62)	0.0225 (1.47)	-0.0031*** (-6.33)	0.0247 (1.60)
ROA	0.1628 (1.64)	0.0183*** (4.75)	0.1446 (1.36)	0.1292*** (4.20)	0.0251*** (16.43)	0.1116*** (3.41)
Cashflow	-0.1315* (-1.90)	-0.0091*** (-3.97)	-0.1224* (-1.71)	-0.1274*** (-2.81)	-0.0082*** (-8.17)	-0.1217*** (-2.66)
Dual	-0.0072 (-0.90)	0.0002 (0.34)	-0.0074 (-0.93)	-0.0084* (-1.87)	-0.0001 (-0.62)	-0.0084* (-1.85)
*Top*1	-0.5989*** (-12.43)	-0.0007 (-0.55)	-0.5983*** (-12.38)	-0.5566*** (-25.47)	0.0013*** (2.74)	-0.5574*** (-25.53)
TobinQ	-0.0040 (-1.32)	-0.0001 (-0.92)	-0.0039 (-1.29)	-0.0031*** (-2.95)	0.0000 (0.63)	-0.0031*** (-2.95)
FirmAge	0.0200 (0.92)	-0.0003 (-0.41)	0.0204 (0.93)	-0.0015 (-0.17)	-0.0006** (-2.37)	-0.0011 (-0.12)
INST	0.0157 (0.44)	0.0030** (2.30)	0.0127 (0.35)	0.0157 (1.05)	0.0013*** (3.60)	0.0148 (0.99)
Mshare	0.1461 (1.20)	-0.0004 (-0.12)	0.1465 (1.20)	-0.0168 (-1.03)	0.0028*** (7.37)	-0.0188 (-1.14)
*Big*4	-0.0666*** (-3.10)	-0.0014* (-1.92)	-0.0651*** (-3.02)	-0.0462*** (-3.33)	-0.0009** (-2.55)	-0.0457*** (-3.28)
cons	1.0127*** (4.63)	0.0257*** (5.52)	0.9857*** (4.31)	0.8106*** (11.92)	0.0065*** (3.29)	0.8059*** (11.82)
行业	控制	控制	控制	控制	控制	控制
年份	控制	控制	控制	控制	控制	控制
N	4465	4563	4465	7423	7576	7423
R^2_a	0.2151	0.3588	0.2156	0.1640	0.4238	0.1642

组间系数差异检验	第一步	第二步	第三步
	0.8597	0.5212	0.0437

2. 省份数字化程度

7.3.4 小节中按省份数字化程度高低分组检验结果显示，数字化程度高低不同省份的数字化转型与企业高质量发展的影响存在显著差异。本节将进一步讨论在数字化程度高低不同的省份，数字化转型、会计信息可比性对企业高质量发展提升作用的影响差异性。回归结果，见表 8 -7。

首先，表 8 -7 最后一列报告了在数字化程度高低不同的省份，数字化转型、会计信息可比性对企业高质量发展提升作用影响的组间差异情况，第三步组间系数差异检验 P 值为 0.0237，小于 0.05，在 5% 水平的显著性检验，结果说明在数字化程度高低不同的省份，数字化转型、会计信息可比性对企业高质量发展的提升作用存在显著差异。

其次，从表 8 -7 中发现，在数字化程度较低的省份，数字化转型（*DCG*）提升每一单位，对企业高质量发展（*lQUA*）的直接效应提升 0.0039 个单位，对会计可比性（*Comp*）的中介效应提升 0.0005 个单位，对企业高质量发展（*lQUA*）的综合效应提升 0.0043 个单位，综合效应不显著。但是进一步观察发现，虽然综合效应的 t 值为 1.61，十分接近 t 值 10% 水平的显著性（t 值 10% 水平为 1.645）。在数字化程度较高的省份，数字化转型（*DCG*）提升每一单位，对企业高质量发展（*lQUA*）的直接效应提升 0.0079 个单位，对会计可比性（*Comp*）的中介效应提升 0.0004 个单位，对企业高质量发展（*lQUA*）的综合效应提升 0.0071 个单位，都在 1% 的水平上显著。

表 8 -7 的结果充分说明，不论是数字化程度低的省份，还是数字化程度高的省份，数字化转型、会计信息可比性都会对企业高质量发展产生积极的影响。相对数字化程度低的省份来说，数字化转型、会计信息可比性对企业高质量发展的提升效应在数字化程度高的省份效果更为显著，也进一步验证了 7.3.4 小节中按省份数字化程度高低分组检验的结果。

考虑到公司信息环境的异质性，公司信息环境透明度较低时，信息不对称问题较为突出，公司避税动机较强，并且公司自身提供的信息质量和传递渠道都十分有限。此时可比性的溢出效应带来的增量信息作用更强，对避税的抑制作用也更强；而公司信息透明度较高时，管理层避税动机较弱，公司自身提供的公共信息的传递渠道较多，信息质量较高，公司间可比信息带来的增量信息作用十分有限，因而可比性抑制避税的边际贡献会被公司自身良好的信息环境削弱，可比性对避税的抑制作用较小。

表 8-7　　　　分组检验——省份数字化程度高低

	低数字化			高数字化		
	第一步	第二步	第三步	第一步	第二步	第三步
	lQUA	*Comp*	*lQUA*	*lQUA*	*Comp*	*lQUA*
DCG	0.0039 (1.64)	0.0005 *** (6.85)	0.0043 (1.61)	0.0079 *** (3.16)	0.0004 *** (7.65)	0.0071 *** (2.75)
Comp			-0.6761 (-0.99)			1.7779 ** (2.17)
Size	0.0061 * (1.92)	-0.0010 *** (-10.22)	0.0054 (1.28)	-0.0108 ** (-2.10)	-0.0012 *** (-12.21)	-0.0087 * (-1.76)
Lev	0.0167 (0.97)	-0.0046 *** (-7.75)	0.0136 (0.66)	0.0489 ** (2.32)	-0.0030 *** (-5.27)	0.0546 ** (2.50)
ROA	0.1186 *** (2.94)	0.0223 *** (10.92)	0.1337 *** (3.12)	0.1539 *** (3.66)	0.0266 *** (14.53)	0.1064 ** (2.23)
Cashflow	-0.1485 *** (-2.97)	-0.0089 *** (-6.68)	-0.1544 *** (-2.97)	-0.1094 * (-1.93)	-0.0084 *** (-6.60)	-0.0944 (-1.62)
Dual	-0.0100 * (-1.66)	0.0001 (0.42)	-0.0100 (-1.49)	-0.0117 ** (-2.15)	-0.0002 (-1.31)	-0.0114 ** (-2.08)
Top1	-0.5558 *** (-21.19)	-0.0009 (-1.47)	-0.5564 *** (-17.08)	-0.6067 *** (-20.10)	0.0019 *** (3.08)	-0.6100 *** (-20.11)
TobinQ	-0.0015 (-1.10)	-0.0001 * (-1.76)	-0.0015 (-1.10)	-0.0059 *** (-3.42)	0.0000 (0.56)	-0.0060 *** (-3.40)
SOE	-0.0181 *** (-2.91)	0.0002 (1.27)	-0.0179 ** (-2.53)	-0.0184 ** (-2.03)	0.0000 (0.18)	-0.0185 ** (-2.04)
FirmAge	-0.0150 (-1.30)	-0.0006 * (-1.75)	-0.0154 (-1.15)	0.0344 *** (2.74)	-0.0003 (-0.92)	0.0350 *** (2.77)
INST	-0.0217 (-1.05)	0.0021 *** (4.04)	-0.0204 (-0.86)	0.0563 *** (2.73)	0.0019 *** (3.68)	0.0528 *** (2.60)

续表

	低数字化			高数字化		
	第一步	第二步	第三步	第一步	第二步	第三步
	lQUA	*Comp*	*lQUA*	*lQUA*	*Comp*	*lQUA*
Mshare	-0.0101 (-0.35)	0.0036*** (6.26)	-0.0077 (-0.25)	-0.0219 (-1.17)	0.0026*** (5.21)	-0.0267 (-1.44)
Big4	-0.0237** (-2.19)	-0.0017*** (-4.23)	-0.0249 (-1.55)	-0.1042*** (-5.62)	-0.0010*** (-2.77)	-0.1025*** (-5.63)
cons	0.7757*** (9.31)	0.0163*** (7.26)	0.7868*** (7.12)	1.0061*** (8.10)	0.0143*** (5.20)	0.9795*** (7.97)
行业	控制	控制	控制	控制	控制	控制
年份	控制	控制	控制	控制	控制	控制
N	5935	6042	5935	5971	6115	5971
R^2_a	0.1993	0.3523	0.1995	0.1763	0.4310	0.1777
组间系数差异检验	第一步		第二步		第三步	
	0.0072		0.5472		0.0237	

8.3.5 稳健性检验

为了进一步验证数字化转型、会计信息可比性都会对企业高质量发展的影响，本小节采用滞后解释变量法（数字化转型滞后一期）、重构解释变量法（以无形资产占比代表数字化转型）等方法进行稳健性检验。

1. 稳健性检验——L. 数字化转型（*L. DCG*）

本小节将企业高质量发展进行回归，以进一步缓解研究结论的内生性，其回归结果见表 8-8。结果显示，L. 数字化转型（*L. DCG*）提升每一单位，对企业高质量发展（*lQUA*）的直接效应提升 0.0078 个单位，对会计可比性（*Comp*）的中介效应提升 0.0005 个单位，对企业高质量发展（*lQUA*）的综合效应提升 0.0074 个单位，都在 1% 的水平上显著。这也进一步验证本章初步检验的结论，与前文的研究结果基本保持一致。

表 8-8　　稳健性检验——L. 数字化转型（*L. DCG*）

	第一步	第二步	第三步
	lQUA	*Comp*	*lQUA*
L. DCG	0.0078*** (3.61)	0.0005*** (9.39)	0.0074*** (3.43)
Comp			0.7811* (1.80)
Size	-0.0040 (-1.06)	-0.0012*** (-14.27)	-0.0030 (-0.80)
Lev	0.0339** (1.98)	-0.0034*** (-7.07)	0.0365** (2.15)
ROA	0.2019*** (5.30)	0.0249*** (14.57)	0.1825*** (4.50)
Cashflow	-0.1919*** (-4.10)	-0.0090*** (-8.42)	-0.1849*** (-3.91)
Dual	-0.0139*** (-2.84)	-0.0001 (-0.49)	-0.0138*** (-2.83)
Top1	-0.5807*** (-22.66)	0.0002 (0.45)	-0.5809*** (-22.67)
TobinQ	-0.0030 (-1.59)	0.0001** (2.16)	-0.0031 (-1.61)
SOE	-0.0237*** (-3.70)	0.0003* (1.76)	-0.0239*** (-3.72)
FirmAge	0.0126 (1.16)	-0.0006** (-2.28)	0.0131 (1.20)
INST	0.0090 (0.49)	0.0019*** (4.42)	0.0075 (0.41)
Mshare	-0.0207 (-0.98)	0.0028*** (5.98)	-0.0229 (-1.07)
Big4	-0.0712*** (-6.09)	-0.0011*** (-3.60)	-0.0703*** (-6.01)
cons	1.0035*** (10.62)	0.0183*** (9.44)	0.9892*** (10.30)
行业	控制	控制	控制

续表

	第一步	第二步	第三步
	lQUA	*Comp*	*lQUA*
年份	控制	控制	控制
N	8434	8434	8434
R^2_a	0.1757	0.4045	0.1759

2. 稳健性检验——数字无形资产代替

为了能获得可靠的研究结果，对核心解释变量进行替换，进一步验证数字化转型、会计信息可比性对企业高质量发展的影响。借鉴何帆和刘红霞（2019）；祁怀锦等（2020），以无形资产占比代表数字化转型进行衡量。回归结果见表 8－9。

从表 8－9 中可以发现，数字无形资产（*L.* 数字无形资产）每提升每一单位，对企业高质量发展（*lQUA*）的直接效应提升 0.0242 个单位（在 5% 的水平上显著），对会计可比性（*Comp*）的中介效应提升 0.0006 个单位（在 5% 的水平上显著），对企业高质量发展（*lQUA*）的综合效应提升 0.0238 个单位，在 10% 的水平上显著。与初步检验的研究结论基本一致。

表 8－9　　稳健性检验——无形资产代替

	第一步	第二步	第三步
	lQUA	*Comp*	*lQUA*
L. 数字无形资产	0.0242 ** (1.99)	0.0006 ** (2.10)	0.0238 * (1.96)
Comp			0.8032 ** (2.32)
Size	−0.0027 (−0.90)	−0.0010 *** (−14.55)	−0.0019 (−0.62)
Lev	0.0364 *** (2.61)	−0.0041 *** (−10.05)	0.0397 *** (2.86)
ROA	0.1598 *** (5.33)	0.0248 *** (17.92)	0.1397 *** (4.38)
Cashflow	−0.1476 *** (−4.04)	−0.0097 *** (−9.97)	−0.1399 *** (−3.79)

续表

	第一步	第二步	第三步
	lQUA	*Comp*	*lQUA*
Dual	-0.0098 ** (-2.44)	0.0000 (0.36)	-0.0098 ** (-2.44)
*Top*1	-0.5792 *** (-28.18)	0.0002 (0.45)	-0.5793 *** (-28.19)
TobinQ	-0.0046 *** (-4.71)	-0.0000 (-0.61)	-0.0046 *** (-4.67)
SOE	-0.0204 *** (-3.93)	-0.0001 (-0.54)	-0.0204 *** (-3.92)
FirmAge	0.0098 (1.19)	-0.0005 ** (-2.09)	0.0102 (1.24)
INST	0.0181 (1.27)	0.0021 *** (5.75)	0.0165 (1.15)
Mshare	-0.0185 (-1.18)	0.0030 *** (7.94)	-0.0209 (-1.33)
*Big*4	-0.0653 *** (-6.47)	-0.0015 *** (-5.31)	-0.0641 *** (-6.35)
cons	0.8979 *** (11.93)	0.0153 *** (9.23)	0.8854 *** (11.64)
行业	控制	控制	控制
年份	控制	控制	控制
N	11800	12049	11800
R^2_a	0.1855	0.3854	0.1859

8.4 本章小结

本章在第5章、第6章和第7章实证检验的基础上，基于2015~2021年中国A股上市公司的数据，进一步检验数字化转型、会计信息可比性与企业高质量发展之间的关系。首先通过中介检验初步检验数字化转型、会计信息可比性对企业高质量发展的影响效应，并验证了研发投入和高管财务背景在数字化转型、会计信息可比性与企业高质量发展关系中发挥的调节作用。随后在分别检验了不同企业产权性质和不同省份数字化程度异质性影响的基础上，进行一系列稳健性检验，进一步验证 H8－1 假设成立的可能性。

通过初步检验发现，数字化转型有利于企业高质量发展的提升，会计信息可比性在数字化转型对企业高质量发展提升效应中承担中介效应的作用，研究 H8－1 得以验证。有调节的中介效应检验表明，数字化转型通过会计信息可比性对企业高质量发展产生影响的中介模型中，研发投入和高管财务背景可以分别对其直接效应和中介效应产生调节作用。异质性检验结果表明，相对国有企业来说，数字化转型、会计信息可比性对企业高质量发展提升作用在非国企效果更为显著；相对数字化程度低的省份来说，数字化转型、会计信息可比性对企业高质量发展的提升效应在数字化程度高的省份效果更为显著。

为了进一步验证数字化转型、会计信息可比性都会对企业高质量发展的影响考虑，本研究采用滞后解释变量法（数字化转型滞后一期）、重构解释变量法（以无形资产占比代表数字化转型）等方法进行稳健性检验，均得到与初步检验较为一致的结果，说明数字化转型有利于企业高质量发展的提升，会计信息可比性在数字化转型对企业高质量发展提升效应中承担中介效应的作用。

第9章　研究结论与政策建议

9.1　研究结论

本研究基于2015～2021年中国A股上市公司的数据，沿着“理论基础回顾和作用机理分析→数字化转型的测算→数字化转型对企业高质量发展影响路径分析→数字化转型对企业高质量发展的作用效应”这一逻辑主线展开。具体来说：首先，在回顾动态能力理论、交易成本理论和高层梯队理论的基础上。其次，对数字化转型企业高质量发展的作用机理进行理论分析，接着在此基础之上实证检验数字化转型、会计信息可比性对企业高质量发展的影响效应，并分别验证研发投入和高管财务背景在二者之间的调节效应。最后，通过稳健性检验，进一步验证数字化转型、会计信息可比性之间企业高质量发展的作用效应。

在本研究的第5章检验了数字化转型对企业高质量发展的提升效应。首先通过基准检验发现，数字化转型将有助于企业高质量发展的实现，研究H5－1得以验证。调节效应检验表明，研发投入和高管财务背景对数字化转型的企业高质量发展提升效应具有显著的调节作用，其中高管财务背景的调节效应更为明显。异质性检验结果表明，相对国有企业来说，数字化转型对企业高质量发展的提升效应在非国企效果更为显著；相对数字化程度低的省份来说，数字化转型对企业高质量发展的提升效应在数字化程度高的省份效果更为显著。进一步地，考虑到基准回归模型中可能存在的互为因果、遗漏变量、样本选择偏差等内生性问题，以及可能存在影响的“时滞性”、指标选择偏差等因素的对基准回归模型的干扰，本研究采用倾向得分匹配法（PSM）、Heckman MLE检验、多时点DID进行内生性检验，并采用滞后被解释变量法（企业高质量发展滞后一期）、替换计量方法

（使用面板固定效应）、重构解释变量法（以无形资产占比代表数字化转型）等方法进行稳健性检验，均得到与基准检验较为一致的结果，上述一系列检验表明基准回归结果依然成立，说明数字化转型确实可以促进企业高质量发展。

在本研究的第6章检验了数字化转型对会计信息可比性的提升效应。首先，通过基准检验发现，数字化转型将有利于会计信息可比性的提升，研究H6－1得以验证。调节效应检验表明，内部控制和信息不对称对数字化转型的会计信息可比性提升效应具有显著的调节作用，其中信息不对称的调节效应更为明显。异质性检验结果表明，相对非高科技企业来说，数字化转型对会计信息可比性的提升效应在高科技企业更为显著；相对高行业竞争的企业来说，数字化转型对会计信息可比性的提升效应在低行业竞争的企业的效果更为显著。进一步地，考虑到基准回归模型中可能存在内生性问题，本研究采用倾向得分匹配法（PSM）、多时点DID、Heckman MLE检验内生性检验，并采用替换计量方法（使用面板固定效应）、滞后被解释变量法（会计信息可比性滞后一期）、重构被解释变量法（改变会计信息可比性的度量方法）、替换解释变量法（以无形资产占比代表数字化转型）等方法进行稳健性检验，均得到与基准检验较为一致的结果，上述一系列检验表明基准回归结果依然成立，说明数字化转型确实可以提升会计信息可比性。

在本研究的第7章进一步检验会计信息可比性对企业高质量发展的影响效应。首先通过中介检验（企业创新、投资效率、融资约束与企业避税）初步检验会计信息可比性对企业高质量发展的影响效应，并验证了研发投入和高管财务背景在会计信息可比性与企业高质量发展关系中发挥的调节作用。随后在分别检验了不同企业产权性质和不同省份数字化程度异质性影响的基础上，进行一系列稳健性检验，进一步验证会计信息可比性提升有利于企业高质量发展实现升，企业创新、投资效率、融资约束与企业避税在会计信息可比性对企业高质量发展提升效应中承担中介效应作用假设成立的可能性。

在本研究的第8章进一步检验数字化转型、会计信息可比性与企业高质量发展之间的关系。首先，通过初步检验发现，数字化转型有利于企业高质量发展的提升，会计信息可比性在数字化转型对企业高质量发展提升效应中承担中介效应的作用，研究 H8 – 1 得以验证。有调节的中介效应检验表明，数字化转型通过会计信息可比性对企业高质量发展产生影响的中介模型中，研发投入和高管财务背景可以分别对其直接效应和中介效应产生调节作用。异质性检验结果表明，相对国有企业来说，数字化转型、会计信息可比性对企业高质量发展提升作用在非国企效果更为显著；相对数字化程度低的省份来说，数字化转型、会计信息可比性对企业高质量发展的提升效应在数字化程度高的省份效果更为显著。其次，为了进一步验证数字化转型、会计信息可比性都会对企业高质量发展的影响考虑，本研究采用滞后解释变量法（数字化转型滞后一期）、重构解释变量法（以无形资产占比代表数字化转型）等方法进行稳健性检验，均得到与初步检验较为一致的结果，说明数字化转型有利于企业高质量发展的提升，会计信息可比性在数字化转型对企业高质量发展提升效应中承担中介效应的作用。

9.2 政策建议

根据研究结论，本研究提出如下建议：

第一，从政府视角看，要加大对企业数字化转型的支持力度。企业数字化转型能对企业产生积极影响，促进我国经济高质量发展。前我国数字科技发展势头迅猛，企业进行数字化转型能够为企业带来积极的经济后果，并能够有效改善年报信息披露质量，因此，应当充分把握企业数字化转型机遇，加快数字基础设施建设，落实相关政策支持，鼓励数字科技与企业的深度融合，使其成为企业创新变革的关键突破点，打造数字经济新优势，并协同推进数字产业化和产业数字化转型。同时，在推动企业数字化转型的过程中应遵循差异化原则，充分考虑个体与区域特征，例如对于管理层机会主义行为的动机和能力较强的企业，应在数字化转型的进程中加强对其的监管力度，制定针对性的政策措施，对于非高新技术企业，应在数字化转型进程中高度关注转型风险，从而最大程度地发挥数字技术的优势条件，加快推进创新模式改变，释放创新活力，强化数字化转型功效。

具体来说：首先，政府应该加快建设数字基础设施。数字化基础设施能降低企业数字化转型的成本，帮助企业高效、有序推进数字化转型。其次，制定相关数字化政策，鼓励企业与数字科技深度融合，加快企业创新变革的步伐，为其营造良好的监管环境。此外，针对企业的不同属性实行差异化政策。比如对非高新技术的企业，更应该关注其数字化转型风险，便于更好地发挥数字技术的优势，释放企业创新活力。最后，加快对数字化人才队伍的建设，满足企业在数字化转型过程中所面临的不断增长的人才需求。

第二，从企业视角看，要重视数字化转型对企业的影响。随着大数据、云计算、人工智能、区块链等数字技术的快速发展，企业对于非标准化、非结构化数据的处理能力得到了显著提高，企业应当把握数字化转型机遇，强化数字化转型对信息的整合、传递及披露的影响效果，加速推动会计信息披露制度的健全完善，落实企业会计信息披露的标准化，提高信息传导效率，降低利益相关者的信息识别成本，使企业各类信息与行为能够良好映射在财务报表中，从而搭建好年报信息披露这条企业与外部沟通的重要桥梁。此外，在推动会计信息质量提升的同时，应当厘清企业数字化转型对会计信息可比性的作用路径，切实把控好其中的关键作用环节，从自身内部控制出发，加强企业对会计准则的遵循程度，严格审视供应链环节，避免“隐性契约”问题，提高企业公开披露会计信息诉求，强化对主流战略的模仿借鉴，降低经济业务不确定性，避免财务信息加工规则异化以及报告编制中会计准则误用，从而尽可能地提高企业数字化转型的作用效果，助力企业会计信息披露的优化发展。

此外，随着数字经济的蓬勃发展，企业应该顺应数字化趋势，抓住数字经济发展的机遇，将数字化转型战略融入企业战略，促进企业可持续发展。首先，企业应加快引入与应用数字技术。由本研究可知，不同的数字技术以及数字应用均对会计信息可比性有正向影响，并且在数字化基础条件好的企业中这种影响更为显著，这说明了发展数字技术的重要性。此外，企业应该根据自身的战略规划选择数字技术的侧重点，以激发企业的转型动能。其次，加强会计信息质量提升。会计信息质量的提升提高了信息的传递效率，降低企业利益相关者的信息识别成本，有助于企业管理者和投资者做出明智的决策。因此，企业应该加强内部控制，健全完善会计信息披露制度，使会计信息披露实现标准化，最大限度发挥数字化转型对会计信息的作用。

第三，从市场环境看，要充分发挥市场环境在会计信息披露方面的治理作用。

在助力数字科技进一步发展的同时，应当坚持法治化与市场化的原则，确保数字科技的发展始终处于合理监管下，保证企业数字化转型的稳定性与安全性，降低转型风险，持续完善相关市场监督机制，确保市场监管水平与数字技术发展速度的同步推进。同时，应当密切关注市场竞争所发挥的调节效应，企业在推动数字化转型的同时，也会因市场竞争带来的竞争压力而面临转型风险，此时应当有效把握自身在市场中的预期定位，准确判断市场风险，并结合自身竞争地位，兼顾在企业数字化转型与会计信息披露中面临的市场投资者的关注压力以及行业竞争对手带来的专有性成本，有效平衡二者带来的影响，从而在有效规避市场风险的条件下推动数字化转型，使市场这双“无形的手”发挥好调控引导作用，促进会计信息披露质量的提升。

另外，对于监管机构而言，数字化转型的稳定与安全需要同步推进数字化技术的发展速度和市场的监管水平。在数字技术的帮助下，大力发展监督体系，完善监督机制，确保数字科技始终在合理的监管下发展，实现法治化和市场化。对于企业自身而言，企业进行数字化转型会面临因转型而丧失原有竞争优势的风险，而市场竞争的压力进一步加大了这种风险，因此企业需要准确判断市场风险，明确自身的竞争地位，平衡好因信息披露导致的专有性成本与投资者的关注压力二者所带来的影响，充分发挥市场的调节引导作用，从而有效规避市场风险，促进企业的数字化转型进程，提升会计信息披露质量。

9.3 研究不足及展望

第一，本研究实证样本具有局限性。本研究样本是上市公司，对企业类型的研究范围十分有限，没有包括未上市的中小企业等企业类型。未上市的中小企业的特点是较小的企业规模和单一的融资渠道，在进行数字化转型的过程中，与上市公司在技术创新能力、内部控制规范、人才培养机制以及融资能力等方面均存在差异，因此本研究结果或许不具有代表性。未来的研究可以将基本样本扩大至包括非上市公司，对企业数字化转型与会计信息可比性进行更深入的调查研究，使研究结论更具有普遍性。

第二，企业数字化转型的度量方式不够精准。由于目前对企业数字化转型的衡量没有统一的标准，本研究采用广泛认可的文本挖掘方法，根据数字化转型相关词的词频衡量企业数字化转型程度，相关词主要包括企业年报中的数字技术以及数字技术应用。但是，企业数字化转型的内容不只涉及了数字技术，还有战略、人才、组织等多方面的变化，仅用数字技术相关词频衡量企业数字化程度不够全面。因此，如何用更准确的方式衡量企业数字化转型程度，在未来的研究中仍然是个需要不断探索和完善的问题。

第三，调节效应研究存在局限性。本研究在调节效应中分析了内部控制质量、审计质量以及信息不对称对会计信息可比性的影响效应，实证检验结果显示这三个变量是企业数字化转型影响会计信息可比性的部分中介路径，并且三者的影响程度和小于 50%，表明有可能存在更重要的影响路径。由于调节效应的复杂程度以及时间的限制，本研究没有深入探讨其他可能的机制，在未来的研究中其调节效应有待进一步论证。

参 考 文 献

［1］安筱鹏．解构与重组，迈向数字化转型2.0（上）［J］．今日制造与升级，2019（9）：26－27.

［2］白成太，陈光．上市公司生产效率分析指标构建［J］．技术经济，2016，35（3）：102－108.

［3］白重恩，刘俏，陆洲，宋敏，张俊喜．中国上市公司治理结构的实证研究［J］．经济研究，2005（2）：81－91.

［4］柏培文，喻理．数字经济发展与企业价格加成：理论机制与经验事实［J］．中国工业经济，2021（11）：59－77.

［5］蔡跃洲，马文君．数据要素对高质量发展影响与数据流动制约［J］．数量经济技术经济研究，2021，38（3）：64－83.

［6］蔡跃洲．中国共产党领导的科技创新治理及其数字化转型——数据驱动的新型举国体制构建完善视角［J］．管理世界，2021（8）：30－46.

［7］常媛，韩燕．制造业高管薪酬激励、代理冲突与企业高质量发展——基于调节效应与门槛效应［J］．江西理工大学学报，2024，45（3）：54－64.

［8］陈爱贞，陈凤兰，何诚颖．产业链关联与企业创新［J］．中国工业经济，2021，（9）：80－98.

［9］陈春花，朱丽，钟皓．中国企业数字化生存管理实践视角的创新研究［J］．管理科学学报，2019，22（10）：1－8.

［10］陈东，郭文光．数字化转型如何影响劳动技能溢价——基于A股上市公司数据的经验研究［J］．数量经济技术经济研究，2024，41（3）：173－192.

［11］陈冬梅，王俐珍，陈安霓．数字化与战略管理理论——回顾、挑战与展望［J］．管理世界，2020，36（5）：220－236＋20.

[12] 陈福中，蒋国海，董康银．数字经济对制造业绿色转型的空间溢出效应［J］．中国人口·资源与环境，2024，34（5）：114－125.

[13] 陈剑，黄朔，刘运辉．从赋能到使能——数字化环境下的企业运营管理［J］．管理世界，2020（2）：117－222.

[14] 陈剑，刘运辉．数智化使能运营管理变革：从供应链到供应链生态系统［J］．管理世界，2021，37（11）：227－240＋14.

[15] 陈庆江，万茂丰，王彦萌．数字技术应用对企业双元创新的影响——基于组织生命周期的实证检验［J］．软科学，2021，35（11）：92－98.

[16] 陈庆江，王彦萌，万茂丰．企业数字化转型的同群效应及其影响因素研究［J］．管理学报，2021（5）：653－663.

[17] 陈诗一，陈登科．雾霾污染、政府治理与经济高质量发展［J］．经济研究，2018，53（2）：20－34.

[18] 陈诗一．中国的绿色工业革命：基于环境全要素生产率视角的解释（1980—2008）［J］．经济研究，2010，45（11）：21－34＋58.

[19] 陈涛琴，吕康娟，张恒瑞．企业数字化转型与资本配置效率［J］．社会科学，2023（9）：123－136.

[20] 陈维涛，韩峰，张国峰．互联网电子商务、企业研发与全要素生产率［J］．南开经济研究，2019（5）：41－59.

[21] 陈卫平．中国农业生产率增长、技术进步与效率变化：1990—2003年［J］．中国农村观察，2006（1）：18－8.

[22] 陈玉娇，宋铁波，黄键斌．企业数字化转型："随行就市"还是"入乡随俗"？——基于制度理论和认知理论的决策过程研究［J］．科学学研究，2022（6）：1054－1062.

[23] 陈煜波．经济数字化转型的中国视野［J］．信息化建设，2019，249（6）：22－23.

[24] 陈运森，黄健峤．股票市场开放与企业投资效率——基于"沪港通"的准自然实验［J］．金融研究，2019（8）：151－170.

[25] 程晨，王萌萌．企业劳动力成本与全要素生产率——"倒逼"机制的考察［J］．南开经济研究，2016（3）：118－132.

[26] 程贵孙，张雍，芮明杰．国有与民营企业发展战略性新兴产业相对

效率研究——基于2005—2011年上市公司数据的实证分析 [J]. 当代财经, 2013 (10): 96 - 105.

[27] 程文先, 钱学锋. 数字经济与中国工业绿色全要素生产率增长 [J]. 经济问题探索, 2021 (8): 124 - 140.

[28] 程中海, 柴永乐. 交通基础设施、对外贸易与全要素生产率 [J]. 华东经济管理, 2021, 35 (5): 91 - 99.

[29] 崔兴华, 林明裕. FDI如何影响企业的绿色全要素生产率? ——基于Malmquist - Luenberger指数和PSM - DID的实证分析 [J]. 经济管理, 2019, 41 (3): 38 - 55.

[30] 邓荣荣, 张翱祥. 中国城市数字经济发展对环境污染的影响及机理研究 [J]. 南方经济, 2022 (2): 18 - 37.

[31] 丁志帆. 数字经济驱动经济高质量发展的机制研究: 一个理论分析框架 [J]. 现代经济探讨, 2020 (1): 85 - 92.

[32] 董梅生, 杨德才. "余额宝"交易成本、有限理性及其相机治理 [J]. 改革, 2014 (4): 141 - 150.

[33] 樊宏. 中国钢铁, 汽车, 房地产行业运行效率研究 (2000—2004) ——基于33家上市公司面板数据的DEA实证分析 [J]. 数量经济技术经济研究, 2007, 24 (2): 54 - 63.

[34] 樊轶侠, 徐昊. 中国数字经济发展能带来经济绿色化吗? ——来自我国省际面板数据的经验证据 [J]. 经济问题探索, 2021 (9): 15 - 29.

[35] 范合君, 吴婷, 何思锦. 企业数字化的产业链联动效应研究 [J]. 中国工业经济, 2023 (3): 115 - 132.

[36] 范建双, 任逸蓉, 虞晓芬. 人口城镇化影响区域绿色经济效率的中介机制分析——基于随机边界模型的检验 [J]. 宏观质量研究, 2017, 5 (4): 52 - 65.

[37] 范少君. 会计信息可比性及其经济后果研究 [D]. 中央财经大学, 2015.

[38] 方丽婷, 张冠兰, 李坤明. 数字化发展对企业绿色创新的影响——来自中国A股上市公司的经验证据 [J]. 中国管理科学, 2023, 31 (12): 350 - 360.

[39] 高雷业．劳动生产率的七种定义及其应用价值［J］．经济问题探索，2014（12）：157－162.

[40] 高磊，赵雨笛．数字化转型、融资约束与企业双元创新［J］．财经理论研究，2023（1）：80－95.

[41] 葛立宇，莫龙炯，张方．数字经济发展与城市区域创新——来自我国281个城市的经验证据［J］．广东财经大学学报，2022，37（5）：18－30＋42.

[42] 耿勇，向晓建，徐飞．数字化转型能否打破地理距离约束？——来自企业供应链地理分布的证据［J］．经济管理，2024，46（3）：165－185.

[43] 耿子健，蔺丹．数字经济、技术创新与绿色全要素生产率［J］．现代管理科学，2022（6）：148－156.

[44] 龚新蜀，杜江．数字经济、绿色创新与企业绿色全要素生产率［J］．统计与决策，2024，40（2）：35－40.

[45] 郭吉涛，王子晋．数字化转型对企业资本配置效率的影响——基于制造业上市企业的经验证据［J］．南京财经大学学报，2023（3）：67－76.

[46] 郭家堂，骆品亮．互联网对中国全要素生产率有促进作用吗？［J］．管理世界，2016（10）：34－49.

[47] 郭军华，李帮义．区域农业全要素生产率测算及其收敛分析［J］．系统工程，2009，27（12）：31－7.

[48] 郭庆旺，贾俊雪．中国全要素生产率的估算：1979—2004［J］．经济研究，2005（6）：51－60.

[49] 郭秋秋，马晓钰．数字经济对城市绿色全要素生产率的影响研究［J］．现代管理科学，2022（5）：156－166.

[50] 韩峰，姜竹青．集聚网络视角下企业数字化的生产率提升效应研究［J］．管理世界，2023，39（11）：54－77.

[51] 韩晶，孙雅雯，陈曦．后疫情时代中国数字经济发展的路径解析［J］．经济社会体制比较，2020（5）：16－24.

[52] 韩先锋，宋文飞，李勃昕．互联网能成为中国区域创新效率提升的新动能吗［J］．中国工业经济，2019（7）：119－136.

[53] 韩永辉，韦东明．中国省域高质量发展评价研究［J］．财贸研究，2021，32（1）：26－37.
[54] 郝淑双，朱喜安．中国区域绿色发展水平影响因素的空间计量［J］．经济经纬，2019，36（1）：10－17.
[55] 何帆，刘红霞．数字经济视角下实体企业数字化变革的业绩提升效应评估［J］．改革，2019（4）：137－148.
[56] 何帆，秦愿．创新驱动下实体企业数字化转型经济后果研究［J］．东北财经大学学报，2019（5）：45－52.
[57] 何立峰．高质量发展是全面建设社会主义现代化国家的首要任务［J］．宏观经济管理，2022（12）：1－4＋8.
[58] 何立峰．深入贯彻新发展理念推动中国经济迈向高质量发展［J］．宏观经济管理，2018（4）：4－5＋14.
[59] 何小钢，梁权熙，王善骝．信息技术、劳动力结构与企业生产率破解"信息技术生产率悖论"之谜［J］．管理世界，2019（9）：119－129.
[60] 何小钢，钟湘菲．数字化赋能企业"绿色升级"的机制和路径研究——基于中国工业企业的经验证据［J］．管理学刊，2023，36（4）：127－145.
[61] 何一农，胡适耕．环境污染、内生人口增长与经济增长模型［J］．华中科技大学学报（自然科学版），2004（9）：114－116.
[62] 洪剑峭，薛皓．股权制衡如何影响经营性应计的可靠性——关联交易视角［J］．管理世界，2009（1）：153－161.
[63] 侯世英，宋良荣．数字经济、市场整合与企业创新绩效［J］．当代财经，2021（6）：78－88.
[64] 胡贝贝，王胜光．互联网时代的新生产函数［J］．科学学研究，2017，35（9）：1308－1312＋1369.
[65] 胡楠，薛付婧，王昊楠．管理者短视主义影响企业长期投资吗？——基于文本分析和机器学习［J］．管理世界，2021，37（5）：139－156＋11＋19－21.
[66] 胡青，徐梦周，程杨．知识距离、协同能力与企业数字化转型绩效——基于浙江中小企业的多案例研究［J］．江西财经大学学报，2021（3）：

29 - 42.

[67] 胡青. 企业数字化转型的机制与绩效 [J]. 浙江学刊, 2020 (2): 146 - 154.

[68] 胡晓珍, 杨龙. 中国区域绿色全要素生产率增长差异及收敛分析 [J]. 财经研究, 2011, 37 (4): 123 - 134.

[69] 花俊国, 刘畅, 朱迪. 数字化转型、融资约束与企业全要素生产率 [J]. 南方金融, 2022 (7): 54 - 65.

[70] 黄大为. 金融发展与城市全要素生产率增长——以长三角城市群 26 个城市为例 [J]. 经济地理, 2021, 41 (6): 77 - 86.

[71] 黄大禹, 谢获宝, 孟祥瑜, 张秋艳. 数字化转型与企业价值——基于文本分析方法的经验证据 [J]. 经济学家, 2021 (12): 41 - 51.

[72] 黄茂兴, 林寿富. 污染损害、环境管理与经济可持续增长——基于五部门内生经济增长模型的分析 [J]. 经济研究, 2013, 48 (12): 30 - 41.

[73] 黄庆华, 时培豪, 胡江峰. 产业集聚与经济高质量发展: 长江经济带 107 个地级市例证 [J]. 改革, 2020 (1): 87 - 99.

[74] 黄群慧, 余泳泽, 张松林. 互联网发展与制造业生产率提升: 内在机制与中国经验 [J]. 中国工业经济, 2019 (8): 5 - 23.

[75] 黄速建, 肖红军, 王欣. 论国有企业高质量发展 [J]. 中国工业经济, 2018 (10): 19 - 41.

[76] 黄晓凤, 朱潇玉, 王金红. 人工智能提升了中国制造业企业的全要素生产率吗 [J]. 财经科学, 2023 (1): 138 - 148.

[77] 贾俊雪. 公共基础设施投资与全要素生产率: 基于异质企业家模型的理论分析 [J]. 经济研究, 2017, 52 (2): 4 - 19.

[78] 简泽, 徐扬, 李玉花, 黄莹珊. 生产率困境的形成与治理机制: 一个新的理论框架 [J]. 管理世界, 2020, 36 (1): 187 - 205 + 242.

[79] 江激宇, 李静, 孟令杰. 中国农业生产率的增长趋势: 1978—2002 [J]. 南京农业大学学报, 2005 (3): 113 - 118.

[80] 江艇, 孙鲲鹏, 聂辉华. 城市级别、全要素生产率和资源错配 [J]. 管理世界, 2018, 34 (3): 38 - 50 + 77 + 183.

[81] 姜春海，胡亚妮．火电上市公司的技术效率及影响因素——基于DEA方法和Tobit模型的实证分析［J］．宏观经济研究，2014（8）：61－73.
[82] 蒋南平，向仁康．中国经济绿色发展的若干问题［J］．当代经济研究，2013（2）：50－54.
[83] 焦勇，刘忠诚．数字经济赋能智能制造新模式——从规模化生产、个性化定制到适度规模定制的革新［J］．贵州社会科学，2020（11）：148－154.
[84] 焦勇．数字经济赋能制造业转型：从价值重塑到价值创造［J］．经济学家，2020（6）：87－94.
[85] 金碚．关于“高质量发展”的经济学研究［J］．中国工业经济，2018（4）：5－18.
[86] 金怀玉，菅利荣．中国农业全要素生产率测算及影响因素分析［J］．西北农林科技大学学报（社会科学版），2013，13（2）：29－35＋42.
[87] 金星晔，左从江，方明月，等．企业数字化转型的测度难题：基于大语言模型的新方法与新发现［J］．经济研究，2024，59（3）：34－53.
[88] 荆文君，孙宝文．数字经济促进经济高质量发展：一个理论分析框架［J］．经济学家，2019（2）：66－73.
[89] 鞠晓生，卢荻，虞义华．融资约束、营运资本管理与企业创新可持续性［J］．经济研究，2013，48（1）：4－16.
[90] 匡远凤，彭代彦．中国环境生产效率与环境全要素生产率分析［J］．经济研究，2012，47（7）：62－74.
[91] 雷明，安超．二氧化碳排放、技术创新和内生经济增长［C］．2020中国环境科学学会科学技术年会论文集（第四卷），2020：642－654.
[92] 李斌，彭星，欧阳铭珂．环境规制、绿色全要素生产率与中国工业发展方式转变——基于36个工业行业数据的实证研究［J］．中国工业经济，2013（4）：56－68.
[93] 李春霞，王晓，王志伟．数字化转型对企业绿色创新的影响——基于资本治理效能提升的视角［J］．工业技术经济，2024，43（7）：22－32.

[94] 李海舰，田跃新，李文杰．互联网思维与传统企业再造［J］．中国工业经济，2014（10）：135－146.

[95] 李辉．大数据推动我国经济高质量发展的理论机理、实践基础与政策选择［J］．经济学家，2019（3）：52－59.

[96] 李健．经济高质量发展的数字金融驱动机制与路径研究［D］．中南财经政法大学，2021.

[97] 李金昌，史龙梅，徐蔼婷．高质量发展评价指标体系探讨［J］．统计研究，2019，36（1）：4－14.

[98] 李静，孟令杰．中国农业生产率的变动与分解分析：1978—2004年——基于非参数的hmb生产率指数的实证研究［J］．数量经济技术经济研究，2006（5）：11－19.

[99] 李辽宁，韩少真，包瑞婧，等．数字化转型赋能企业绿色创新：监督效应与激励效应的分析［J］．生态经济，2024，40（7）：74－81.

[100] 李琳，刘凤委，卢文彬．基于公司业绩波动性的股权制衡治理效应研究［J］．管理世界，2009（5）：145－151.

[101] 李凌杰．数字经济发展对制造业绿色转型的影响研究［D］．吉林大学，2023.

[102] 李琦，刘力钢，邵剑兵．数字化转型、供应链集成与企业绩效企业家精神的调节效应［J］．经济管理，2021（10）：5－23.

[103] 李沁洋，支佳，刘向强．企业数字化转型与资本配置效率［J］．统计与信息论坛，2023，38（3）：70－83.

[104] 李青原，李昱，章尹赛楠，等．企业数字化转型的信息溢出效应——基于供应链视角的经验证据［J］．中国工业经济，2023（7）：142－159.

[105] 李仕兵，赵定涛．环境污染约束条件下经济可持续发展内生增长模型［J］．预测，2008（1）：72－76.

[106] 李万利，刘虎春，龙志能，等．企业数字化转型与供应链地理分布［J］．数量经济技术经济研究，2023，40（8）：90－110.

[107] 李万利，潘文东，袁凯彬．企业数字化转型与中国实体经济发展［J］．数量经济技术经济研究，2022，39（9）：5－25.

[108] 李维安，李鼎，周宁，等．政府环保补助何以诱发企业绿色治理背离行为？——基于资源依赖理论视角 [J]．会计研究，2024 (3)：138－149.

[109] 李卫兵，张星．数字化转型与企业交易成本 [J]．华中科技大学学报（社会科学版），2023，37 (6)：8－17.

[110] 李文贵，余明桂，钟慧洁．央企董事会试点、国有上市公司代理成本与企业绩效 [J]．管理世界，2017 (8)：123－135＋153.

[111] 李文贵，余明桂．民营化企业的股权结构与企业创新 [J]．管理世界，2015 (4)：112－125.

[112] 李小明．大数据与环境规制对绿色经济增长影响 [D]．重庆大学，2021.

[113] 李小玉，邱信丰．以数字经济产业协同促进长江中游城市群高质量发展研究 [J]．经济纵横，2022 (12)：41－49.

[114] 李鑫，徐琼，王核成．企业数字化转型与绿色技术创新 [J]．统计研究，2023，40 (9)：107－119.

[115] 李泽广，马泽昊．契约环境、代理成本与企业投资——债务期限关系 [J]．管理世界，2013 (8)：183－185.

[116] 李增泉，辛显刚，于旭辉．金融发展、债务融资约束与金字塔结构——来自民营企业集团的证据 [J]．管理世界，2008 (1)：123－135＋188.

[117] 李占风，粟文元．数字经济对绿色全要素生产率的影响研究 [J]．西安财经大学学报，2023，36 (6)：58－69.

[118] 李政，陆寅宏．国有企业真的缺乏创新能力吗——基于上市公司所有权性质与创新绩效的实证分析与比较 [J]．经济理论与经济管理，2014 (2)：27－38.

[119] 李政，杨思莹，路京京．政府补贴对中国企业全要素生产率的异质性影响 [J]．经济管理，2019，41 (3)：5－20.

[120] 李治国，王杰．数字经济发展、数据要素配置与制造业生产率提升 [J]．经济学家，2021 (10)：41－50.

[121] 李宗显，杨千帆．数字经济如何影响中国经济高质量发展？[J].

现代经济探讨，2021（7）：10－19.
[122] 梁莉，石奇，周宁．节粮减损、商业模式创新与企业全要素生产率[J]．财经科学，2022（12）：88－102.
[123] 林伯强，谭睿鹏．中国经济集聚与绿色经济效率[J]．经济研究，2019（2）：119－132.
[124] 林金忠．聚集经济与国有企业规模结构优化[J]．财经研究，2001（4）：12－18.
[125] 刘畅，潘慧峰，李珮，等．数字化转型对制造业企业绿色创新效率的影响和机制研究[J]．中国软科学，2023（4）：121－129.
[126] 刘家悦，胡颖，李波．人力资本、融资约束与企业全要素生产率——来自中国制造业企业的微观证据[J]．华东经济管理，2020，34（10）：112－119.
[127] 刘启雷，张鹏，杨佩卿，等．数字赋能对制造业技术创新效率的影响[J]．统计与决策，2023，39（23）：79－83.
[128] 刘淑春，闫津臣，张思雪，林汉川．企业管理数字化变革能提升投入产出效率吗？[J]．管理世界，2021（5）：170－190.
[129] 刘淑春．中国数字经济高质量发展的靶向路径与政策供给[J]．经济学家，2019（6）：52－61.
[130] 刘天楚．企业数字化成本管理研究[J]．经济纵横，2013（5）：61－63.
[131] 刘维林，王艺斌．数字经济赋能城市绿色高质量发展的效应与机制研究[J]．南方经济，2022（8）：73－91.
[132] 刘文慧，史宝娟．中国省域数字经济发展的非线性环境效应及空间溢出效应[J]．统计与决策，2024，40（16）：22－27.
[133] 刘洋．数字经济与全要素生产率：水平测度、影响效应与区域差距研究[D]．西南财经大学，2023.
[134] 刘晔．企业能力本质及其演化机制[J]．西北农林科技大学学报（社会科学版），2012，12（3）：74－78.
[135] 刘运材，罗能生．互联网发展对城市绿色全要素生产率的影响——基于全要素生产率分解视角[J]．软科学，2022，36（7）：46－52＋61.

[136] 刘姿均，陈文俊．中国互联网发展水平与经济增长关系实证研究［J］．经济地理，2017，37（8）：108－113＋154.
[137] 柳荻，尹恒．企业全要素生产率估计新方法——全要素生产率估计的结构方法及其应用［J］．经济学动态，2015（7）：136－148.
[138] 柳建华，杨祯奕，孙亮．强环境规制与重污染企业的环境治理行为——基于实施新《环保法》与开展中央环保督察的检验［J］．会计研究，2023，（7）：178－192.
[139] 娄凌燕．高技术产业绿色全要素生产率空间溢出效应研究［D］．哈尔滨工程大学，2022.
[140] 鲁桐，党印．公司治理与技术创新：分行业比较［J］．经济研究，2014，49（6）：115－128.
[141] 鲁晓东，连玉君．中国工业企业全要素生产率估计：1999—2007［J］．经济学季刊，2012，11（2）：541－558.
[142] 陆菁，鄢云，王韬璇．绿色信贷政策的微观效应研究——基于技术创新与资源再配置的视角［J］．中国工业经济，2021（1）：174－192.
[143] 罗佳，张蛟蛟，李科．数字技术创新如何驱动制造业企业全要素生产率？——来自上市公司专利数据的证据［J］．财经研究，2023，49（2）：95－109＋124.
[144] 罗进辉，巫奕龙．数字化运营水平与真实盈余管理［J］．管理科学，2021，34（4）：3－18.
[145] 罗进辉．媒体报道的公司治理作用——双重代理成本视角［J］．金融研究，2012（10）：153－166.
[146] 马晓琨．经济学研究主题与研究方法的演化——从古典经济增长理论到新经济增长理论［J］．西北大学学报（哲学社会科学版），2014，44（4）：51－57.
[147] 马震．土地财政、地方政府行为与企业全要素生产率——基于沪深两市A股上市公司2007—2017年数据的分析［J］．商业研究，2020（2）：44－51.
[148] 梅丹．内部控制质量与会计信息可比性关系的实证研究——基于我国上市公司2011—2014年的证据［J］．经济与管理评论，2017，

33 (5): 34 - 41.

[149] 孟凡生，徐野，赵刚．高端装备制造企业向智能制造转型过程研究——基于数字化赋能视角 [J]．科学决策，2019 (11): 1 - 24.

[150] 倪国爱，江寅炜．企业数字化转型对盈余管理的影响研究 [J]．吉林工商学报，2022 (3): 37 - 43.

[151] 倪克金，刘修岩．数字化转型与企业成长：理论逻辑与中国实践 [J]．经济管理，2022 (12): 79 - 97.

[152] 聂辉华，贾瑞雪．中国制造业企业生产率与资源误置 [J]．世界经济，2011，34 (7): 27 - 42.

[153] 聂辉华，江艇，杨汝岱．中国工业企业数据库的使用现状和潜在问题 [J]．世界经济，2012，35 (5): 142 - 158.

[154] 聂兴凯，王稳华，裴璇．企业数字化转型会影响会计信息可比性吗 [J]．会计研究，2022 (5): 17 - 39.

[155] 潘爱玲，张启浩，李广鹏．中小投资者环境关注会影响重污染企业绿色并购吗？[J/OL]．南开管理评论，1 - 39.

[156] 裴长洪，倪江飞，李越．数字经济的政治经济学分析 [J]．财贸经济，2018，39 (9): 5 - 22.

[157] 彭灿，李瑞雪，杨红，余鹏．动态及竞争环境下双元创新与企业可持续发展关系研究 [J]．科技进步与对策，2020，37 (4): 1 - 10.

[158] 彭水军，包群．环境污染、内生增长与经济可持续发展 [J]．数量经济技术经济研究，2006 (9): 114 - 126 + 140.

[159] 戚聿东，蔡呈伟．数字化对制造业企业绩效的多重影响及其机理研究 [J]．学习与探索，2020 (7): 108 - 119.

[160] 戚聿东，肖旭．数字经济时代的企业管理变革 [J]．管理世界，2020，36 (6): 135 - 152 + 250.

[161] 祁怀锦，曹修琴，刘艳霞．数字经济对公司治理的影响——基于信息不对称和管理者非理性行为视角 [J]．改革，2020 (4): 50 - 64.

[162] 钱晶晶，何筠．传统企业动态能力构建与数字化转型的机理研究 [J]．中国软科学，2021 (6): 135 - 143.

[163] 钱雪松，康瑾，唐英伦，曹夏平．产业政策、资本配置效率与企业

全要素生产率——基于中国 2009 年十大产业振兴规划自然实验的经验研究 [J]. 中国工业经济，2018 (8)：42 - 59.
[164] 任保平. 数字经济引领高质量发展的逻辑、机制与路径 [J]. 西安财经大学学报，2020，33 (2)：5 - 9.
[165] 任碧云，郭猛. 基于文本挖掘的数字化水平与运营绩效研究 [J]. 统计与信息论坛，2021 (6)：51 - 61.
[166] 任若恩，孙琳琳. 中国行业层次的 TFP 估计：1981—2000 [J]. 经济学（季刊），2009，8 (3)：925 - 950.
[167] 任胜钢，郑晶晶，刘东华，等. 排污权交易机制是否提高了企业全要素生产率——来自中国上市公司的证据 [J]. 中国工业经济，2019 (5)：5 - 23.
[168] 单豪杰. 中国资本存量 K 的再估算：1952—2006 年 [J]. 数量经济技术经济研究，2008，25 (10)：17 - 31.
[169] 沈国兵，袁征宇. 企业互联网化对中国企业创新及出口的影响 [J]. 经济研究，2020，55 (1)：33 - 48.
[170] 盛艳燕，李铁斌. 从行业资本密集度看实际工资提升劳动生产率的门槛效应 [J]. 广东财经大学学报，2015，30 (4)：26 - 34.
[171] 石贝贝，陈乾，杨晓彤. 财务背景的 CEO“保守”吗？——基于企业创新的视角 [J]. 经济与管理研究，2019，40 (11)：129 - 144.
[172] 石玉堂，王晓丹. 企业数字化转型对劳动力就业的影响研究——基于就业规模、就业结构的双重视角 [J]. 经济学家，2023 (10)：109 - 118.
[173] 史代敏，施晓燕. 绿色金融与经济高质量发展：机理、特征与实证研究 [J]. 统计研究，2022，39 (1)：31 - 48.
[174] 史丹. 绿色发展与全球工业化的新阶段：中国的进展与比较 [J]. 中国工业经济，2018 (10)：5 - 18.
[175] 史宇鹏，王阳. 营商环境与企业数字化转型：影响表现与作用机制 [J]. 北交大学报，2022 (2)：15 - 28.
[176] 舒利敏，廖菁华，谢振. 绿色信贷政策与企业绿色创新——基于绿色产业视角的经验证据 [J]. 金融经济学研究，2023，38 (2)：

144 - 160.

[177] 斯丽娟，曹昊煜．绿色信贷政策能够改善企业环境社会责任吗——基于外部约束和内部关注的视角［J］．中国工业经济，2022（4）：137 - 155.

[178] 宋德勇，朱文博，丁海．企业数字化能否促进绿色技术创新？——基于重污染行业上市公司的考察［J］．财经研究，2022，48（4）：34 - 48.

[179] 宋冬林，孙尚斌．全要素生产率的中国式解读［J］．上海经济研究，2023（2）：36 - 50.

[180] 宋马林，刘贯春．增长模式变迁与中国绿色经济增长源泉——基于异质性生产函数的多部门核算框架［J］．经济研究，2021（7）：41 - 58.

[181] 宋敏，周鹏，司海涛．金融科技与企业全要素生产率——“赋能”和信贷配给的视角［J］．中国工业经济，2021（4）：138 - 155.

[182] 宋洋．数字经济、技术创新与经济高质量发展：基于省级面板数据［J］．贵州社会科学，2020（12）.

[183] 苏丹妮，盛斌．产业集聚、集聚外部性与企业减排——来自中国的微观新证据［J］．经济学（季刊），2021，21（5）：1793 - 1816.

[184] 苏佳璐，李明星，马志强，等．政府环保补助下企业机会主义行为治理机制研究［J］．运筹与管理，2023，32（5）：219 - 225.

[185] 孙芳城，胡俊，钟廷勇．数字化转型提升企业资本配置效率的机制研究［J］．西部论坛，2023，33（4）：17 - 31.

[186] 孙耀武，胡智慧．数字经济、产业升级与城市环境质量提升［J］．统计与决策，2021，37（23）：91 - 95.

[187] 孙早，侯玉琳．工业智能化如何重塑劳动力就业结构［J］．中国工业经济，2019（5）：61 - 79.

[188] 孙兆斌．股权集中、股权制衡与上市公司的技术效率［J］．管理世界，2006（7）：115 - 124.

[189] 覃家琦．战略委员会与上市公司过度投资行为［J］．金融研究，2010（6）：124 - 142.

[190] 谭志东，赵洵，潘俊，谭建华．数字化转型的价值：基于企业现金持有的视角 [J]．财经研究，2022 (3)：64 - 78.

[191] 唐松，伍旭川，祝佳．数字金融与企业技术创新——结构特征、机制识别与金融监管下的效应差异 [J]．管理世界，2020，36 (5)：52 - 66 + 9.

[192] 唐要家，王钰，唐春晖．数字经济、市场结构与创新绩效 [J]．中国工业经济，2022 (10)：62 - 80.

[193] 陶锋，王欣然，徐扬，等．数字化转型、产业链供应链韧性与企业生产率 [J]．中国工业经济，2023 (5)：118 - 136.

[194] 童红霞．数字经济环境下知识共享、开放式创新与创新绩效——知识整合能力的中介效应 [J]．财经问题研究，2021 (10)：49 - 61.

[195] 涂正革，王昆，谌仁俊．经济增长与污染减排：一个统筹分析框架 [J]．经济研究，2022，57 (8)：154 - 171.

[196] 屠西伟，张平淡．企业数字化转型、碳排放与供应链溢出 [J/OL]．中国工业经济，2024 (4)：133 - 151.

[197] 万伦来，朱琴．R&D 投入对工业绿色全要素生产率增长的影响 [J]．经济学动态，2013 (9)：20 - 26.

[198] 万攀兵，杨冕，陈林．环境技术标准何以影响中国制造业绿色转型——基于技术改造的视角 [J]．中国工业经济，2021 (9)：118 - 136.

[199] 汪海波．略论全要素生产率 [J]．经济管理，1989 (8)：55 - 57.

[200] 王兵，刘光天．节能减排与中国绿色经济增长——基于全要素生产率的视角 [J]．中国工业经济，2015 (5)：57 - 69.

[201] 王兵，吴延瑞，颜鹏飞．中国区域环境效率与环境全要素生产率增长 [J]．经济研究，2010，45 (5)：95 - 109.

[202] 王核成，王思惟，刘人怀．企业数字化成熟度模型研究 [J]．管理评论，2021 (12)：152 - 162.

[203] 王怀民，焦军普，李凯杰．加工贸易、资本密集度与工薪差距——基于中国加工贸易活动的研究 [J]．世界经济研究，2014 (3)：40 - 46 + 88.

[204] 王金杰，郭树龙，张龙鹏．互联网对企业创新绩效的影响及其机制研究——基于开放式创新的解释［J］．南开经济研究，2018（6）：170－190.
[205] 王开科，吴国兵，章贵军．数字经济发展改善了生产效率吗［J］．经济学家，2020（10）：24－34.
[206] 王琳，周昕怡，陈梦媛．从“培育者”到“影响者”：数字化转型如何推动绿色创新发展：基于浪潮的纵向案例研究［J］．中国软科学，2023（10）：146－163.
[207] 王庆喜，胡安，辛月季．数字经济能促进绿色发展吗？——基于节能、减排、增效机制的实证检验［J］．商业经济与管理，2022（11）：44－59.
[208] 王守海，徐晓彤，刘烨炜．企业数字化转型会降低债务违约风险吗？［J］．证券市场导报，2022（4）：45－56.
[209] 王恕立，刘军．中国服务企业生产率异质性与资源再配置效应——与制造业企业相同吗？［J］．数量经济技术经济研究，2014，31（5）：37－53.
[210] 王稳华，裴璇．企业数字化转型会影响会计信息可比性吗［J］．会计研究，2022（5）：17－39.
[211] 王晓红，张少鹏，李宣廷．创新型城市建设对城市绿色发展的影响研究［J］．科研管理，2022，43（8）：1－9.
[212] 王晓慧．中国经济高质量发展研究［D］．吉林大学，2019.
[213] 王晓亮，王进，李颖．企业金融投资的同群效应研究——基于会计信息可比性视角［J］．审计与经济研究，2022，37（1）：81－93.
[214] 王馨，王营．绿色信贷政策增进绿色创新研究［J］．管理世界，2021，37（6）：173－188＋11.
[215] 王星，丁华，韩雪峰．数字经济对新质生产力的影响——基于双固定和面板门槛模型的检验［J/OL］．经营与管理，1－11.
[216] 王耀颖．数字经济对绿色全要素生产率的空间效应研究［J］．上海管理科学，2024，46（2）：30－37.
[217] 王贞洁，王惠．低碳城市试点政策与企业高质量发展——基于经济

效率与社会效益双维视角的检验 [J]. 经济管理，2022，44 (6)：43 -62.

[218] 韦东明，顾乃华. 城市低碳治理与绿色经济增长——基于低碳城市试点政策的准自然实验 [J]. 当代经济科学，2021，43 (4)：90 -103.

[219] 魏敏，李书昊. 新时代中国经济高质量发展水平的测度研究 [J]. 数量经济技术经济研究，2018，35 (11)：3 -20.

[220] 温忠麟，张雷，侯杰泰，刘红云. 中介效应检验程序及其应用 [J]. 心理学报，2004 (5)：35 -41.

[221] 温忠麟，叶宝娟. 中介效应分析：方法和模型发展 [J]. 心理科学进展，2014，22 (5)：731 -745.

[222] 乌静，肖鸿波，陈兵. 数字经济对绿色全要素生产率的影响研究 [J]. 金融与经济，2022 (1)：55 -63.

[223] 吴非，胡慧芷，林慧妍，任晓怡. 企业数字化转型与资本市场表现——来自股票流动性的经验证据 [J]. 管理世界，2021 (7)：130 -144 +10.

[224] 吴非，袁普盈，向海凌. 金融科技与企业绿色转型——影响特征、作用机制与空间溢出效应识别 [J]. 中国环境管理，2024，16 (3)：103 -112 +48.

[225] 吴群，胡勇浩，李梦晓. 数字化能力对制造企业绿色创新的影响——关系强度与知识耦合的链式中介作用 [J]. 科技进步与对策，2024，41 (17)：87 -96.

[226] 吴思，陈震. 交叉上市、股权制衡与企业成本粘性 [J]. 当代财经，2018 (2)：124 -133.

[227] 吴武清，田雅婧. 企业数字化转型可以降低费用粘性吗——基于费用调整能力视角 [J]. 会计研究，2022 (4)：89 -112.

[228] 吴溪，朱梅，陈斌开. "互联网 +" 的企业战略选择与转型业绩基于交易成本的视角 [J]. 中国会计评论，2017 (6)：134 -154.

[229] 吴赢，张翼. 数字经济与区域创新——基于融资和知识产权保护的角度 [J]. 南方经济，2021 (9)：36 -51.

[230] 武常岐，张昆贤，周欣雨，周梓洵. 数字化转型、竞争战略选择与

企业高质量发展——基于机器学习与文本分析的证据［J］. 经济管理，2022（4）：5－22.
［231］解春艳，丰景春，张可. 互联网技术进步对区域环境质量的影响及空间效应［J］. 科技进步与对策，2017，34（12）：35－42.
［232］肖斌，陈其源. 中国式现代化下国有企业产业控制的功能定位、作用机制与提升路径［J］. 经济学家，2024（8）：67－76.
［233］肖红军，阳镇，刘美玉. 企业数字化的社会责任促进效应：内外双重路径的检验［J］. 经济管理，2021（11）：52－69.
［234］肖静华. 企业跨体系数字化转型与管理适应性变革［J］. 改革，2020（4）：37－49.
［235］肖土盛，孙瑞琦，袁淳，等. 企业数字化转型、人力资本结构调整与劳动收入份额［J］. 管理世界，2022，38（12）：220－237.
［236］肖远飞，周萍萍. 数字经济、产业升级与高质量发展——基于中介效应和面板门槛效应实证研究［J］. 重庆理工大学学报（社会科学），2021，35（3）：68－80.
［237］谢卫华，王闽. 财政补贴、异质性与企业绩效的门槛效应——基于A股上市公司的经验数据［J］. 重庆交通大学学报（社会科学版），2024，24（4）：73－85.
［238］熊波，杜佳琪. 加速折旧政策对企业全要素生产率的影响——来自A股上市公司的经验证据［J］. 工业技术经济，2020，39（10）：145－152.
［239］熊巧琴，汤珂. 数据要素的界权、交易和定价研究进展［J］. 经济学动态，2021（2）：143－158.
［240］胥朝阳，刘睿智. 提高会计信息可比性能抑制盈余管理吗？［J］. 会计研究，2014（7）：50－57.
［241］徐佳，崔静波. 低碳城市和企业绿色技术创新［J］. 中国工业经济，2020（12）：178－196.
［242］徐维祥，周建平，刘程军. 数字经济发展对城市碳排放影响的空间效应［J］. 地理研究，2022，41（1）：111－129.
［243］徐翔，赵墨非. 数据资本与经济增长路径［J］. 经济研究，2020，

55 (10): 38 - 54.

[244] 许宪春，任雪，常子豪. 大数据与绿色发展 [J]. 中国工业经济，2019 (4): 5 - 22.

[245] 许宪春，张美慧，张钟文. 数字化转型与经济社会统计的挑战和创新 [J]. 统计研究，2021，38 (1): 15 - 26.

[246] 闫德利，等. 数字经济：开启数字化转型之路 [M]. 北京：中国发展出版社，2019.

[247] 闫涛，陈阳. 数字经济对高质量发展的影响——基于中介模型与门槛模型的检验 [J]. 经济与管理，2022，36 (6): 1 - 7.

[248] 严成樑. 现代经济增长理论的发展脉络与未来展望——兼从中国经济增长看现代经济增长理论的缺陷 [J]. 经济研究，2020，55 (7): 191 - 208.

[249] 严子淳，李欣，王伟楠. 数字化转型研究：演化和未来展望 [J]. 科研管理，2021 (4): 22 - 34.

[250] 杨德明，夏小燕，金淞宇，林丹滢，马晴. 大数据、区块链与上市公司审计费用 [J]. 审计研究，2020 (4): 68 - 79.

[251] 杨虎涛. 数字经济的增长效能与中国经济高质量发展研究 [J]. 中国特色社会主义研究，2020 (3): 21 - 32.

[252] 杨慧梅，江璐. 数字经济、空间效应与全要素生产率 [J]. 统计研究，2021，38 (4): 3 - 15.

[253] 杨金玉，彭秋萍，葛震霆. 数字化转型的客户传染效应——供应商创新视角 [J]. 中国工业经济，2022 (8): 156 - 174.

[254] 杨汝岱，陈斌开，朱诗娥. 基于社会网络视角的农户民间借贷需求行为研究 [J]. 经济研究，2011 (11): 116 - 129.

[255] 杨汝岱，李艳，孟珊珊. 企业数字化发展、全要素生产率与产业链溢出效应 [J]. 经济研究，2023，58 (11): 44 - 61.

[256] 杨汝岱. 中国制造业企业全要素生产率研究 [J]. 经济研究，2015，50 (2): 61 - 74.

[257] 杨文举，龙睿赟. 中国地区工业绿色全要素生产率增长：——基于方向性距离函数的经验分析 [J]. 上海经济研究，2012，24 (7):

3－13＋21.

［258］杨震宁，赵红．中国企业的开放式创新：制度环境、“竞合”关系与创新绩效［J］．管理世界，2020（2）：139－160＋224.

［259］姚小涛，亓晖，刘琳琳，肖婷．企业数字化转型：再认识与再出发［J］．西安交通大学学报（社会科学版），2022，42（3）：1－9.

［260］叶娇，赵云鹏，和珊．生产率、资本密集度对企业国际化模式选择决策的影响［J］．统计研究，2018，35（1）：32－42.

［261］叶胥，杜云晗，何文军．数字经济发展的就业结构效应［J］．财贸研究，2021，32（4）：1－13.

［262］叶永卫，李鑫，刘贯春．数字化转型与企业人力资本升级［J］．金融研究，2022（12）：74－92.

［263］易靖韬，王悦昊．数字化转型对企业出口的影响研究［J］．中国软科学，2021（3）：94－104.

［264］易露，吴非，常曦．企业数字化转型进程与主业绩效——来自中国上市企业年报文本识别的经验证据［J］．现代经济，2022（10）：24－38.

［265］易露霞，吴非，常曦．企业数字化转型进程与主业绩效——来自中国上市企业年报文本识别的经验证据［J］．现代财经（天津财经大学学报），2021，41（10）：24－38.

［266］易露霞，吴非，徐斯旸．企业数字化转型的业绩驱动效应研究［J］．证券市场导报，2021（8）：15－25.

［267］易宪容，陈颖颖，位玉双．数字经济中的几个重大理论问题研究——基于现代经济学的一般性分析［J］．经济学家，2019（7）：23－31.

［268］尹美群，张敏，盛磊，等．旅游业员工密集度与资产密集度影响销售、一般和管理费用的成本黏性吗？［J］．中国会计评论，2017，15（2）：237－250.

［269］于连超，单约楠，马宁．环保信用评价制度能提高企业资本配置效率吗？［J］．审计与经济研究，2023，38（3）：65－74.

［270］于蔚，汪淼军，金祥荣．政治关联和融资约束：信息效应与资源效应［J］．经济研究，2012，47（9）：125－139.

[271] 于芝麦．环保约谈、政府环保补助与企业绿色创新［J］．外国经济与管理，2021，43（7）：22－37.
[272] 余奕杉，卫平．中国城市绿色全要素生产率测度研究［J］．生态经济，2021，37（3）：43－52.
[273] 余泳泽，杨晓章，张少辉．中国经济由高速增长向高质量发展的时空转换特征研究［J］．数量经济技术经济研究，2019，36（6）：3－21.
[274] 俞杰，万陈梦．增值税留抵退税、融资约束与企业全要素生产率［J］．财政科学，2022（1）：104－118.
[275] 袁淳，肖土盛，耿春晓，等．数字化转型与企业分工：专业化还是纵向一体化［J］．中国工业经济，2021（9）：137－155.
[276] 袁富华．长期增长过程的“结构性加速”与“结构性减速”：一种解释［J］．经济研究，2012，47（3）：127－140.
[277] 袁堂军．中国企业全要素生产率水平研究［J］．经济研究，2009，44（6）：52－64.
[278] 袁知柱，吴粒．会计信息可比性研究评述及未来展望［J］．会计研究，2012（9）：9－15.
[279] 袁知柱，张小曼，于雪航．产品市场竞争与会计信息可比性［J］．管理评论，2017（10）：234－247.
[280] 岳立，闫慧贞．黄河流域技术进步对资源型城市绿色发展影响［J/OL］．科学学研究：1－17.
[281] 岳书敬，邹玉琳，胡姚雨．产业集聚对中国城市绿色发展效率的影响［J］．城市问题，2015（10）：49－54.
[282] 臧树伟，胡左浩．动态能力视角下的企业转型研究：从市场驱动到驱动市场［J］．科学学与科学技术管理，2017（12）：84－96.
[283] 曾德麟，蔡家玮，欧阳桃花．数字化转型研究：整合框架与未来展望［J］．外国经济管理，2021（5）：63－76.
[284] 曾建光，王立彦．Internet 治理与代理成本——基于 Google 大数据的证据［J］．经济科学，2015（1）：112－125.
[285] 张纯，吕伟．机构投资者、终极产权与融资约束［J］．管理世界，2007（11）：119－126.

［286］张东玲，焦宇新，刘敏．数字经济推动了城市绿色全要素生产率提升吗？——基于“宽带中国”试点的证据［J］．现代财经（天津财经大学学报），2023，43（07）：38－56.

［287］张帆，施震凯，武戈．数字经济与环境规制对绿色全要素生产率的影响［J］．南京社会科学，2022（6）：12－20＋29.

［288］张帆．金融发展影响绿色全要素生产率的理论和实证研究［J］．中国软科学，2017（9）：154－167.

［289］张虎，高子桓，韩爱华．企业数字化转型赋能产业链关联：理论与经验证据［J/OL］．数量经济技术经济研究，1－21.

［290］张化尧，金波，许航峰．数字经济的演进：基于文献计量分析的研究［J］．燕山大学学报（哲学社会科学版），2020，21（3）：107－114＋144.

［291］张建，王博．数字经济发展与绿色全要素生产率提升［J］．审计与经济研究，2023，38（2）：107－115.

［292］张杰，张帆，陈志远．出口与企业生产率关系的新检验：中国经验［J］．世界经济，2016，39（6）：54－76.

［293］张军，施少华，陈诗一．中国的工业改革与效率变化——方法、数据、文献和现有的结果［J］．经济学（季刊），2003（4）：5－42.

［294］张军扩，侯永志，刘培林，何建武，卓贤．高质量发展的目标要求和战略路径［J］．管理世界，2019，35（7）：1－7.

［295］张琨，连璐瑶．企业 ESG 表现具有同群效应吗？——基于空间计量模型的实证检验［J/OL］．河北经贸大学学报，1－12.

［296］张列柯，张倩，刘斌．会计信息可比性影响高管薪酬契约的有效性吗？［J］．中国软科学，2019（2）：110－127＋142.

［297］张萌，张永珅，宋顺林．企业数字化转型与税收规避——基于内部控制和信息透明度的视角［J］．经济经纬，2022，39（6）：118－127.

［298］张培，张苗苗．动态能力视角下中国企业数字化转型路径——基于步科公司的案例研究［J］．管理学季刊，2021（6）：79－150.

［299］张培刚．农业与工业化［M］．北京：中国人民大学出版社，2014.

［300］张骞，李长英．信息化对区域创新绩效的直接效应和间接效应——

兼论人力资本非线性中介作用 [J]. 现代经济探讨，2019 (2)：113 - 121.
[301] 张娆，宋丽娟，杨小伟．数字化转型与资本配置效率——基于“两化”融合准自然实验的证据 [J]. 工业技术经济，2022，41 (8)：36 - 45.
[302] 张腾，蒋伏心，韦朕韬．数字经济能否成为促进我国经济高质量发展的新动能？[J]. 经济问题探索，2021 (1)：25 - 39.
[303] 张万里，宣旸，张澄，等．智能化能否提升企业全要素生产率和技术创新 [J]. 科研管理，2022，43 (12)：107 - 116.
[304] 张桅，胡艳．长三角地区创新型人力资本对绿色全要素生产率的影响——基于空间杜宾模型的实证分析 [J]. 中国人口·资源与环境，2020，30 (9)：106 - 120.
[305] 张昕蔚．数字经济条件下的创新模式演化研究 [J]. 经济学家，2019 (7)：32 - 39.
[306] 张永珅，李小波，邢铭强．企业数字化转型与审计定价 [J]. 审计研究，2021 (3)：62 - 71.
[307] 张永霞．中国农业生产率测算及实证研究 [D]. 中国农业科学院，2006.
[308] 张咏梅，王晓艳，赵金凯．以“数”谋“盈”：企业数字化转型对盈余持续性的影响研究 [J]. 审计与经济研究，2024，39 (1)：75 - 84.
[309] 张悦，来逢波，程钰．市域尺度上市企业数字化转型演变及对碳排放影响 [J]. 经济地理，2024，44 (5)：106 - 116.
[310] 张哲华，钟若愚．数字生产力的特征、机理及我国的发展对策 [J]. 价格理论与实践，2023 (1)：22 - 27.
[311] 张哲华．数字经济发展对中国绿色全要素生产率的影响机制和效应研究 [D]. 山西财经大学，2023.
[312] 张振刚，户安涛，张君秋．国际化节奏对企业创新的影响研究 [J]. 科学学研究，2021，39 (11)：2053 - 2064.
[313] 张志红，王露露，宋艺．社会责任信息披露能否提升企业绿色全要

素生产率？[J]. 审计与经济研究，2024，39（4）：103－115.
[314] 张志强．微观企业全要素生产率测度方法的比较与应用［J]. 数量经济技术经济研究，2015（12）：107－123.
[315] 赵璨，陈仕华，曹伟．“互联网＋”信息披露：实质性陈述还是策略性炒作——基于股价崩盘风险的证据［J]. 中国工业经济，2020（3）：174－192.
[316] 赵宸宇，王文春，李雪松．数字化转型如何影响企业全要素生产率［J]. 财贸经济，2021，42（7）：114－129.
[317] 赵国宇，禹薇．大股东股权制衡的公司治理效应——来自民营上市公司的证据［J]. 外国经济与管理，2018，40（11）：60－72.
[318] 赵剑波，史丹，邓洲．高质量发展的内涵研究［J]. 经济与管理研究，2019，40（11）：15－31.
[319] 赵涛，张智，梁上坤．数字经济、创业活跃度与高质量发展——来自中国城市的经验证据［J]. 管理世界，2020，36（10）：65－76.
[320] 赵巍．数字经济与城市绿色全要素生产率：作用机制与门槛效应［J]. 中国流通经济，2022，36（11）：15－26.
[321] 赵细康．环境保护与国际竞争力［M]. 北京：中国社会科学出版社，2003.
[322] 赵新宇，张帅．数字化转型能提升国有企业资本配置效率吗？[J]. 兰州大学学报（社会科学版），2024，52（2）：40－53.
[323] 甄红线，王玺，方红星．知识产权行政保护与企业数字化转型［J]. 经济研究，2023，58（11）：62－79.
[324] 郑素丽，章威，吴晓波．基于知识的动态能力：理论与实证［J]. 科学学研究，2010，（3）：405－411＋466.
[325] 郑晓云，陈金燕，苏义坤．绿色经济与数字经济协同发展研究——基于修正耦合模型的实证分析［J]. 价格理论与实践，2021（8）：164－167＋187.
[326] 中国社会科学院工业经济研究所课题组．提升产业链供应链现代化水平路径研究［J]. 中国工业经济，2021（2）：80－97.
[327] 钟廷勇，黄亦博，孙芳城．企业数字化转型、市场竞争与会计信息

可比性［J］. 现代财经（天津财经大学学报），2022，42（12）：21－43.

［328］钟宇翔，吕怀立，李婉丽. 管理层短视、会计稳健性与企业创新抑制［J］. 南开管理评论，2017，20（6）：163－177.

［329］周冬华，杨小康. 内部人交易会影响会计信息可比性吗？［J］. 会计研究，2018（3）：27－33.

［330］周亮，车磊，周成虎. 中国城市绿色发展效率时空演变特征及影响因素［J］. 地理学报，2019，74（10）：2027－2044.

［331］周晓辉，刘莹莹，彭留英. 数字经济发展与绿色全要素生产率提高［J］. 上海经济研究，2021，（12）：51－63.

［332］周肖肖，贾梦雨，赵鑫. 绿色金融助推企业绿色技术创新的演化博弈动态分析和实证研究［J］. 中国工业经济，2023，（6）：43－61.

［333］周勇，王怀英. 数字经济对工业绿色全要素生产率的影响：基于区域基础吸收能力的调节作用［J］. 科技与经济，2021，34（4）：81－85.

［334］朱承亮，杨曼，李勃昕. 数字经济提升制造业绿色全要素生产率了吗？［J］. 环境经济研究，2024，9（1）：1－20.

［335］朱德胜，周晓珮. 股权制衡、高管持股与企业创新效率［J］. 南开管理评论，2016，19（3）：136－144.

［336］朱清. 数字经济对绿色全要素生产率的影响研究［D］. 西南财经大学，2023.

［337］朱喜安，马樱格. 数字经济对绿色全要素生产率变动的影响研究［J］. 经济问题，2022（11）：1－11.

［338］诸大建. 绿色经济新理念及中国开展绿色经济研究的思考［J］. 中国人口·资源与环境，2012，22（5）：40－47.

［339］祝合良，王春娟. 数字经济引领产业高质量发展：理论、机理与路径［J］. 财经理论与实践，2020，41（5）：2－10.

［340］Barth，M. E. 财务报告的全球可比性——是什么，为什么，如何做以及何时实现［J］. 会计研究，2013（5）：3－10.

［341］Chung. 能源消耗、二氧化碳排放与中国工业的可持续发展［J］.

经济研究，2009，44（4）：41－55.

[342] Abukhader S M. Eco－efficiency in the era of electronic commerce－should "Eco－Effectiveness" approach be adopted? [J]. Journal of Cleaner Production，2008，16（7）：801－808.

[343] Acemoglu D. Labor－and capital－augmenting technical change [J]. Journal of the European Economic Association，2003，1（1）：1－37.

[344] Ackerberg，D. A.，Caves，K.，Frazer，G. Identification Properties of Recent Production Function Estimators [J]. Econometrica，2015，83（6）：2411－2451.

[345] Adner，R.，Puranam，P.，Zhu，F. What is Different about Digital Strategy? From Quantitative to Qualitative Change [J]. Strategy Science，2019，4（4）：253－261.

[346] Aghion P，Bergeaud A，Boppart T，et al. Missing growth from creative destruction [J]. American Economic Review，2019，109（8）：2795－2822.

[347] Agrawal A，Gans J，Goldfarb A. Prediction Machines，Updated and Expanded：The Simple Economics of Artificial Intelligence [M]. Harvard Business Press，2022.

[348] Agyapong D. Implications of digital economy for financial institutions in Ghana：An exploratory inquiry [J]. Transnational Corporations Review，2021，13（1）：51－61.

[349] Aigner D，Lovell C A K，Schmidt P. Formulation and estimation of stochastic frontier production function models [J]. Journal of econometrics，1977，6（1）：21－37.

[350] Amburgey T L，Kelly D，Barnett W P. Resetting the clock：The dynamics of organizational change and failure [C] //Academy of Management Proceedings. Briarcliff Manor，NY 10510：Academy of Management，1990，1990（1）：160－164.

[351] Andriole，S. J. Digital Success Brings Special Security Risks [J]. IT Professional Magazine，2018，20（5）：75－78.

[352] Ang J S, Cole R A, Lin J W. Agency costs and ownership structure [J]. The Journal of Finance, 2000, 55 (1): 81 - 106.

[353] Armenakis A A, Bedeian A G. Organizational change: A review of theory and research in the 1990s [J]. Journal of management, 1999, 25 (3): 293 - 315.

[354] Autio E, Nambisan S, Thomas L D W, et al. Digital Affordances, Spatial Affordances, and the Genesis of Entrepreneurial Ecosystems [J]. Strategic Entrepreneurship Joumal, 2018, 12 (1): 72 - 95.

[355] Balogun A L, Marks D, Sharma R, et al. Assessing the potentials of digitalization as a tool for climate change adaptation and sustainable development in urban centres [J]. Sustainable Cities and Society, 2020, 53: 101888.

[356] Barbieri N, Marzucchi A, Rizzo U. Green technologies, interdependencies, and policy [J]. Journal of Environmental Economics and Management, 2023, 118: 102791.

[357] Barney, J. B. Firm Resources and Sustained Competitive Advantage [J]. Journal of Management, 1991, 17 (1): 99 - 120.

[358] Barth, M. E, W R. Landsman, M. Lang, C Williams. Are IFRS-based and US GAAP-based Accounting Amounts Comparable [J]. Journal of Aoccounting and Econoxnic. 2012. 54 (1): 68 - 93.

[359] Baslandze S. The role of the it revolution in knowledge diffusion, innovation and reallocation [C] //2016 Meeting Papers. Society for Economic Dynamics, 2016, 1509.

[360] Baslandze, S. The Role of the IT Revolution in Know ledge Diffusion, Innovation and Reallocation [J]. EIEF Manuscript, 2016.

[361] Beck T, Levine R, Levkov A. Big bad banks? The winners and losers from bank deregulation in the United States [J]. The journal of finance, 2010, 65 (5): 1637 - 1667.

[362] Berman, S. Digital Transformation: Opportunities to Create New Business Models [J]. Strategy & Leadership, 2012, 40 (2): 16 - 24.

[363] Bernstein, S. Does Going Public Affect Innovation? [J]. The Journal of Finance, 2015, 70 (4): 1365 - 1403.

[364] Bertrand, M., Mullainathan, S. Enjoying the Quiet Life? Corporate Governance and Managerial Preferences. [J]. Journal of Political Economy, 2003, 111 (5): 1043 - 1075.

[365] Biddle G C, Hilary G, Verdi R S. How does financial reporting quality relate to investment efficiency? [J]. Journal of accounting and economics, 2009, 48 (2 - 3): 112 - 131.

[366] Brown S., Tucker J. Large - Sample Evidence on Firms' Year - over - Year MD&A Modifications [J]. Journal of Accounting Research, 2011, 49: 303 - 346.

[367] Brynjolfsson E, Collis A, Diewert W E, et al. GDP - B: Accounting for the Value of New and Free Goods [J]. Available at SSRN 3356697, 2019.

[368] Bukht R, Heeks R. Defining, conceptualising and measuring the digital economy [J]. Development Informatics working paper, 2017 (68).

[369] Bushman, R. M., and A. J. Smith. Financial Accounting Information and Corporate Governance. [J]. Journal of Accounting and Economics, 2001, 32 (1): 237 - 333.

[370] Cao X, Deng M, Li H. How does e - commerce city pilot improve green total factor productivity? Evidence from 230 cities in China [J]. Journal of Environmental Management, 2021, 289: 112520.

[371] Cascio, W F., Montealegre, R. How Technology Is Changing Work and Organizations [J]. Annual Review of Organizational Psychology and Organizational Behavior, 2016, 3 (1): 349 - 375.

[372] Chanias, S. and Hess, T. How Digital Are We? Maturity Models for the Assessment of a Company's Status in the Digital Transformation [J]. Management Report / Institute for Information Systems and New Media, 2016 (2): 1 - 14.

[373] Chanias S, M D Myers, Hess T. Digital transformation strategy making in

pre - digital organizations: The case of a financial services provider [J]. The Journal of Strategic Information Systems, 2019, 28 (1): 17 - 33.

[374] Charnes A, Cooper W W, Rhodes E. Measuring the efficiency of decision making units [J]. European journal of operational research, 1978, 2 (6): 429 - 444.

[375] Chen, C., Martin, X., Roychowdhury, S., et al. Clarity Beginsat Home: Internal Information Asymmetry and External Communication Quality [J]. Accounting Review, 2018, 93 (1): 71 - 101.

[376] Cheng Y, Zhang Y, Wang J, et al. The impact of the urban digital economy on China's carbon intensity: Spatial spillover and mediating effect [J]. Resources, Conservation and Recycling, 2023, 189: 106762.

[377] Chung Y H, Färe R, Grosskopf S. Productivity and undesirable outputs: A directional distance function approach [J]. Journal of Environmental Management, 1997, 51 (3): 229 - 240.

[378] Cong L W, Wei W, Xie D, et al. Endogenous growth under multiple uses of data [J]. Journal of Economic Dynamics and Control, 2022, 141: 104395.

[379] Cong L W, Xie D, Zhang L. Knowledge accumulation, privacy, and growth in a data economy [J]. Management Science, 2021, 67 (10): 6480 - 6492.

[380] Crane A, Ruebottom T. Stakeholder theory and social Identity: Rethinking stakeholder identification [J]. Journal of Business Ethics, 2011 (1): 77 - 87.

[381] Criado C O, Valente S, Stengos T. Growth and pollution convergence: Theory and evidence [J]. Journal of Environmental Economics and Management, 2011, 62 (2): 199 - 214.

[382] Cui, T., Ye, H. J., Teo, H. H. and Li, J. Information Technology and Open Innovation: A Strategic Alignment Perspective [J]. Information & Management, 2015, 52 (3): 348 - 358.

[383] Dagum C. Decomposition and interpretation of Gini and the generalized en-

tropy inequality measures [J]. Statistica, 1997, 57 (3): 295 - 308.

[384] De Fond, M., Hu, X., Hung, M., Li, S. The Impact of Mandatory IFRS Adoption on Foreign Mutual Fund Ownership: The Role of Comparability [J]. Journal of Accounting and Economics, 2011, 51 (3): 240 - 258.

[385] De Franco, G, S. P. Kothari, R. S. Verdi. The Benefits of Financial Statement Comparability [J]. Journal of Accounting Research, 2011, 49 (4): 895 - 931

[386] Demartini M, Evans S, Tonelli F. Digitalization technologies for industrial sustainability [J]. Procedia manufacturing, 2019, 33: 264 - 271.

[387] Deng H, Bai G, Shen Z, et al. Digital economy and its spatial effect on green productivity gains in manufacturing: Evidence from China [J]. Journal of Cleaner Production, 2022, 378: 134539.

[388] Domar E D. Capital expansion, rate of growth, and employment [J]. Econometrica, Journal of the Econometric Society, 1946: 137 - 147.

[389] Erevelles S, Fukawa N, Swayne L. Big Data consumer analytics and the transformation of marketing [J]. Journal of business research, 2016, 69 (2): 897 - 904.

[390] Fan, S. Effects of technological change and instituional reform on production growth in Chinese agricultural economics [J]. American Journal of Agricultural Economics, 1991, 73 (2): 266 - 275.

[391] Fang C, Cheng J, Zhu Y, et al. Green total factor productivity of extractive industries in China: An explanation from technology heterogeneity [J]. Resources Policy, 2021, 70: 101933.

[392] Fang Z, Yang C, Song X. Construction of influencing factor model for high - quality green development of Chinese industrial enterprises [J]. Frontiers in Environmental Science, 2022, 10: 1006224.

[393] Färe R, Grosskopf S, Pasurka, Jr C A. Accounting for air pollution emissions in measures of state manufacturing productivity growth [J]. Journal of regional science, 2001, 41 (3): 381 - 409.

[394] Feng D, Bao W, Yang Y, et al. How do government policies promote greening? Evidence from China [J]. Land Use Policy, 2021, 104: 105389.

[395] Feng, A., Graetz, G. Rise of the Machines: The Effects of Labor – Saving Innovations on Jobs and Wages [R]. IZA Discussion Papers, No. 8836, 2015.

[396] Ferreira, J. J. M., Fernandes, C. I., Ferreira, F. F. To Be or Not to Be Digital, That Is theQuestion: Firm Innovation and Performance [J]. Journal of Business Research, 2019, 101 (8): 583 – 590.

[397] Feuer W J, Yehoshua Z, Gregori G, et al. Square root transformation of geographic atrophy area measurements to eliminate dependence of growth rates on baseline lesion measurements: A reanalysis of age – related eye disease study report no. 26 [J]. JAMA ophthalmology, 2013, 131 (1): 110 – 111.

[398] Fischer W A. Changing the Chinese competitive landscape: Reform of state – owned enterprises in China [J]. Global Economic Review, 1999, 28 (1): 91 – 104.

[399] FrancisJ. R., Pinnuck M. L., Watanabe O. Auditor Style and Financial Statement Comparability [J]. The Accounting Rview, 2014, 89 (2): 605 – 633

[400] Frank, A. G., Frank, L. S., Ayala, N. F. Industry 4. 0 Technologies: Implementation Patternsin Manufacturing Companies [J]. International Journal of Production Economics, 2019 (210): 15 – 26.

[401] FRS Adoption and the Contractual Usefulness of Accounting Information in Executive Compensation. [J]. Journal of Accounting Research, 2012, 50 (4): 1077 – 1107.

[402] Ghasemaghaei, M. and Calic, G. Assessing the Impact of Big Data on Firm Innovation Performance: Big Data is not Always Better Data [J]. Journal of Business Research, 2020, 108: 147 – 162.

[403] Goldfarb, A., Tucker, C. Digital Economics [J]. Journal of Econom-

ic Literature, 2019, 57 (1): 3 -43.

[404] Goldrich J M. A study in time orientation: The relation between memory for past experience and orientation to the future [J]. Journal of Personality and Social Psychology, 1967, 6 (2): 216.

[405] Goldsmith R W. Financial Structure and Economic Development [M]. Yale University Press, 1969.

[406] Gong, G. L. Y. Li, and L. Zhou. Earnings Non - Synchronicity and Voluntary Disclosure. [J]. Contemporary Accounting Research, 2013, 30 (4): 1560 -1589.

[407] Graham, J. R. , Harvey, C. R. , Rajgopal, S. The Economic Implications of Corporate Financial Reporting. [J]. Journal of Accounting and Economics, 2005, 40 (1 -3): 3 -73.

[408] Grossman G M, Helpman E. Endogenous product cycles [J]. The economic journal, 1991, 101 (408): 1214 -1229.

[409] Hadlock C J, Pierce J R. New evidence on measuring financial constraints: Moving beyond the KZ index [J]. The review of financial studies, 2010, 23 (5): 1909 -1940.

[410] Hanelt A, Bohnsack R, Marz D, et al. A systematic review of the literature on digital transformation: Insights and implications for strategy and organizational change [J]. Journal of management studies, 2021, 58 (5): 1159 -1197.

[411] Hansen B E. Threshold effects in non - dynamic panels: Estimation, testing, and inference [J]. Journal of econometrics, 1999, 93 (2): 345 -368.

[412] Harrod R F. An essay in dynamic theory [J]. The economic journal, 1939, 49 (193): 14 -33.

[413] He Y, Xie C. Measurement, decomposition and emission reduction effects of digital global value chains [J]. Journal of Cleaner Production, 2022, 378: 134307.

[414] He, J. , Tian, X. The Dark Side of Analyst Coverage: The Case of

Innovation [J]. Journal of Financial Economics, 2013, 109 (3): 856 - 878.

[415] Healy, P. M., and K. G. Palepu. Information Asymmetry, Corporate Disclosure, and the Capital Markets: A Review of the Empirical Disclosure Literature [J]. Journal of Accounting and Economics, 2001, 31 (1): 405 - 440.

[416] Henkel, J., Selective Revealing in Open Innovation Processes: The Case of Embedded Linux [J]. Research Policy, 2006, 35 (7): 953 - 969.

[417] Hess T, Matt C, Benlian A, et al. Options for formulating a digital transformation strategy [J]. MIS Quarterly Executive, 2016, 15 (2).

[418] Hess, T., Matt, Transformation C., Benlian, A. Strategy [J]. MIS Wiesbock, F. Options for FormulatingA Digital Quarterly Executive, 2020, 15 (2): 123 - 139.

[419] Holman E A, Zimbardo P G. The social language of time: The time perspective - social network connection [J]. Basic and applied social psychology, 2009, 31 (2): 136 - 147.

[420] Holmstrom, B., Milgrom, P. Aggregation and Linearity in the Provision of Intertemporal Incentives. [J]. Econometrica, 1987, 55 (2): 303 - 328.

[421] Hosan S, Karmaker S C, Rahman M M, et al. Dynamic links among the demographic dividend, digitalization, energy intensity and sustainable economic growth: Empirical evidence from emerging economies [J]. Journal of Cleaner Production, 2022, 330: 129858.

[422] Howitt P, Aghion P. Capital accumulation and innovation as complementary factors in long - run growth [J]. Journal of Economic Growth, 1998, 3: 111 - 130.

[423] Hu W, Guo Y, Tian J, et al. Eco - efficiency of centralized wastewater treatment plants in industrial parks: A slack - based data envelopment analysis [J]. Resources, Conservation and Recycling, 2019, 141: 176 - 186.

[424] Hulten, C. R. Total factor productivity. A short biography [M]. University of Chicago Press, 2001: 1 -54.

[425] Ismail H S, Sharifi H. A balanced approach to building agile supply chains [J]. International Journal of Physical Distribution & Logistics Management, 2006, 36 (6): 431 -444.

[426] Jabłoński M. Social Factors as a Basic Driver of the Digitalization of the Business Models of Railway Companies. Sustainability [J]. 2019, 11 (12).

[427] Jenson M C, Meckling W H. Theory of the firm: Managerial behavior, agency costs and ownership structure [J]. Journal of financial economics, 1976, 3 (4): 305 -360.

[428] Jiang H, Jiang P, Wang D, et al. Can smart city construction facilitate green total factor productivity? A quasi - natural experiment based on China's pilot smart city [J]. Sustainable Cities and Society, 2021, 69: 102809.

[429] Jiang Y, Wang H, Liu Z. The impact of the free trade zone on green total factor productivity—evidence from the shanghai pilot free trade zone [J]. Energy Policy, 2021, 148: 112000.

[430] Jin G, Shen K, Li J. Interjurisdiction political competition and green total factor productivity in China: An inverted - U relationship [J]. China Economic Review, 2020, 61: 101224.

[431] Jones C I, Tonetti C. Nonrivalry and the Economics of Data [J]. American Economic Review, 2020, 110 (9): 2819 -2858.

[432] Jurayevich M B, Bulturbayevich M B. The impact of the digital economy on economic growth [J]. International Journal on Integrated Education, 2020, 3 (6): 16 -18.

[433] Kalirajan, K. P. , Obwona, M. B. & Zhao S. A decomposition of total factor productivity growth: the case of Chinese agricultural growth before and after reforms [J]. American Journal of Agricultural Economics. 1996, 78 (2): 331 -338.

[434] Kaltum U, Widodo A, Yanuardi A W. Local TV Goes to Global Market

through Digital Transformation [J]. Academy of Strategic Management Journal. 2016, 15: 221 -229.

[435] Kaplan S N, Zingales L. Do investment - cash flow sensitivities provide useful measures of financing constraints? [J]. The quarterly journal of economics, 1997, 112 (1): 169 -215.

[436] Karagiannaki A, Vergados G, Fouskas K. The impact of digital transformation in the financial services industry: Insights from an open innovation initiative in fintech in Greece [J]. 2017.

[437] Karagiannaki, A., G. Vergados, K. Fouskas. The Impact of Digital Transformation in the Financial Services Industry: Insights from An Open Innovation Initiative in Fintech in Greece [J]. Mediterranean Conference on Information Systems, 2017.

[438] Kaur H, Singh S P. Heuristic modeling for sustainable procurement and logistics in a supply chain using big data [J]. Computers & Operations Research, 2018, 98: 301 -321.

[439] Kelly D, Amburgey T L. Organizational inertia and momentum: A dynamic model of strategic change [J]. Academy of management journal, 1991, 34 (3): 591 -612.

[440] Kim S., Kraft P., Ryan S. G. Financial Statement Comparability and Credit Risk [R]. Working Paper, 2012.

[441] Kim, S., Kraft, P., Ryan, S. G. Financial Statement Comparability and Credit Risk. [J]. Review of Accounting Studies, 2013, 18 (3): 783 -823.

[442] Kim, S., Kraft, P. & Ryan, S. Financial Statement Comparability and Credit Risk [J]. Review of AccountingStudies, 2013, 61: 294 -312.

[443] Klarner P, Raisch S. Move to the beat—Rhythms of change and firm performance [J]. Academy of Management journal, 2013, 56 (1): 160 -184.

[444] Kleis L, Chwelos P, Ramirez R V, et al. Information technology and intangible output: The impact of IT investment on innovation productivity [J]. Information Systems Research, 2012, 23 (1): 42 -59.

[445] Lamont O, Polk C, Saaά – Requejo J. Financial constraints and stock returns [J]. The review of financial studies, 2001, 14 (2): 529 – 554.

[446] Lange S, Pohl J, Santarius T. Digitalization and energy consumption. Does ICT reduce energy demand? [J]. Ecological Economics, 2020, 176: 106760.

[447] Levinsohn, J., Petrin, A. Estimating Production Functions Using Inputs to Control for Unobservables [J]. The Review of Economic Studies, 2003, 70 (2): 317 – 341.

[448] Li K, Kim D J, Lang K R, et al. How should we understand the digital economy in Asia? Critical assessment and research agenda [J]. Electronic commerce research and applications, 2020, 44: 101004.

[449] Li S. Does Mandatory Adoption of International Financial Reporting Standards in the European Union Reduce the Cost of Equity Capital? [J]. The Accounting Review, 2010, 85 (2): 607 – 636.

[450] Li, O., Liu, H., Ni, C., Ye, K. Individual Investors' Dividend Tax and Corporate Payout Policies. [J]. Journal of Financial and Quantitative Analysis, 2016, Forthcoming.

[451] Libert B, Beck M, Wind Y. How to navigate a digital transformation [J]. Harvard business review, 2016, 4.

[452] Lin B, Huang C. How will promoting the digital economy affect electricity intensity? [J]. Energy Policy, 2023, 173: 113341.

[453] Lin J, Yu Z, Wei Y D, et al. Internet access, spillover and regional development in China [J]. Sustainability, 2017, 9 (6): 946.

[454] Lin K J, Lu X, Zhang J, et al. State – owned enterprises in China: A review of 40 years of research and practice [J]. China Journal of accounting research, 2020, 13 (1): 31 – 55.

[455] Liu D Y, Chen S W, Chou T C. Resource fit in digital transformation: Lessons learned from the CBC Bank global e – banking project [J]. Management Decision, 2011, 49 (10): 1728 – 1742.

[456] Liu Y, Yang Y, Li H, et al. Digital economy development, industrial

structure upgrading and green total factor productivity: Empirical evidence from China's cities [J]. International Journal of Environmental Research and Public Health, 2022, 19 (4): 2414.

[457] Liu Z, Xin L. Has China's Belt and Road Initiative promoted its green total factorproductivity? —Evidence from primary provinces along the route [J]. Energy Policy, 2019, 129: 360 – 369.

[458] Lucas Jr R E. On the mechanics of economic development [J]. Journal of monetary economics, 1988, 22 (1): 3 – 42.

[459] Lyu Y, Wang W, Wu Y, et al. How does digital economy affect green total factor productivity? Evidence from China [J]. Science of the Total Environment, 2023, 857: 159428.

[460] Lyytinen, K., Yoo, Y. and BolandJr, R. J. Digital Product Innovation within Four Classes of Innovation Networks [J]. Information Systems Journal, 2016, 26 (1): 47 – 75.

[461] Ma D, Zhu Q. Innovation in emerging economies: Research on the digital economy driving high – quality green development [J]. Journal of Business Research, 2022, 145: 801 – 813.

[462] Ma Q, Khan Z, Tariq M, et al. Sustainable digital economy and trade adjusted carbon emissions: Evidence from China's provincial data [J]. Economic research – Ekonomska istraživanja, 2022, 35 (1): 5469 – 5485.

[463] Manso, G. Motivating Innovation. [J]. The Journal of Finance, 2011, 66 (5): 1823 – 1860.

[464] Matarazzo, M., Penco, L., Profumo, G., et al. Digital Transformation and Customer Value Creation in Made in Italy SMEs: A Dynamic Capabilities Perspective [J]. Journal of Business Research, 2021, 123: 642 – 656.

[465] Matt, C., T. Hess, A. Benlian. Digital Transformation Strategies. Business & Information Systems Engineering, 2015, 57 (5): 339 – 343.

[466] Mcmillan, J., Whalley, J. & Zhu, L. The impact of China's economic reforms on agricultural productivity growth [J]. The Journal of Political Economy. 1989, 781 – 807.

[467] Melitz, M. J. The Impact of Trade on Intra – Industry Reallocations and Aggregate Industry Productivity [J]. Econometrica, 2003, 71 (6): 1695 – 1725.

[468] Miller D T, Ross M. Self – serving biases in the attribution of causality: Fact orfiction? [J]. Psychological bulletin, 1975, 82 (2): 213.

[469] Min, H. Artificial Intelligence in Supply Chain Management: Theory and Applications [J]. International Journal of Logistics: Research and Applications, 2010, 13 (1): 13 –39.

[470] Mohseni A., Roodposhti F. R., Nikomaram H. Auditor Style and Comparability of Financial Statements: A Comparison of Audit Style in Iran and U. S. A. [J]. European Online Journal of Natural and Social Sciences, 2014, 3 (4): 925 –935.

[471] Moulton B R. GDP and the digital economy: Keeping up with the changes [J]. undersandingthe digital economy data, 1999, 4 (5): 34 –48.

[472] Mubarak M F, Tiwari S, Petraite M, et al. How Industry 4. 0 technologies and open innovation can improve green innovation performance? [J]. Management of Environmental Quality: An International Journal, 2021, 32 (5): 1007 – 1022.

[473] Murthy KV B, Kalsie A, Shankar R. Digital economy in a global perspective: Is there a digital divide? [J]. Transnational Corporations Review, 2021, 13 (1): 1 – 15.

[474] Myers, S. C., Majluf, N. S. Corporate Financing and Investment Decisions When Firms Have Information that Investors Do not Have. [J]. Journal of Financial Economics, 1984, 13 (2): 187 –221.

[475] Narayanan M P. Managerial incentives for short – term results [J]. The Journal of Finance, 1985, 40 (5): 1469 – 1484.

[476] Nielsen I E, Majumder S, Saha S. Exploring the intervention of intermediary in a green supply chain [J]. Journal of cleaner production, 2019, 233: 1525 – 1544.

[477] Oh D. A global Malmquist – Luenberger productivity index [J]. Journal

of productivity analysis, 2010, 34: 183 - 197.

[478] Olley, G. S. , Pakes, A. The Dynamics of Productivity in the Telecommunications Equipment Industry [J]. Econometrica, 1996, 64 (6): 1263 - 1297.

[479] Olmstrom, B. , Milgrom, P. Aggregation and Linearity in the Provision of Intertemporal Incentives. [J]. Econometrica, 1987, 55 (2): 303 - 328.

[480] Pan W, Xie T, Wang Z, et al. Digital economy: An innovation driver for total factor productivity [J]. Journal of business research, 2022, 139: 303 - 311.

[481] Parida V, Sjödin D, Reim W. Reviewing literature on digitalization, business model innovation, and sustainable industry: Past achievements and future promises [J]. Sustainability, 2019, 11 (2): 391.

[482] Peng L, Zhang L, Chen W. Capital market liberalization and investment efficiency: Evidence from China [J]. Financial Analysts Journal, 2021, 77 (4): 23 - 44.

[483] Porter M E. Competitive Advantage, Creating and Sustaining Superior Performance [M]. New York: Free Press, 1985.

[484] Porter, M. E. Capital Disadvantage: America's Failing Capital Investment System Harvard [J]. Business Review, 1992, 70 (5): 65 - 82.

[485] Qiu S, Wang Z, Geng S. How do environmental regulation and foreign investment behavior affect green productivity growth in the industrial sector? An empirical test based on Chinese provincial panel data [J]. Journal of Environmental Management, 2021, 287: 112282.

[486] Reis J, Amorim M, Melão N, et al. Digital transformation: A literature review and guidelines for future research [J]. Trends and Advances in Information Systems and Technologies: Volume 1 6, 2018: 411 - 421.

[487] Reis, J. , M. Amorim, N. Melão, P. Matos. Digital Transformation: A Literature Review and Guidelines for Future Research. World Conference on Information Systems and Technologies, 2018.

[488] Remane G, Hanelt A, Wiesboeck F, et al. Digital Maturity in Tradi-

tional industries - an Exploratory Analysis [C] //ECIS. 2017: 10.

[489] Remane, G., Hanelt, A., Wiesboeck, F. and Kolbe, L. M. Digital Maturity in Traditional Industries - An Exploratory Analysis [J]. Guimarães, Portugal: Twenty - Fifth European Conference on Information Systems (ECIS), 2017.

[490] Richardson S. Over - investment of free cash flow [J]. Review of accounting studies, 2006, 11: 159 - 189.

[491] Rindfleisch, A. Transaction Cost Theory: Past, Present and Future [J]. AMS Review: Official Publication of the Academy of Marketing Science, 2020, 10 (1): 85 - 97.

[492] Rogers, D. The Digital Transformation Playbook: Rethink Your Business for the Digital Age [D]. Columbia University Press, New York, NY, 2016.

[493] Röller L H, Waverman L. Telecommunications infrastructure and economic development: A simultaneous approach [J]. American economic review, 2001, 91 (4): 909 - 923.

[494] Romer P M. Endogenous technological change [J]. Journal of political Economy, 1990, 98 (5, Part 2): S71 - S102.

[495] Romer P M. Increasing returns and long - run growth [J]. Journal of political economy, 1986, 94 (5): 1002 - 1037.

[496] Rovigatti, G., Mollisi, V. Theoryand Practiceof Total - Factor Productivity Estimation: The Control Function Approach Using Stata [J]. Stata Journal, 2018, 18 (3): 618 - 622.

[497] SaltonG., Wong A., Yang C. S. A Vector Space Model for Automatic Indexing [J]. Communications of the ACM, 1975, 18 (11): 613 - 620.

[498] Scealy J L, Welsh A H. Properties of a square root transformation regression model [C] //Proceedings of CoDaWork'11: 4th international workshop on Compositional Data Analysis, Egozcue, JJ, Tolosana - Delgado, R. and Ortego, MI (eds.) 2011. CIMNE, 2011.

[499] Schallmo D, Williams C A. Digital Transformation of Business Models -

Best Practices and Roadmap [J]. International Journal of Innovation Management, 2017, 21 (8).

[500] Solow R M. A contribution to the theory of economic growth [J]. The quarterly journal of economics, 1956, 70 (1): 65 - 94.

[501] Solow, R. M. Technical Change and the Aggregate Production Function [J]. Review of Economics and Statistics, 1957, 1 (39): 312 - 320.

[502] Song M, Zhao X, Shang Y. The impact of low - carbon city construction on ecological efficiency: Empirical evidence from quasi - natural experiments [J]. Resources, Conservation and Recycling, 2020, 157: 104777.

[503] Stein J C. Takeover threats and managerial myopia [J]. Journal of political economy, 1988, 96 (1): 61 - 80.

[504] Sueyoshi T, Yuan Y, Goto M. A literature study for DEA applied to energy and environment [J]. Energy Economics, 2017, 62: 104 - 124.

[505] Svahn, F., Mathiassen, L., Lindgren, R. Embracing Digital Innovation in Incumbent Firms: How Volvo Cars Managed Competing Concerns [J]. MIS Quarterly, 2017, 41 (1): 239 - 253.

[506] Swan T W. Economic growth and capital accumulation [J]. Economic record, 1956, 32 (2): 334 - 361.

[507] Tabrizi B, Lam E, Girard K, et al. Digital transformation is not about technology [J]. Harvard business review, 2019, 13 (March): 1 - 6.

[508] Tabrizi, B., E. Lam, K. Girard, V. Irvin. Digital Transformation is not about Technology [J]. Harvard Business Review, 2019, 13 (3): 1 - 6.

[509] Taplin R. The Measurement of Comparability in Accounting Research [J]. Abacus, 2011, 47 (3): 383 - 409.

[510] Tapscott, Don. The digital economy: Promise and peril in the age of networked intelligence. [J]. Educom Review, 1996.

[511] Teece, D. J., Pisano, G. Dynamic Capabilities and Strategic Management [J]. Strategic Management Journal, 1997 (1): 79 - 111.

[512] Teece, D. J. The Foundations of Enterprise Performance: Dynamic and Ordinary Capabilitiesinan (Economic) Theory of Firms [J]. Academy

of Management Perspectives, 2014, 28 (4): 328 - 352.

[513] Teece, D. J. Dynamic Capabilities: Routines versus Entrepreneurial Action [J]. Journal of Management Studies, 2012, 49 (8): 1395 - 1401.

[514] Teeee, D. J. Explicating dynamic capabilities: The nature and microfoundations of sustainable enterprise performance [J]. Strategic Management Journal, 2010 (13): 1319 - 1350.

[515] Tone K. A slacks - based measure of super - efficiency in data envelopment analysis [J]. European journal of operational research, 2002, 143 (1): 32 - 41.

[516] Tone K. Dealing with undesirable outputs in DEA: A slacks - based measure (SBM) approach [J]. GRIPS Discussion Papers, 2015, 1.

[517] Tong, H. , Fulginiti, L. E. & Sesmero, J. P. Chinese Regional Agricultural Productivity: 1994 - 2005 [J]. Lilyan E. Fulginiti Publications. 2009, 10.

[518] Turcan R V, Juho A. What happens to international new ventures beyond start - up: An exploratory study [J]. Journal of International Entrepreneurship, 2014, 12 (2): 129 - 145.

[519] Ulucak R, Danish, Khan S U D. Does information and communication technology affect CO_2 mitigation under the pathway of sustainable development during the mode of globalization? [J]. Sustainable Development, 2020, 28 (4): 857 - 867.

[520] Van der Tas L. G. Measuring Harmonization of Financial Reporting Practice [J], Accounting and Business Research, 1988, 18 (70): 157 - 169.

[521] Vermeulen F, Barkema H. Pace, rhythm, and scope: Process dependence in building a profitable multinational corporation [J]. Strategic Management Journal, 2002, 23 (7): 637 - 653.

[522] Vial G. Understanding digital transformation: A review and a research agenda [J]. Managing digital transformation, 2021: 13 - 66.

[523] Vial G. Understanding Digital Transformation: A Review and a Research Agenda [J]. Joumal of Strategic Information Systems, 2019, 28 (2):

118 –144.

[524] Wang B, Wang J, Dong K, et al. Is the digital economy conducive to the development of renewable energy inAsia? [J]. Energy Policy, 2023, 173: 113381.

[525] Wang W, Yang X, Cao J, et al. Energy internet, digital economy, and green economic growth: Evidence from China [J]. Innovation and Green Development, 2022, 1 (2): 100011.

[526] Webb E J, Campbell D T, Schwartz R D, et al. Unobtrusive measures: Nonreactive research in the social sciences [M]. Chicago: Rand Mc-Nally, 1966.

[527] Wei C, Ni J, Sheng M. China's energy inefficiency: A cross – country comparison [J]. The Social Science Journal, 2011, 48 (3): 478 –488.

[528] Wen, G. J. Total factor productivity change in China's farming sector: 1952 – 1989 [J]. Economic Development and Cultural Change. 1993, 42 (1): 1 –41.

[529] Wernerfelt, B. A. Resource – Based View of The Firm [J]. Strategic Management Journal, 1984, 9 (2 –3): 149 – 188.

[530] Whited T M, Wu G. Financial constraints risk [J]. The review of financial studies, 2006, 19 (2): 531 –559.

[531] Wooldridge, J. M. Introductory Econometrics: A Modern Approach [M]. South – Western College Publishing, Cengage Learning, Boston, 2009.

[532] Wu J, Xia Q, Li Z. Green innovation and enterprise green total factor productivity at a micro level: A perspective of technical distance [J]. Journal of Cleaner Production, 2022, 344: 131070.

[533] Xie R, Fu W, Yao S, et al. Effects of financial agglomeration on green total factor productivity in Chinese cities: Insights from an empirical spatial Durbin model [J]. Energy Economics, 2021, 101: 105449.

[534] Xu L, Fan M, Yang L, et al. Heterogeneous green innovations and carbon emission performance: evidence at China's city level [J]. Energy Economics, 2021, 99: 105269.

[535] Yao T, Huang Z, Zhao W. Are smart cities more ecologically efficient? Evidence from China [J]. Sustainable Cities and Society, 2020, 60: 102008.

[536] Yi M, Liu Y, Sheng M S, et al. Effects of digital economy on carbon emission reduction: New evidence from China [J]. Energy Policy, 2022, 171: 113271.

[537] Yip R. W., Young D. Does Mandatory IFRS Adoption Improve Information Comparability? [J]. The Accounting Review, 2012, 87 (5), 1767 - 1789.

[538] Yu M. State ownership and firm performance: Empirical evidence from Chinese listed companies [J]. China Journal of Accounting Research, 2013, 6 (2): 75 - 87.

[539] Zha Q, Huang C, Kumari S. The impact of digital economy development on carbon emissions - based on the Yangtze River Delta urban agglomeration [J]. Frontiers in Environmental Science, 2022, 10: 2033.

[540] Zhang D, Vigne S A. How does innovation efficiency contribute to green productivity? A financial constraint perspective [J]. Journal of Cleaner Production, 2021, 280: 124000.

[541] Zhang J, Lyu Y, Li Y, et al. Digital economy: An innovation driving factor for low - carbon development [J]. Environmental Impact Assessment Review, 2022, 96: 106821.

[542] Zhong K, Wang Y, Pei J, et al. Super efficiency SBM - DEA and neural network for performance evaluation [J]. Information Processing & Management, 2021, 58 (6): 102728.